撰稿人

纪良纲　许永兵　刘东英
古建芹　王晓洁　张　云
母爱英　马彦丽　张瑞锋
仇晓洁　赵建欣　卢　燕

统稿人

纪良纲　许永兵

河北经贸大学国家一流学科建设项目“应用经济学”学科经费资助
河北经贸大学河北省重点学科“产业经济学”学科经费资助

纪良纲 许永兵 等 / 著

京津冀协同发展：现实与路径

JING JIN JI XIETONG FAZHAN XIANSHI YU LUJING

人民出版社

责任编辑:吴炤东
封面设计:肖　辉

图书在版编目(CIP)数据

京津冀协同发展:现实与路径/纪良纲　许永兵　等 著. —北京:
人民出版社,2016.8
ISBN 978-7-01-016330-7

Ⅰ.①京…　Ⅱ.①纪…　Ⅲ.①区域经济发展-协调发展-研究-华北地区
Ⅳ.①F127.2

中国版本图书馆 CIP 数据核字(2016)第 128923 号

京津冀协同发展:现实与路径
JINGJINJI XIETONG FAZHAN:XIANSHI YU LUJING

纪良纲　许永兵　等 著

人民出版社 出版发行
(100706　北京市东城区隆福寺街 99 号)

北京中科印刷有限公司印刷　新华书店经销

2016 年 8 月第 1 版　2016 年 8 月北京第 1 次印刷
开本:710 毫米×1000 毫米 1/16　印张:20.25
字数:300 千字

ISBN 978-7-01-016330-7　定价:56.00 元

邮购地址 100706　北京市东城区隆福寺街 99 号
人民东方图书销售中心　电话 (010)65250042　65289539

目 录

产业篇

流通篇

公共服务篇

生态篇

前　言

京津冀地区位于环渤海地区的中心位置，是与长江三角洲、珠江三角洲并列的中国三大人口和社会经济活动的聚集区域之一，是国家经济发展的重要引擎和参与国际竞争合作的先导区域。京津冀地区无论是从经济发展、社会空间布局，还是生态环境方面，都对三地协同发展提出了迫切需求。2014 年 2 月，习近平主持召开京津冀三地协同发展座谈会，要求北京、天津、河北三地打破“一亩三分地”的思维定式，强调实现京津冀协同发展是面向未来打造新的首都经济圈、推进区域发展体制机制创新的需要，是一个重大国家战略，京津冀区域由此步入了新的快速发展阶段。

2015 年 4 月 30 日，中共中央政治局召开会议，审议通过了《京津冀协同发展规划纲要》。纲要指出，推动京津冀协同发展是一个重大国家战略，核心是有序疏解北京非首都功能，要在京津冀交通一体化、生态环境保护、产业升级转移等重点领域率先取得突破。这意味着，经过一年多的准备，京津冀协同发展的顶层设计基本完成，推动实施这一战略的总体方针已经明确。

本书以《京津冀协同发展规划纲要》为指导，分别从总体战略、产业分工协作、流通一体化、公共服务均等化和生态协同治理等方面全面阐述了京津冀协同发展的现状、存在的问题及对策建议。本书是河北经济发展研究基地资助项目（项目编号：12457206D－20）的重要成果，项目负责人为纪良纲教授。除总论外全书共分四篇，分别为产业篇、流通篇、公共服务篇和生态篇。其中，总论分析了京津冀发展的优势条件和面临的挑战，明确了三地的功能定位，提出京津冀协同发展需要更好发挥政府的作用。产业篇从京津冀产业分工协作与产业转移现状出发，分析未来京津冀产业发展重点及产业空间优化方向，然后提出促进京津冀产业分工协作与产业有序转移的战略重点及政策措施。流通篇重点分析了京津冀一体化流通体系主要建设领域和任务，提出了推进一体化流通体系建设的目标与对策。公共服务篇分别从基本医疗卫生服务均等化、社会保障均等化和基本公共教育服务均等化三个方面分析了京津冀公共服务均等化方面的现状、问题及解决路径。生态篇在梳理京津冀生态合作治理的历史、现状与问题的基础上，重点阐述了京津冀生态协同治理的构想与建议。

本书的写作提纲由纪良纲、许永兵提出，全体课题组成员讨论拟定，各章作者为：前言和总论由纪良纲、许永兵执笔，第一章和第三章由卢燕执笔，第二章由毋爱英、卢燕执笔，第四章由赵建欣执笔，第五章由马彦丽执笔，第六章由刘东英执笔，第七章由王晓洁执笔，第八章由仇晓洁、古建芹执笔，第九章由张瑞锋执笔，第七至第九章由古建芹修改定稿，第十至第十二章由张云执笔。全书由纪良纲、许永兵统稿。李建平参与了书稿的讨论并提出意见，在此表示感谢。

本书在写作过程中参阅了大量中外文献，在此特向这些文献的作者表示感谢。在本课题的实际调研过程中，还得到了一些实际工作部门的支持，这里一并表示谢意。

京津冀协同发展是一个重大的理论和实践课题，许多问题仍在探索过程中，因此，我们的研究仅仅是初步的，我们的一些研究结论和建议可能会不准确甚至存在错误，诚恳希望读者给予批评指正。

纪良纲、许永兵

2016 年 3 月

总　论

京津冀所在的“两市一省”陆域面积 21.7 万平方千米，占全国的 2.2%；常住人口已超过 1 亿人，占全国人口的 7.9%；2012 年实现地区生产总值 57261 亿元，占全国的 11%。京津冀地区同属京畿重地，战略地位十分重要，历史上就是我国的政治、文化中心和重要的经济中心之一。当前是我国参与国际竞争的“第一梯队”，如果将京津冀单列出来比较，其经济总量正好是我国台湾地区经济总量的 2 倍，已经超过全球排名第 16 位的印度尼西亚。但当前由于区域发展的问题集中爆发，面临着生态环境持续恶化、资源利用粗放、城镇体系发展失衡、区域与城乡发展差距不断扩大等突出问题，已经影响到区域的长期可持续发展能力。特别是当前大气雾霾问题、用水安全保障问题、土地开发低效问题、产业功能无序布局等问题成为政府和社会各界广泛关注的焦点。

由于历史的原因，京津冀三地地域一体，文化一脉，人缘相亲。几十年的发展中，所依资源不同、所取路途不同，虽源自同门，最终却渐行渐远。当今，经济一体化是当前世界经济发展的基本趋势，而京津冀首先如何真正地实现区域协同发展却是一项巨大的课题。

一、京津冀协同发展战略的提出

京津冀协同发展最早始于 20 世纪 80 年代。1984 年编制完成的《京津唐地区国土规划纲要研究》是该地区最早的区域规划研究。该研究涉及劳动力和城市规模、城市分工与布局、工业布局、交通布局、土地资源与农业发展、能源供应、水资源开发、环境保护、国土资源综合开发、区域经济发展方向等十大类内容。研究对于区域人口和工业过度向大城市聚集，小城市和小城镇发育不足、城市生态环境持续恶化等问题做了阐述，提出了相应的对策建议。其中该规划提出了整合区域钢铁产业，在唐山集中布局钢铁产业基地，此项规划内容最终由2005年开始的首钢的搬迁而得以实现。1986年，时任天津市市长李瑞环倡议召开环渤海地区经济联合市长联席会，该项制度被认为是京津冀地区间交流合作的开端。

1986年5月，为了扩大对外开放，环渤海经济区概念被提出，这一概念涵盖了传统京津冀地区。此后，党的十四大报告明确提出要加快环渤海地区的经济发展。“八五”计划期间，国家计委组织了大环渤海地区经济圈规划研究。在环渤海地区经济圈建设中，京津唐工业基地成为了我国北方最大的综合性工业基地。河北唐山联合北京共同投资建设了我国沿海重要港口的京唐港。进入21世纪之后，环渤海地区经济合作更多地表现为京津冀都市圈经济合作，区域合作开始走向实质阶段。

2004年2月，由国家发改委在廊坊市召开了京津冀地区经济发展战略研讨会，达成了“廊坊共识”。共识认为京津冀地区经济发展应坚持市场主导、政府推动的原则，要求坚持“平等互利、优势互补、统筹协调、多元发展”的原则，形成良性互动、竞争合作的区域发展格局。其后，国家发改委启动了“京津冀都市圈”区域规划编制，重点在区域功能体系建设，区域交通等重大基础设施一体化，资源的协作开发与保护，重大生态建设和环境保护等方面提出了要求。但由于受多方因素影响，该规划未有效平衡“两市一省”的发展目标和各自诉求，造成规划迟迟未能出台。

2006年，国家“十一五”规划中有京津冀区域发展问题的子规划。2012年开始，国家发改委又开始组织新一轮的京津冀规划——首都经济圈区域规划，该规划实际上可看作“京津冀都市圈”区域规划的升级版和扩展版。建设首都经济圈是国家“十二五”规划纲要明确提出的重点内容，也是优化京津冀等沿海三大重点城镇群的重要举措。“十二五”期间，《河北省沿海发展战略》《燕山—太行山片区区域发展与扶贫攻坚规划（2011—

2020 年)》相继纳入了国家“十二五”规划，加上“十一五”时期的天津滨海地区开发开放、北京中关村自主创新示范区建设和曹妃甸国家级循环经济产业区三大国家战略，迫切需要从宏观层面统筹首都经济圈乃至整个京津冀区域一体化发展。为此，国家发改委在“两市一省”各方提出的首都经济圈发展规划（地方稿）基础上进行汇总和融合。首都经济圈规划重点围绕首都核心职能与非核心职能的布局思路进行统筹考虑，并以此为基础提出了产业、交通、电力能源、生态廊道、公共服务等方面的区域对接要点。

2013 年 5 月，中共中央总书记习近平在天津调研时提出，要谱写新时期社会主义现代化的京津“双城记”。2013 年 8 月，习近平在北戴河主持研究河北发展问题时，又提出要推动京津冀协同发展。2014 年 2 月，习近平主持召开京津冀三地协同发展座谈会，要求北京、天津、河北三地打破“一亩三分地”的思维定式，强调实现京津冀协同发展是面向未来打造新的首都经济圈、推进区域发展体制机制创新的需要，是一个重大国家战略，并要求抓紧编制首都经济圈一体化发展的相关规划。2014 年 3 月，“加强环渤海及京津冀地区经济协作”被写入国家政府工作报告。

2015 年 4 月 30 日中共中央政治局召开会议，审议通过了《京津冀协同发展规划纲要》。纲要指出，推动京津冀协同发展是一个重大国家战略，核心是有序疏解北京非首都功能，要在京津冀交通一体化、生态环境保护、产业升级转移等重点领域率先取得突破。这意味着，经过一年多的准备，京津冀协同发展的顶层设计基本完成，推动实施这一战略的总体方针已经明确。

有了规划纲要，意味着京津冀地区政策互动、资源共享、市场开放会被纳入体系化、全局性设计中。这有利于在统一规划产业布局、生态结构，建立一体化市场，将首都“健体”做减法和区域联动算加法结合。京津冀区域幅员辽阔，经济发展不平衡由来已久，北京有“大城市病”，津冀则面临着产业转型升级的瓶颈。而协同发展、协调迈进，则是化解的不二良方。至于怎么协调，有了极具针对性的细化清单和路径设计后，还得三地的主动作为、踏石留痕的执行力，并重视改革驱动的作用。

二、京津冀当前的发展优势及面临的挑战

（一）发展优势条件

目前京津冀是我国新型工业发展的核心区域之一，也是我国重要的金融商务中心、总部经济、会展博览、信息服务中心之一，2014 年北京的世界 500 强企业总部已达到 52 家，居全球之首；此外北京还拥有 120 家跨国公司地区总部、35 家全球五十大咨询公司、6 家世界十大会计师事务所、57 家全国百强管理咨询公司、22 家全国三十强律师事务所。天津在滨海新区开发开放战略实施 5 年后，目前已经形成了较为完善的高端装备制造业生产基地，包括以大飞机、直升机、无人机、新一代运载火箭、通信卫星、空间站为主的航空航天产业基地。而天津的融资租赁服务也在优惠的政策激励下发展成为全国第一，目前规模已占到全国的 8%。区域的创新能力持续增强，区内国家重点院校占全国的 1/3，国家重点实验室占全国的 1/3，中国科学院和工程院院士占全国的比重超过 50%。中关村及其周边地区研发经费活动占全国的 40% 左右，专利技术申请与获批数量分列全国第一和第二；区域的科技成果转化交易量占全国的 2/5。在强大的科技创新力推动下，京津冀的高新技术产业占全国的近 1/4，软件与工业设计占全国的 25%，现代医药制药研发能力占全国的 40%，新材料研发成果占全国的 50%。

区域的交通基础设施较为完善，并形成了一定的城镇基础。交通方面，京津冀地区拥有国家重要的航空、公路、铁路枢纽和沿海开放口岸，是我国连接东西、贯通南北、通达世界各地的重要综合交通运输枢纽，是欧亚大陆桥的重要桥头堡之一。2013 年首都机场的旅客吞吐量超过 8365 万人次，位居全球第二；天津港货物吞吐量突破 5 亿吨，是全国三个 5 亿吨港口之一，集装箱突破 1300 万标箱；唐山港吞吐量排名全国第七。城镇

发展方面，到2012年年底，京津冀地区的城市人口规模超过100万人的城市分别是：北京中心城区1175万人，天津主城区755万人和滨海新区263.6万人，石家庄城区251万人，唐山城区197万人，邯郸城区156万人，保定城区120万人。

此外，悠久的历史长河给京津冀地区遗留了大量文化遗址。区域分布有国家历史文化名城7座、世界文化遗产6处、国家级风景名胜区13处，拥有全国1/10以上的国家级重点文物保护单位。

（二）面临的挑战

1. 生态脆弱性十分突出，环境问题由城市演变为区域性难题

水资源成为京津冀地区最核心的生态性问题。当前区域的水资源承载能力超过警戒线，对于工农业生产造成的不利风险比以往更加突出。京津冀大部分位于海河流域，该地区近50年来由于农业发展、城镇发展、兴修大型水库蓄水、气候变化等原因大量开采地下水和截蓄地表水，致使该地区地下水位持续下降、漏斗面积不断增加，地表河流干涸、断流，地表湖泊不断退化萎缩。受自然气候条件变化和区域水资源消耗，目前区域的人均水资源量不足300立方米/年，是全国平均水平的1/7；同时由于过度地超采浅层、深层地下水，最近10年平原区地下水平均埋深从11.9米下降到24.9米，年均下降1.1米。如中国北方最大的浅碟式淡水湖泊白洋淀已经出现退化趋势并出现干淀危机，上游补给的唐河等河道已经多年断水。水系对区域生态的调解能力大为下降，并造成土地沙化现象、城市热岛效应、雨岛效应频发。

京津冀地区是世界性雾霾问题最突出的地区之一，区域的工业化、城镇化、机动化与华北地区大气环境变化相关联，形成了燃煤—机动车—工业废气排放多种污染物共生局面。京津冀、长三角和珠三角地区三大中心城市北京、上海和广州的经济密度（单位面积的地区生产总值）分别为1.19亿元/平方千米、3.41亿元/平方千米和2.07亿元/平方千米，而$PM_{2.5}$浓度分别为89.5微克/立方米、60.7微克/立方米和52.2微克/立方

米。也就是说，北京的经济活动强度远低于上海和广州，而空气污染程度却高于上海和广州。这表明，京津冀地区受地形、气象等条件影响，其大气环境容量小于长三角和珠三角地区。目前华北地区大气污染沿太行山前地带呈现面域扩展、转移和复合加重态势。基于2013年4月至2014年4月一整年的全国945个监测站发布的$PM_{2.5}$监测数据显示，京津冀地区大气污染超标频度全国最高，其中污染最集中的地区在邯郸、邢台等地。同时该区域也是我国水环境污染、农村面源污染和特大城市环境污染最为严重的地区之一，环境污染问题与区域工业化和城镇化模式密切相关。根据河北省社科院的研究指出，河北省农村地区广泛且密集分布的乡镇或村办工厂，包括小水泥、小冶金、小造纸等“十五小”“新六小”企业对于区域性雾霾的贡献不容忽视。

2. 公共服务水平差距大，尤其是在京津和河北之间，公共资源提供能力差别更为明显

目前，河北省在社会发展、公共服务水平和质量层次上差异明显，有些方面甚至呈现“断崖式”的差距。具体表现为：①京津冀城乡居民最低生活保障服务差距。从城镇居民最低生活保障服务标准看，北京市是河北省平均水平的1.58倍，天津市是河北省平均水平的1.57倍。从农民最低生活保障标准看，北京市是河北省平均水平的3.4倍，天津市是河北省平均水平的5.6倍。②京津冀基本养老保险服务差距。北京市是河北省平均水平的6.7倍，天津市是河北省平均水平的3.5倍。③京津冀卫生医疗服务差距。2014年京、津、冀三地每百万人口拥有三级医院数北京市是河北省的3.56倍，天津市是河北省的3.2倍；京津冀每千名常住人口执业医师人数分别为3.7人、2.2人和2.1人。④京津冀公共教育服务差距。在人均公共教育支出方面，北京市是河北省的3.15倍，天津市是河北省的2.99倍。

3. 产业梯度过大、产业同构现象比较严重

合理的产业梯度是产业转移的基础和必要条件，产业转移的实质就是国家或地区之间基于产业梯度上的产业接力过程，但是如果产业梯度的差

异悬殊、产业发展环境落差太大，就会影响或抑制产业的转移。由于京津冀中心城市与周边城市的经济落差较大，造成产业梯度过大和产业转移受阻。具体表现为三地间产业链断链明显，产业链关联系数较低，产业链协同程度不高。从产业结构来看，北京处于后工业化时期，主要是以第三产业为主，呈“三二一”型结构；天津正处于工业化后期的重工业化阶段，以重工业为主要支撑，呈“二三一”型结构；河北省处于工业化的中期，以传统的高耗能重工业为主，呈“二三一”型结构，第三产业发展缓慢。

产业同构现象比较严重。京津冀三地已形成众多大大小小、产业链条较为完善的、与本地发展规划相符的产业集聚区。集聚区内的企业大多是一条产业链上相互关联、相互协作的关系。京津冀产业结构处于工业化发展的不同阶段，整个区域呈现出较强的同构竞争。三地产业结构相似系数达到0.83，造成产业同质化趋势明显，产业园区、产业链、功能链合作不够充分，产业梯度转移对接路径尚未形成，区域内产业结构调整、提质增效亟待突破。

4. 城镇体系发育失衡，次级中心城市发展滞后，县域发展分散

长期以来，重大功能设施过度聚集北京的格局没有根本改变。大量交通枢纽设施和线网终端汇聚北京，使得北京集聚过多的通过性交通运输职能，加剧了城市交通的负担。如2012年首都机场占区域航空客运量的85%以上，占货运量的86%以上；当前京津冀的区域干线铁路和高速公路网呈现以北京为中心的单心放射布局。同时，过度的资源、财力向中心城区聚集，使得北京“大城市病”在过去十年由量变到质变。从建设规模增长看，2010年北京中心城区的建筑规模总量约为5.85亿平方米，比2003年增长了42%；过度聚集的功能加上快速机动化引发了世界性的交通拥堵难题。

与长三角、珠三角相比区域的次级中心城市发育不足。京津冀地区除了北京中心城区和天津中心城区（包括滨海新区）人口规模超过1000万以外，其他设区市市辖区城镇人口规模尚未超过300万人。2000—2010年间，石家庄、唐山常住人口的年均增长量不到北京的1/10。50万人口规模

等级以上城市的综合实力、经济开放度、综合枢纽职能、城市商贸服务职能、区域创新能力等方面，与长三角、珠三角同等规模城市相比差距十分明显。长期以来，河北省中心城市的产业体系资源型导向依然明显，制约了城市综合服务职能的发展。2012 年河北省制造业的投资仅为江苏的 50%、山东的 60% 左右；又如石家庄工业门类中与资源加工相关的规模以上工业增加值占全部工业增加值的 1/3 以上。

县（市）域单元内聚能力弱，农村发展趋于无序。京津冀地区县城的经济发展相对缓慢，人口聚集能力不强。2012 年京津冀 140 多个县（市）域单元的生产总值、社会消费零售总额仅占区域的 1/3，第三产业增加值仅占区域的 1/4；部分山区县（市）域单元的公共投入甚至落后于中西部地区。目前河北省农村地区非农就业人口数量在 1000 万人左右，其中从事工业就业的占 70%。若仅考虑生态环境污染治理强制关停农村工业，对农村就业的冲击影响将十分突出。

三、京津冀区域发展与城市功能定位

（一）京津冀区域的功能定位

京津冀区域作为中国经济发展的增长极，具有重大的战略意义，肩负着重要的历史使命，作如下定位：

1. 以北京为核心的世界级城市群

随着经济全球化步伐的加快，京津冀区域建设为具有世界影响力的城市群将是中国参与国际竞争的重要载体。京津冀城市群的核心城市是首都北京，具有首都优势，是国家政治、文化、科教、国际交流中心，在我国区域发展中具有重要的战略地位；天津具有先进制造业的产业优势，将发展为北方经济中心；河北具有资源、成本等优势，为京津的功能转移提供广阔的腹地。京津冀区域必将发展为中国最具活力的世界级城市群。

2. 具有全球影响力的科技创新聚集区

京津冀区域是高等院校、科研院所的聚集区，拥有一流的科技创新力量，具备建设全球影响力的科技创新聚集区的优势力量。北京以服务业主导，重点发展现代服务业，将发展为区域内研发创新、高端制造与国际对接的主要平台；天津以高端制造业为主，有航天航空、石油化工、装备制造、电子信息等八大优势产业；河北省进入工业化中期，借助京津产业转移，在进行产业结构升级，借助京津科技资源，成为科技成果转化地。未来京津冀协同发展阶段将是打造科技创新聚集区的重要阶段。

3. 最具活力的核心增长极和新型城镇化的示范区

随着中国新型城镇化进程的推进，京津冀区域正在成为未来中国经济最具活力的核心地区。2014 年 9 月 16 日，确定新型城镇化试点 64 个地区，石家庄作为省会城市，北京通州区、天津蓟县作为地级市，河北定州市、张北县作为县级市入选，要求 2014 年年底开始试点，根据情况不断完善方案，到 2017 年取得阶段性成果，形成可复制、可推广的经验，2018—2020 年，逐步在全国范围内推广试点地区的成功经验。

4. 三地共同打造的生态环境保护示范区

生态环境没有省市界限，要以区域联动治理大气污染为突破口，加强自然环境修复，严守主体功能区的生态红线，建立健全耕地、水资源等生态保护机制，推进绿色环保产业的发展，促进社会与生态的和谐发展，建立覆盖全区域的生态文明建设的模式。

（二）北京城市功能定位

北京城市功能的新定位是根据对国内外首都城市、特大城市的发展趋势、城市文化的发展趋势分析，基于以人为本和可持续发展的理念提出的。北京城市新规划的明显特征是凸显了“国家战略”的构想，第一次将京津冀协同发展纳入视野，强调北京在推动全国区域协调发展中的带动和辐射作用。这一新定位必将对北京城市空间布局、产业选择以及区域合作等产生深远影响。新时期，依据京津冀协同发展规划纲要，首都北京的功能定位如下：

1. 全国政治中心

北京作为首都，其“首都功能”是国内任何一个城市无法替代的，是国家发展的整体需要，它最重要的特色是政治。所以，北京的全国政治中心地位是毋庸置疑的。

2. 文化中心

北京的历史文化底蕴深厚，文化资源丰富，兼有历史与现代的风格特色，客观要求其处理好保护旧城区历史文化风貌与发展新城区的关系，建成传统文化与现代文明交相辉映、具有高度包容性和多元化的世界文化名城，成为全国的文化中心。

3. 国际交往中心

北京作为首都，代表国家形象参与国际交往。外交机构、国际组织、国际商业机构云集北京，肩负着与国际的友好往来、举办大型国际会议等重要使命，要完善各项服务，提升国际交往能力，充分政治、经济、文化等方面的发展水平，这是新时期北京承担的重要使命。

4. 科技创新中心

北京聚集了以中关村为中心的大量科技资源，并且聚集了全国的优质教育资源，因此要引导和支持北京以此为基础，提升科技创新能力，突破一批核心、共性和基础性技术，打造我国技术创新总部聚集地、科技成果交易核心区和全球高端创新中心及创新型人才聚集中心。

（三）天津城市功能定位

在京津冀协同发展的国家战略背景下，天津既要积极承接北京疏散的部分产业和功能，又要将部分产业疏解到河北，提升河北的产业发展，优化产业结构，带动河北经济发展。因此，定位为以下功能：

1. 全国先进制造研发基地

天津工业基础较好，以高端制造业为主，要抓住京津冀协同发展的良好时机，引进北京的高端科研资源，加快新一代信息技术与制造业的融合，壮大标志性高端产业，培育具有自主核心技术的高端产品，引进制造业方面高端人才，进行制造业的进一步升级改造，打造研发能力强大、产业高端、辐射带动作用强的先进制造研发基地。

2. 北方国际航运核心区

天津港是京津冀现代化综合交通网络的重要节点和对外贸易的主要口岸，是北方地区的集装箱干线港和发展现代物流的重要港口。建设为北方国际航运核心区，意味着不但要提升天津作为港口城市的基础设施和服务功能，而且要使其在国际上具有影响力。作为国际港口城市，首要条件是要有国际性大港，即具有国际中转和集散功能的现代化港口。目前，天津港已建成深水大港，2013 年天津港货物吞吐量突破 5 亿吨，集装箱吞吐量 1230 万标准箱，创历史最高水平，位居世界综合性港口第六位，成为我国北方大陆桥的重要出海口，已具备建设国际性航运核心的基础和条件。

3. 金融创新运营示范区

天津金融基础较好，能够承担区域金融、贸易以及生产性服务等多种功能，具有强大吸引、辐射和综合服务能力，能够渗透和带动周边区域经济发展的城市。尤其天津具有高端制造业的发展优势，可以发展服务型金融等产业。天津获批自贸区为金融业开放提供了条件，可以建设离岸金融中心，壮大金融机构、创新金融产品、引进金融人才，打造金融创新运营示范区。

4. 改革先行示范区

天津滨海新区是改革开放先行区，进行了综合配套改革试验，起到了带头作用。天津要在此良好的基础上，继续努力挖掘改革创新项目，进行行政管理、社会管理、公共服务等方面的体制改革，争取更大效果的改革创新成果，为区域整体改革创新提供示范作用。

（四）河北省在京津冀发展中的定位

基于京津的重新定位，结合河北省的省情，河北省在京津冀区域发展中的定位应该体现出以下几个方面：一是京津冀地区的科技应用基地和传递枢纽，利用京津的科技资源优势，以中试基地、专利应用、技术承接等方面发展成为这一地区的科技应用基地和向周围地区进行技术扩散、传递的枢纽；二是制造业中心和产业转移的承接者，重点发展河北具有比较优势、与京津具有一定差异并具有显著优势的制造业，有选择地承接京津产业转移；三是交通、物流枢纽，以满足京津生产、生活需求为目标，完善交通设施，发展现代物流；四是生态环境的维护者，建立京津冀成本共担、利益共享、灵活多样的生态合作机制。

1. 全国现代商贸物流重要基地

河北要以现有的区位、腹地、交通、人口等优势为基础，一方面，引进京津转移产业，形成商贸物流产业集聚；另一方面，要以电子商务为引领，转变发展方式，进行传统商贸物流产业的转型升级，建设枢纽型物流产业集聚区，打造现代商贸物流的重要基地。

2. 产业转型升级试验区

河北要紧紧抓住京津冀协同发展的重大机遇，按照京津冀协同发展的要求完善城镇布局规划，着力打造承接京津功能疏解和产业转移的平台。河北省目前的产业发展空间和潜力还比较大，要积极承接京津城市功能和产业转移，加快产业转型升级，突出战略性新兴产业、现代服务业和先进制造业集聚、科技成果产业化、生态安全建设等功能，成为产业转型升级的试验区。

3. 新型城镇化与城乡统筹示范区

在京津冀三地中，河北省的城镇化水平还较低，在国家新型城镇化规划的指引下，河北省要坚持以人为本，注重城镇化质量的提升，加快中小城市的扩展，加快城乡统筹步伐，对土地利用、城市建设等方面进行统一规划、部署，推动新型城镇化建设，实现城乡统筹发展。

4. 京津冀生态环境支撑区

保护自然生态环境，实现人与自然相和谐，既是落实科学发展观的重要内容，也是世界城市发展的共同趋势。张（家口）承（德）地区是京津冀都市圈的生态保护与水源涵养区域，要完善生态补偿机制，积极开展以生态保护为中心的生态建设，建设成为京津冀地区生态休闲旅游目的地、绿色制造业基地、清洁能源基地和生态产品供给基地。

四、京津冀协同发展需要更好发挥政府的作用

在京津冀协同发展过程中，需要市场和政府发挥各自的比较优势。党的十八届三中全会提出，要让市场在资源配置中发挥决定性作用，同时更好地发挥政府作用。

京津冀协同发展的主要矛盾是处理好政府与市场的关系，而政府是矛盾的主要方面。要更好地发挥政府作用，必须靠体制的改革和创新来保证。京津冀地区并列存在三个平行的省级政府、两个直辖市，其中一个还是国家首都——中央政府所在地。三个省级政府各自管辖着不同数量的地区、市县、乡镇政府，法律赋予这些政府不同的财权和事权，形成一个复杂的政府体系。因此，这一地区在体制上，政府与市场你中有我、我中有你，呈现出错综复杂的关系。协同发展首先面临的就是这样一个现实。

促进京津冀协同发展主要手段应该是市场化，但如果不搞行政命令了，很多事就是空谈，就是热闹一场。所以，在顶层设计中，肯定既要强调市场行为，又得有一定的行政干预，才能更好发挥政府的作用。

从实践上看，目前京津冀协同发展特别要在以下两个方面需要政府发挥更好的作用：一是建立高层区域合作协调机制。各自为政的格局如果不通过更高的行政力量来打破它，仅仅通过市场的力量难以打破。在长三角、珠三角，市场有强大的力量，但是在京津冀一带市场发育程度太低，相反，行政的力量太强。二是发挥政府引导作用，促进优质公共服务资源均衡配置，逐步提高公共服务均等化水平，因为实现公共服务的均等化是政府发挥作用的主要领域之一。

（一）建立京津冀区域协调机制

京津冀协同发展，首要的是建立区域合作协调机制。没有有效的协调

体制与机制，再好的规划与设想都不可能有效落实，如2004年的《廊坊共识》实际上已经从完善体制机制、推进创新发展、促进区域协同要点上给出了明确方向，但因没有一个监督、推动、协调“两市一省”来落实该共识的权威机构而成为“空谈”。

建立区域合作协调体制与机制具体来讲就是建立以决策层为核心，由决策层、协调层和执行层共同组成的多层次合作机制体系。决策层要为推动改革与发展绘制路线图，成立国家层面的京津冀协同发展协调委员会（或京津冀一体化发展协调委员会），由国务院副总理任主任，京津冀三地地方领导任副主任，并下设专门的职能机构和顾问机构。协调层要搭建好一体化合作发展的平台，以京津冀各项事务（产业）发展联席会议为载体，协调推进区域系统性、整体性、协同性的事项；针对跨区域协调性重大问题，应从生态保护、区域开发、创新支撑、金融支持、开放合作、扶贫发展等多角度制定综合政策，并强调部门配套协同。协调层面，设立区域政策事务部与多个工作委员会，包括交通、能源、信息、科技、环保、信用、人社、金融、涉外服务、产业转移和城市经济合作等。执行层是京津冀三省市的各个厅级职能单位，注重横向的信息沟通与业务合作，负责对京津冀协同发展政策的具体落实；推进步调一致的政令与实施方案；完善区域合作对接的日常工作机制；分领域、分门类建立专项规划与建设的日常协调与协商工作机制。

建立区域合作协调机制，主要的是自觉打破自家“一亩三分地”的思维定式，以冲破壁垒为目标、以功能区分为抓手、以融合发展为内容，实质性的协同发展。随着京津冀区域一体化作为国家战略的提出，该区域迎来了巨大的发展机遇。但与长三角、珠三角相比，还存在产业结构梯度差异、行政壁垒高和协同作用小的问题，解决这些问题的重要的依托就是京津冀产业结构性关联与变动规律。北京是我们的首都，中国的政治、文化、科教和国际交往中心，中国经济、金融的决策和管理中心。当前的北京，“大城市病”十分严重，主要体现在交通拥堵，空气污染，经济发展、人口增长与资源环境矛盾三大方面。天津是北方经济的中心，拥有国际港口与滨海新区等。河北东临渤海、内环京津，农业、钢铁产业、装备制造业、石油化工业、医药、建材建筑等传统优势产业正在调整中优化升级，高新技术产业已具备较好的发展基础。京、津、冀各自经过多年的发展，都有着自家的“一亩三分地”，但经济发展的趋势、全面深化改革的需求、资源环境的制约等各种因素使得京津冀协同发展势在必行。推进京津冀协同发展，要打破行政区划藩篱，去掉本位主义思维，摆脱各自的封闭状态。京津冀要相互开放，统筹规划定位。

区域合作协调机制的实现不仅需要专门的协调机构的管理，而且还需要一系列的制度约束。京津冀地区共处于一个生态体系之中，共享其范围内的森林、矿产、能源、淡水等资源，可以说京津冀两市一省在资源共享、优势互补方面具有明显的优势。但是，由于行政区划的割据，在现有分税制体制下，地区经济内在地具有追求自成体系的综合经济体的趋势。而京津冀三方政府在地区经济发展中具有很强的主导作用，对地区经济的产业选择和产业结构具有很大的影响，三方政府都从各自利益出发，追求行政区划内的经济绩效，在城市规模、城镇布局、职能定位、产业分工、基础设施建设等方面缺乏必要的协调，因而造成了不同程度的互不相容、重复建设和恶性竞争等问题，影响了京津冀地区的协调发展。各区域自成一体的产业体系使整个区域内缺少经济互补的动力，也缺少政府通过协商机制实现区域产业合作的动力。同时，在区域内部，由于经济体制和行政体制的排他性，缺少协调协作的聚合力，行政分割，体制本身缺乏机制创新张力，直接抑制了京津的辐射能力，导致区域内经济发展整体效益较差。

此外，区域协调发展机制是一个制度集，它应该包括一系列的机制设计。在现行的区域行政管理体系中，管理主体单一，过分强调政府的单一管理主体而对社会非正式和非政府的中间组织关注不够；权力行使方向僵化，过分强调政府自上而下的单向行政主导，而忽视由上到下和由下到上的双向互动交流；管理方式缺乏人性化，过分强调利用政府权威强力制定和推行政策，而忽视不同利益群体之间的协调和磋商；调控手段缺乏灵活性，过分强调一次性的政策和策略的实施，而忽视上有政策、下有对策的重复博弈中政策的及时调整等。

建立区域合作协调机制是京津冀协同发展的基础，冲破壁垒是目标，功能区分是抓手，融合发展是内容。北京作为首都，要全力打造成为全国的政治中心、文化中心、国际交往中心、科技创新中心，着力发展现代服务业、金融、商贸、旅游。天津市应该发展高端制造业、高科技产业、国际航运和国际物流。制造业、原材料产业、物流业、旅游业、农产品加工业应主要在河北发展。消除妨碍市场自由贸易的机制，充分发挥市场作用；以功能区分、融合发展的推进，破解京、津、冀同质化问题。京、津、冀进行产业布局和城市功能调整的过程中，一定要做好三个方面的结合：一是京津冀发展要与河北经济转型、创新驱动发展战略相结合；二是要与东北亚开放门户建设相结合；三是要与建设最有活力的市场经济相结合。

（二）促进优质公共服务资源均衡配置

《京津冀协同发展规划纲要》将交通一体化和产业升级转移与生态环境保护一起列为京津冀协同发展三大突破口。交通的一体化是三地协同发展的基础，产业升级转移不仅有利于整个区域更均衡地发展，也将带动首都人口的疏解。生态环境的保护与改善显然是能让三方共赢的合作。

不过，值得注意的是，交通一体化是促进更均衡地发展还是加剧作为核心的北京的虹吸；产业升级转移会否最终只疏散了产业而无法疏散人口甚至会带来更多其他行业人口涌入。一个明显的例子是，拥有 8 万多工人的首钢搬迁到河北后，其大部分工人依然留在了北京，即便是一些到河北上班的工人，也保持着一周两次往返于北京与河北之间。一些计划从北京搬迁到河北的企业也担心，一旦工厂迁址河北，会造成大量中高层及技术骨干的流失。

造成这一现象的根源在于北京拥有绝对优势的公共资源，在目前三地公共服务相差较大的背景下，这有可能成为影响功能疏解的最大障碍。尤其是在京津和河北之间，公共资源提供能力差别更为明显。

因此，在疏解非首都功能方面，除了要建立便捷的交通连接，顺畅的产业转移对接机制外，更应集中关注公共基础设施、公共服务能力以及公共服务的均等化。在公共服务领域充分发挥协调创新的优势，通过改革现行财政体制，根据人口和区域面积等客观标准建立公共服务共建共享机制，构建跨区域公共服务分担与统筹体系，为首都功能疏解与区域协同发展提供充实的后勤保障，为各种市场资源要素在三地的自由流动解除后顾之忧。

为此，必须发挥政府引导作用，促进优质公共服务资源均衡配置，合力推进教育医疗、社会保险、公共文化体育等社会事业发展，逐步提高公共服务均等化水平。

京津冀之间公共资源配置失衡，主要表现在京津冀基本公共服务领域的财力资源配制非均衡、人力资源配制非均衡与物力资源配置非均衡等方面。由于京津冀公共服务领域的人均财力资源、人力资源、物力资源差距过大，导致了京津冀基本公共服务的巨大落差，如 2013 年河北人均公共财力仅为北京的 18%、天津的 22%。京津冀公共服务差距根源是我国平衡公共资源配置的体制调控能力不足。其根源与我国“分灶吃饭”的财政体制中存在的鼓励竞争、忽视合作，注重激励、轻视帮扶问题是分不开的。这种效率导向型的体制减弱了其缩小区域人均公共财力差距的调控能力，降低了其促进公共资源配置均衡化和基本公共服务均等化的功能。京津冀之间的财政经济差距主要是河北服务京津的资源利益输送造成的河北财政经济的“积贫积弱”状态。特别是中央与地方事权划分不清晰、支出责任划分不明确背景下，“分灶吃饭”体制使处于为京津服务地位的河北省不仅其输送的水资源未得到市场化补偿，也未能得到足够转移支付的支持。另外，在竞争导向型的财税体制下，京津冀之间对财源和财税利益的扭曲化的不平等竞争，是造成京津冀区域内“两强一弱”局面的根源。最后，不合理的跨区域投资税收分配机制还在拉大京津冀财政差距。就京津冀的总部经济和跨区域投资的税收分享情况看，由于北京市集中了我国主要的经济总部机构，天津拥有少量的总部机构，在京津冀协同发展的大背景下，在首都产业向外围腹地疏散过程中，社会经济相对落后的财政发展水平相对较低的河北省，在接纳总部经济的分支机构落户本地的同时，其分支机构形成的税收还会连年不断地流向财政经济富裕的北京市，客观上形成了富裕区剥夺贫困区财税利益，继续拉大京津冀财政差距，损害京津冀之间获取公共资源平等权利的不合理现象。

另外，现有户籍制度造成的户籍附加福利不平等也是造成京津冀公共服务差距的重要因素。京津冀协同发展目标之一就是实现人才和人力的自由迁移，资金、技术、信息等要素的优化配置和产业的随心转移。而这种自由迁徙的最大牵绊或动力是户籍附着的福利能不能享有。北京户口附加有八十多项福利，其中大多是靠政府财政补贴取得的经济福利（比如购买保障房、五险一金补贴等），以及靠政府强制力取得的部分社会福利（比如教育福利、就业福利等）和政治福利（选举权和被选举权等）。户籍附加福利不平等的原因，在于社会经济发展存在的巨大差距、历史上政策倾斜的习惯性依赖、户籍附加福利既得利益者的特殊地位。京津户口特权价值和福利价值并不是只有京津居民勤劳所创造，而是历史原因和政府强制力限制而形成，因而不应被京津户籍人口所独占，应该与所有在京津工作并纳税的人公平分享。京津户籍福利特权。京津社会经济发展水平高，户籍含金量高，户籍具有的极高特权价值和福利价值，诱导人们崇拜和蜂拥而至。京津存量人口及其福利刚性决定了财政支出的惯性增长，政府难以甩掉低素质的存量人口包袱，只能在增量人口上做文章，把大量外来人口挡在户籍福利之外。

因此，促进基本公共服务均等化的政策着力点：一是增强京津冀财政协同合作，缩小人均公共财力差距。二是增强公共服务项目合作，缩小京津冀公共服务差距。三是改革户籍福利差异化现状，推进户籍附加福利均等化。

目前，京津冀三省市已在社会保障、医疗卫生、教育合作等方面进行了有益探索实践，积累了一定的经验。比如，京津冀三省市均出台了本地养老保险跨区域转移接续办法实施细则，发行了符合全国统一标准的社会保障卡，为实现区域内社会保障卡一卡通奠定了基础；目前三省市基本实现了城乡居民养老保险制度名称、政策标准、经办服务、信息系统“四统一”；北京市与河北省就燕达国际医院合作项目签署协议，以合作办医和专科扶植的方式，由北京朝阳医院对河北燕达国际医院医疗管理和学科建设进行整体支持，共同探索解决医师异地执业、医保结算等难题；河北省六所交通职业学校纳入北京交通职教集团，破除了京津冀交通人才培养的地域限制，成立了京津冀卫生职业教育协同发展联盟；三省市共同推进旅游“一本书、一张图、一张网”合作项目，成功举办京津冀旅游投融资项目推介会，取得了初步成效。下一步，领导小组办公室还将加强统筹协调，积极推动落实基本养老保险关系跨区域转移接续、推动京津两地高校到河北办分校、支持开展合作办医试点等政策，力争在社会保障、教育、医疗卫生、文化、社会管理等公共服务领域一体化上不断取得明显进展，让广大群众切实得到实惠，感受到好处。

产业篇

京津冀协同发展上升为国家战略之后，京津冀协同发展步伐在不断加快，产业合作是先行的三个重点领域之一，目前京津冀三地在各地政府的积极引导下，逐渐有序地进行中。京津冀三地的产业发展处于不同阶段，如何实现三地的产业协作、对接、有效分工是产业协同发展的重点内容。

第一章　京津冀产业分工协作与产业转移现状

一、京津冀区域产业发展阶段分析

近年来，京津冀区域产业结构趋于稳定，2013 年京津冀区域产业结构为6.3∶41.7∶52，实现了从“二三一”型到“三二一”型的转变，从整体来看，京津冀区域第一产业在区域产业结构调整中处于下降阶段，第三产业呈现上升趋势，这基本符合区域产业发展规律。但是从京津冀区域内部三省市产业结构具体情况分析，北京已实现产业结构向“三二一”的转型，而天津和河北省三次产业结构仍处于“二三一”发展阶段。根据库兹涅茨的产业分工理论，北京第三产业比重超过 70%，远远高于第二产业比重，已步入后工业化阶段。天津第三产业也比较发达，但仍低于第二产业比重，处于工业化后期阶段。河北省的第二产业高于第三产业，且第一产业比重仍达 12.4%，高于 10%，处于工业化中期阶段。区域内产业发展不平衡，需要进行产业转移与协作，来缩减区域内地区之间的产业差距，实现共同提升。

（一）第一产业所处发展阶段分析

1. 京津冀三省市第一产业产值变动情况

从农业在三省市经济发展中的地位来看（见表 1－1），河北省第一产业发展优势明显，比重到 2013 年略有下降，但产值是 2000 年的 4.25 倍。而北京和天津土地资源紧张，产值变化不大，比例一直处于下降趋势，到

2013 年仅占 0.8% 和 1.3%，两市的发展重点已转向第三产业和第二产业，对第一产业的发展将借助于河北省的传统资源优势进行协作发展。

表 1－1　2000—2013 年三省市第一产业产值及所占比重比较

单位：亿元

年份	北京		天津		河北省	
	产值	比重（%）	产值	比重（%）	产值	比重（%）
2000	79.3	2.5	73.69	4.3	824.55	16.35
2001	80.8	2.2	78.73	4.1	913.82	16.56
2002	82.4	1.9	84.21	3.9	956.84	15.90
2003	84.1	1.7	89.91	3.5	1064.05	15.37
2004	87.4	1.4	105.28	3.4	1333.57	15.73
2005	88.7	1.3	112.38	2.9	1400.00	13.98
2006	88.8	1.1	103.35	2.3	1461.81	12.75
2007	101.3	1.0	110.19	2.1	1804.72	13.26
2008	112.8	1.0	122.58	1.8	2034.59	12.71
2009	118.3	1.0	128.85	1.7	2207.34	12.81
2010	124.4	0.9	145.58	1.6	2562.81	12.57
2011	136.3	0.8	159.72	1.4	2905.73	11.85
2012	150.2	0.8	171.6	1.3	3186.66	11.99
2013	161.8	0.8	188.45	1.3	3500.42	12.4

资料来源：《2014 年北京统计年鉴》《2014 年天津统计年鉴》《2014 年河北省统计年鉴》及国家统计局发布的三省市统计公报数据。

2. 三省市第一产业内部结构的比较分析

从京津冀三地区农林牧渔业产值及其所占比重分析（见表 1－2），河北省的第一产业发展具有明显的规模优势，农、林、牧、渔业产值及其比重远远高于京津。北京在林业、牧业方面产值及比重高于天津，天津临海，则在农业、渔业方面高于北京。

表 1-2　2013 年地区农林牧渔业产值及其占京津冀区域产值比重

单位：亿元

	农林牧渔业		农业		林业		牧业		渔业	
	产值	比重(%)	产值	比重(%)	产值	比重(%)	产值	比重(%)	产值	比重(%)
北京	421.8	6.3	170.4	4.4	75.9	43.3	154.8	7.4	12.8	4.8
天津	412.36	6.2	217.16	5.6	3.09	1.8	108.63	5.2	73.20	27.7
河北省	5832.94	87.5	3473.27	90	96.30	54.9	1818.19	87.4	178.72	67.5

资料来源：根据《中国统计年鉴 2015》《2014 年北京统计年鉴》《2014 年天津统计年鉴》《2014 年河北省经济年鉴》计算得出。

以上分析表明，在京、津两市，由于资源开发空间有限，劳动力成本较高，劳动密集型的第一产业在逐渐缩减。从成本收益的角度衡量，其第一产业处于通过农业产业化经营提高农业科技含量，以及将相当农业生产向周边区域转移的阶段。河北省第一产业发展优势明显，尤其是在农业专业化等方面与京津具有较强的互补性，京津冀区域在第一产业的合作将以河北省为基地，可以进行各种模式的产业合作，如农业生态园区的合作共建模式、农副产品生产基地的飞地模式建设等。

（二）第二产业所处发展阶段分析

随着京津冀区域一体化进程的加快，第二产业分工与协作成为京津冀区域产业合作的重要内容。在研究京津冀三地工业发展基础上，通过计算分析三地工业的专业化水平来确定各区域的优势产业和重点产业，对京津冀三地工业所处发展阶段进行判断。

1. 京津冀三省市第二产业产值变动情况

整体来看，第二产业仍是京津冀区域发展的重点。从第二产业在三省市经济发展中的地位来看（见表 1-3），天津市第二产业比重在 2008 年出现转折，开始趋于下降，但总量一直在增加，比重仍在 50% 以上，仍是天津市的支柱产业。河北省第二产业增长速度明显，2000—2013 年产值增长迅速，比重一直处于上升趋势，保持在 50% 以上，是河北省的主要经济增长来源。而北京第二产业发展比重一直处于下降趋势，发展重点已转向第三产业，第二产业尤其是传统工业目前已处于溢出状态，需要与津冀进行产业对接与协作。

表 1－3　2000—2013 年三省市第二产业产值及所占比重比较

单位：亿元

年份	北京		天津		河北省	
	产值	比重（%）	产值	比重（%）	产值	比重（%）
2000	1033.3	32.7	863.83	50.8	2514.96	49.86
2001	1142.4	30.8	959.06	50.0	2696.63	48.88
2002	1250.0	29.0	1069.08	49.7	2911.69	48.38
2003	1487.2	29.7	1337.31	51.9	3417.56	49.38
2004	1853.6	30.8	1685.93	54.2	4301.73	50.74
2005	2026.5	29.1	2135.07	54.6	5271.57	52.66
2006	2191.4	27.0	2457.08	55.1	6110.43	53.28
2007	2509.4	25.5	2892.53	55.1	7201.88	52.93
2008	2626.4	23.6	3709.78	55.2	8701.34	54.34
2009	2855.5	23.5	3987.84	53.0	8959.83	51.98
2010	3388.4	24.0	4840.23	52.4	10707.68	52.50
2011	3752.5	23.1	5928.32	52.4	13126.86	53.54
2012	4059.3	22.7	6663.82	51.7	14003.57	52.69
2013	4352.3	22.3	7276.68	50.6	14762.1	52.1

资料来源：《2014 年北京统计年鉴》《2014 年天津统计年鉴》《2014 年河北省统计年鉴》及国家统计局发布的三省市统计公报数据。

2. 京津冀三地区专业化与主导产业部门的判定

判断一个产业是否构成地区生产专业化部门，一般采用区位商这一指标，区位商是指一个地区特定部门的产值在地区工业总产值中所占的比重与全国该部门产值在全国工业总产值中所占比重之比，其计算公式为：

$$q_{ij}=\frac{e_{ij}/e_i}{E_i/E} \tag{1-1}$$

式中，q_{ij}为 i 地区 j 部门的区位商；e_{ij}为 i 地区 j 部门的产值；e_i 为 i 地区工业总产值；E_i 为全国 j 部门的总产值；E 为全国工业总产值。当 $q_{ij}>1$ 时，可以认为 j 产业是 i 地区的专业化部门。

地区专业化部门能否成为地区主导产业，其判别条件为：第一，有较高的区位商，一般 $q>2$，该产业的生产主要为区外服务。第二，产业贡献率高，一般而言，地区范围越大，对产值和区位商的要求相对较低，地区范围越小，要求越高。区位商≥2，产值比重≥15%的部门是一级主导专业化部门；区位商≥1.5，产值比重≥10%的部门是二级主导专业化部门。第三，与区内其他主要产业关联度高。第四，产业富有生命力，能够代表区域产业发展方向。

表 1-4　2012 年京津冀工业行业区位商及占工业总产值比重

行业	北京		天津		河北省		京津冀	
	区位商	比重（%）	区位商	比重（%）	区位商	比重（%）	区位商	比重（%）
煤炭开采和洗选业	0.89	5.2	0.87	5.07	0.59	3.46	0.73	4.25
石油和天然气开采业	—	—	2.59	5.94	0.3	0.7	—	—
黑色金属矿采选业	1.04	1.11	0.37	0.39	5.51	5.86	3.19	3.40
有色金属矿采选业	—	—	0.1	0.05	0.24	0.13	—	—
农副食品加工业	0.73	2.24	1.15	3.5	1.45	4.42	1.23	3.75
食品制造业	1.21	1.57	3.13	4.07	1.24	1.62	1.77	2.31

续表

行业	北京		天津		河北省		京津冀	
	区位商	比重（%）	区位商	比重（%）	区位商	比重（%）	区位商	比重（%）
酒、饮料和精制茶制造业	0.94	1.36	0.41	0.6	0.62	0.9	0.62	0.90
烟草制品业	—	—	—	—	0.42	0.38	—	—
纺织业	0.09	0.24	0.13	0.36	1.25	3.34	0.71	1.90
纺织服装、服饰业	0.76	0.99	0.93	1.2	0.67	0.87	0.76	0.99
皮革、皮毛、羽毛及其制品和制鞋业	0.1	0.08	0.28	0.21	3.08	2.24	1.72	1.25
木材加工和木、竹、藤、棕、草制品业	0.13	0.07	0.13	0.08	0.74	0.43	0.45	0.26
家具制造业	0.96	0.44	0.71	0.33	0.95	0.44	0.88	0.41
造纸和纸制品业	0.26	0.4	0.52	0.81	0.79	1.21	0.61	0.94
印刷和记录媒介复制业	1.57	0.77	0.37	0.18	0.96	0.47	0.91	0.45
文教、工美、体育和娱乐用品制造业	0.78	0.51	1.24	0.82	0.65	0.43	0.84	0.56
石油加工、炼焦和核燃料加工业	2.09	5.68	1.85	5.04	1.98	5.39	1.96	5.35
化学原料和化学制品制造业	0.32	2.22	0.74	5.14	0.69	4.8	0.63	4.41
医药制造业	1.7	3.48	0.85	1.74	0.71	1.46	0.94	1.93
化学纤维制造业	—	—	0.08	0.06	0.25	0.19	—	—
橡胶和塑料制品业	0.34	0.71	0.84	1.77	1.11	2.34	0.89	1.87

续表

行业	北京		天津		河北省		京津冀	
	区位商	比重（%）	区位商	比重（%）	区位商	比重（%）	区位商	比重（%）
非金属矿物制品业	0.64	2.96	0.29	1.34	0.9	4.16	0.68	3.13
黑色金属冶炼及压延加工业	0.14	1.04	2.12	16.0	3.62	27.44	2.53	19.17
有色金属冶炼及压延加工业	0.15	0.56	0.8	2.94	0.35	1.28	0.44	1.61
金属制品业	0.76	1.92	1.74	4.41	1.89	4.79	1.64	4.13
通用设备制造业	0.82	3.36	0.86	3.54	0.62	2.53	0.73	2.97
专用设备制造业	0.95	3.27	1.25	4.31	0.8	2.74	0.96	3.29
汽车制造业	3.08	16.2	1.4	7.38	0.65	3.4	1.32	6.96
铁路、船舶、航空航天和其他运输设备制造业	0.53	1.28	1.05	2.55	0.39	0.94	0.60	1.47
电气机械和器材制造业	0.78	4.29	0.66	3.63	0.64	3.5	0.67	3.69
计算机、通信和其他电子设备制造业	2.18	13.2	1.81	10.9	0.14	0.83	1.00	6.06
仪器仪表制造业	1.89	1.44	0.38	0.29	0.22	0.17	0.58	0.44
其他制造业	1.61	0.36	1.05	0.24	0.34	0.08	0.79	0.18
废弃资源综合利用业	0.27	0.05	4.57	0.84	0.96	0.18	1.86	0.34
金属制品、机械和设备修理业	1.52	0.23	0.35	0.05	0.46	0.07	0.63	0.10
电力、热力生产和供应业	1.62	19.4	0.26	3.06	0.53	6.35	0.66	7.88
燃气生产和供应业	2.22	1.29	0.61	0.36	0.31	0.18	0.76	0.44

续表

行业	北京		天津		河北省		京津冀	
	区位商	比重（%）	区位商	比重（%）	区位商	比重（%）	区位商	比重（%）
水的生产和供应业	0.31	0.26	0.19	0.16	0.08	0.07	0.16	0.13

资料来源：《中国统计年鉴2015》《北京统计年鉴》《天津统计年鉴》《河北省经济年鉴》。

京津冀作为整体来看，三次产业结构为6.3∶41.7∶52，第三产业产值超过第二产业约10个百分点。分析表1－4，在京津冀地区的工业中，区位商大于2、产值比重大于15%的一级主导专业化部门是黑色金属冶炼及压延加工业（区位商2.53，产值比重19.17%）；区位商大于1.5、产值比重大于10%的二级主导专业化部门缺失。京津冀地区区位商大于1的其他9个专业化部门分别是：黑色金属矿采选业（区位商3.19，产值比重3.40%），农副食品加工业（区位商1.23，产值比重3.75%），食品制造业（区位商1.77，产值比重2.31%），皮革、皮毛、羽毛及其制品业和制鞋业（区位商1.72，产值比重1.25%），石油加工、炼焦和和燃料加工业（区位商1.96，产值比重5.35%），金属制品业（区位商1.64，产值比重4.13%），汽车制造业（区位商1.32，产值比重6.96%），计算机、通信和其他电子设备制造业（区位商1.00，产值比重6.06%），废弃资源综合利用业（区位商1.86，产值比重0.34%）。

北京作为京津冀的现代服务业中心，第三产业具有绝对优势，占到地区生产总值的76.46%，第一、第二产业分别只占到0.84%、22.70%。在北京市工业行业中，区位商大于2、产值比重大于15%的一级主导专业化部门是汽车制造业（区位商3.08，产值比重16.17%），区位商大于2的其他专业化部门分别为石油加工、炼焦和核燃料加工业（区位商2.09，产值比重5.68%），燃气生产和供应业（区位商2.22，产值比重1.29%）。根据地区主导专业化部门的判断标准，虽然这三个部门的区位商都大于2，但是产业比重均不足15%，产业规模较小，成为一级主导专业化部门还有一定的距离。区位商大于1.5、产值比重大于10%的二级主导专业化部门是计算机、通信和其他电子设备制造业（区位商 2.18，产值比重 13.18%），电力、热力生产和供应业（区位商 1.62，产值比重 19.35%）。区位商大于 1.5 的其他专业化部门为印刷和记录媒介复制业（区位商 1.57，产值比重 0.77%），医药制造业（区位商 1.7，产值比重 3.48%），仪器仪表制造业（区位商 1.89，产值比重 1.44%），其他制造业（区位商 1.61，产值比重 0.36%），金属制品、机械和设备修理业（区位商 1.52，产值比重 0.23%）。这些部门的区位商虽然都大于 1.5，但是产值比重过低，作为二级主导专业化部门还需要进一步提高产值比重。区位商大于 1，作为北京专业化部门分别是食品制造业（区位商 1.21，产值比重 1.57%），黑色金属矿采选业（区位商 1.04，产值比重 1.11%），但是与地区主导专业化部门还存在一定的距离。

天津作为北方经济中心，第二产业仍具主导地位，占到地区生产总值的 51.68%。在天津工业中，区位商大于 2、产值比重大于 15% 的一级主导专业化部门是黑色金属冶炼及压延加工业（区位商 2.12，产值比重 16.14%）。区位商大于 1.5、产值比重大于 10% 的二级主导专业化部门为计算机、通信和其他电子设备制造业（区位商 1.81，产值比重 10.92%）。其他区位商大于 1 的地区专业化部门分别是石油和天然气开采（区位商 2.59，产值比重 5.94%），农副食品加工业（区位商 1.15，产值比重 3.5%），食品制造业（区位商 3.13，产值比重 4.07%），文教、工美、体育和娱乐用品制造业（区位商 1.24，产值比重 0.82%），石油加工、炼焦和核燃料加工业（区位商 1.85，产值比重 5.04%），金属制品业（区位商 1.74，产值比重 4.41%），专用设备制造业（区位商 1.25，产值比重 4.31%），汽车制造业（区位商 1.4，产值比重 7.38%），其他制造业（区位商 1.05，产值比重 0.24%），废弃资源综合利用业（区位商 4.57，产值比重 0.84%）。其中，天津制造业的区位商和产值比重均接近于二级主导专业化部门的标准，具有发展成二级主导专业化部门的潜力，其他部门由于产值比重过小，在贡献率方面还存在一定的距离，确定为专业化部门。

河北省产业发展以传统产业为主，并且第二产业和第一产业的比重过高。在河北省工业行业中，区位商大于2、产值比重大于15%的一级主导专业化部门是黑色金属冶炼及压延加工业（区位商3.62，产值比重27.44%）。区位商大于1.5、产值比重大于10%的二级主导专业化部门缺失。其他区位商大于2的专业化部门分别是黑色金属矿采选业（区位商5.51，产值比重5.87%），皮革、皮毛、羽毛及其制品和制鞋业（区位商3.08，产值比重2.24%）。这两个部门虽然区位商均大于2，但是产值比重远小于20%，距一级主导专业化产业部门还存在较大的差距。其他区位商大于1的专业化部门分别是农副食品加工业（区位商1.45，产值比重4.42%），食品制造业（区位商1.24，产值比重1.62%），纺织业（区位商1.25，产值比重3.34%），石油加工、炼焦和核燃料加工业（区位商1.98，产值比重5.39%），橡胶和塑料制品业（区位商1.11，产值比重2.34%），金属制品业（区位商1.89，产值比重4.79%），这六个部门为河北省的专业化部门。

由以上分析可见，北京第二产业的发展已在向高端行列进军，天津第二产业发展强劲，河北省第二产业发展仍处于低端的产业阶段，需要京津冀三地进行第二产业的疏解与对接，共同提升发展质量，增强区域综合竞争力。

（三）第三产业所处发展阶段分析

随着生产力的发展，第三产业对经济和社会的持续稳定发展起到越来越重要的作用。下面从京津冀三省市第三产业产值与其所占比重变动趋势、第三产业主要行业内部结构的比较，对京津冀三省市第三产业发展阶段加以判定。

1. 京津冀三省市第三产业产值变动趋势分析

2000—2013年，三省市第三产业产值均呈增长态势（见表1－5）。北京市第三产业产值由2000年的2049.1亿元增加到2013年的14986.5亿元，是2000年的7.31倍；天津市第三产业产值由2000年的764.36亿元增加到2013年的6905.03亿元，是2000年的9.03倍；河北省第三产业产值由 2000 年的 1704.45 亿元增加到 2013 年的 10038.89 亿元，是 2000 年的 5.89 倍。

表 1-5　2000—2013 年三省市第三产业产值及所占比重比较

单位：亿元

年份	北京		天津		河北省	
	产值	比重（%）	产值	比重（%）	产值	比重（%）
2000	2049.1	64.8	764.36	44.9	1704.45	33.79
2001	2484.8	67.0	881.3	45.9	1906.31	34.56
2002	2982.6	69.1	997.47	46.4	2149.75	35.72
2003	3435.9	68.6	1150.82	44.6	2439.68	35.25
2004	4092.2	67.8	1319.76	42.4	2842.33	33.53
2005	4854.3	69.6	1658.19	42.5	3340.54	33.46
2006	5837.6	71.9	1902.31	42.6	3895.36	33.97
2007	7236.1	73.5	2250.04	42.8	4600.72	33.81
2008	8375.8	75.4	2886.65	43.0	5276.04	32.95
2009	9179.2	75.5	3405.16	45.3	6068.31	35.21
2010	10600.8	75.1	4238.65	46.0	7123.77	34.93
2011	12363.1	76.1	5219.24	46.2	8483.17	34.61
2012	13669.9	76.5	6058.46	47.0	9384.78	35.32
2013	14986.5	76.9	6905.03	48.1	10038.89	35.5

资料来源：《2014 年北京统计年鉴》《2014 年天津统计年鉴》《2001—2014 年河北省统计年鉴》及国家统计局发布的三省市统计公报数据。

从第三产业所占比重来看，2000 年以来，北京市第三产业所占比重呈上升趋势，由 2000 年的 64.8% 上升到 2013 年的 76.9%，只在 2004 年稍有下降，但随后所占比重一直处于上升态势，这直接反映出在《北京城市总体规划（2004—2020 年）》指导下，北京市部分工业企业向周边地区转移初见成效，也进一步反映出北京市第三产业已处于较高发展阶段。天津市第三产业所占比重自2002年以来一直处于下降阶段，由2002年的46.4%下降为2006年的42.6%，之后逐渐升高，2013年上升为48.1%，反映出天津市第三产业增速落后于第二产业，从城市发展的角度来说，天津市第三产业需要进行进一步升级。河北省第三产业自2000年以来，基本上徘徊在33%左右，到2013年为35.5%，反映出河北省第三产业发展在较低梯度上保持着基本稳定的态势，随着京津冀协同发展步伐的加快，京津第三产业尤其北京一些服务业的外迁，会为河北省第三产业的发展提供发展契机，进行改造升级。

2. 京津第三产业主要行业内部结构的比较分析

从2013年北京市第三产业内部行业产值及其增长率分析（见表1－6），第三产业产值居前五位的行业分别是金融业（2822.1亿元），批发和零售业（2372.4亿元），信息传输、计算机服务和软件业（1749.6亿元），房地产业（1536.6亿元），科学研究、技术服务和地质勘查业（1444.3亿元）；第三产业增长率居前五位的行业分别是房地产业（14.6%），卫生、社会保障和社会福利业（14.4%），科学研究、技术服务和地质勘查业（13.9%），水利、环境和公共设施管理业（11.5%），金融业、教育（均为11.2%）。天津市第三产业产值居前五位的行业分别是批发和零售业（1902.52亿元），金融业（1202.04亿元），交通运输、仓储和邮政业（725.05亿元），房地产业（519.37亿元），住宿和餐饮业（241.34亿元）；第三产业增长率居前五名的行业分别是金融业（18.3%），房地产业（11.9%），批发和零售业（11.2%），交通运输、仓储和邮政业（10.0%），住宿和餐饮业（3.8%）。

从排在前五名的行业来看，北京第三产业已开始转型，向高端服务业扩展，虽然传统服务业如批发零售业产值仍较高，但增长率在渐渐下降，属于需要慢慢疏散的产业，一些基础服务，如卫生、社会保障和社会福利业、水利、环境和公共设施管理业等在快速增长，北京的基础功能在不断增强。

表1－6　2013年京津第三产业分行业产值及增长率比较

单位：亿元

项　　目	北京		天津	
	产值	增长率（%）	产值	增长率（%）
总计	14986.5	9.6	6905.03	12.5
交通运输、仓储和邮政业	883.6	8.2	725.05	10
信息传输、计算机服务和软件业	1749.6	7.9		
批发和零售业	2372.4	6.4	1902.52	11.2
住宿和餐饮业	374.8	0.46	241.34	3.8
金融业	2822.1	11.2	1202.04	18.3
租赁和商务服务业	1339.5	7.7		
房地产业	1536.6	14.6	519.37	11.9
科学研究、技术服务和地质勘查业	1444.3	13.9		
水利、环境和公共设施管理业	113.0	11.5		
居民服务和其他服务业	133.3	7.2		
教育	758.2	11.2		
卫生、社会保障和社会福利业	416.1	14.4		
文化、体育和娱乐业	445.3	10.6		
公共管理和社会组织	597.7	5.8		

资料来源：《2014年北京统计年鉴》《2014年天津统计年鉴》。

京津两市在第三产业内部结构上，具有较强的同构性，第三产业分工局面有待进一步形成。河北省第三产业与京津相比较为落后，① 第三产业发展需要京津的带动。

由此看来，京津冀第三产业除北京达到世界平均水平，天津与河北省鉴于仍处于工业化的后期和中期，仍以第二产业为主，第三产业还处于发展中阶段，需要进一步的产业升级与优化。京津冀三地可以通过协同发展，来共同进步。

① 由于无法得到河北省第三产业行业内部数据资料，未能对其进行对比分析。

（四）结论

从对京津冀区域产业发展分析可以看出，津冀两地的第二产业占地区生产总值的比重稍呈下降趋势，第三产业上升乏力。这说明该区域正处于产业结构优化升级的大变动时期，第三产业虽显露优势但其支柱产业还未形成，尚不能替代传统工业的地位。北京的第三产业增加幅度超过第二产业，天津、河北省的第二产业增加幅度超过第三产业，说明在现阶段河北省与天津发展第二产业的潜力更大一些。北京的第三产业比重较高，已经达到世界75%的先进水平，但还有发展的潜力空间，要发展高端产业，进行产业升级。

产业梯度转移是区域经济形成与进步演化的基本动态过程。地理位置相邻的若干个产业梯度不同的地区，在产业由高梯度向低梯度地区转移这样一种产业集聚与扩散的动态过程中形成了“共赢”的区域性协作体，并使得区域的整体竞争力得到有效提升。综上所述，京津冀区域整体处于工业化中期阶段。虽然北京已经步入后工业化时期，但是京津冀的综合发展水平相对于长三角、珠三角来说明显落后，第二产业仍是经济发展的主要支撑。从区域一体化发展规律分析，京津冀区域空间一体化趋势还将逐步增强，在中小城市加快调整提升的初步发展期，极化效应明显，且要继续加强；扩散效应将随着强经济中心的形成和极化效应的加大而逐步增大；现阶段回程效应明显，待经济中心形成后，扩散效应将超过极化效应，缩小地区差异。

京津冀协同发展规划纲要已经出台，在京津冀协同发展全面推进的过程中，极化效应和扩散效应都将进一步加大，尤其三地产业协作是其中的核心内容，梯度转移规律将对其产业合作产生决定性作用。随着天津滨海新区、曹妃甸工业区、京（廊）津塘高科技产业带的逐步开发建设，京津中心城市的辐射作用将进一步加强，河北省的传统工业、传统农业、传统服务业所占比重较大，亟须改造升级。借由京津冀协同发展的东风，北京将非首都功能转移出去，突出核心定位；天津加强与河北省的合作，承接北京的部分高端产业，进一步进行产业集聚；河北省进行产业承接、功能承接，为产业升级改造提供良好契机，促进产业结构与空间布局的优化。

二、京津冀产业分工与协作现状

京津冀协同发展上升为国家战略之后，京津冀协同发展步伐在不断加快，产业合作是先行的三个重点领域之一，目前京津冀三地在各地政府的积极引导下，逐渐有序地进行中。京津冀三地的产业发展处于不同阶段，如何实现三地的产业协作、对接、有效分工是产业协同发展的重点内容。

（一）京津冀产业合作步伐在不断加快

2010 年 7 月，河北省与北京签署《北京市—河北省合作框架协议》，协议中，提出京冀两地要在九个方面进一步深化合作，在工业领域，具体选择了新能源、电子信息、生物医药、钢铁、汽车、装备制造、节能环保等七大合作产业，还就建立两地合作协调机制进行了约定。2013 年 3 月，北京与天津签署《北京市—天津市关于加强经济与社会发展合作协议》，协议指出，双方要按照互惠互利、有利发展的原则制定优惠政策，发挥京津科技研发、产业、土地等互补优势，开展全方位的产业转移和对接合作。2013 年 5 月，天津与河北省签署了《天津市—河北省深化经济与社会发展合作框架协议》，协议要求双方加强产业规划衔接，协调产业合理布局，支持天津企业在河北省环津地区建立天津产业转移园区，创新合作模式，实现利益共享，要引导有实力的企业为双方优势重点产业配套，实现共赢发展。至此，京津冀三地分别签署了合作协议，并在产业合作与转移方面进行了规划，在合作框架下，三地的合作步伐在不断加快。

2014 年 2 月 26 日，习近平总书记主持座谈会，专题听取京津冀协同发展工作汇报，提出京津冀协同发展是一个重大国家战略，并提出推进京津冀协同发展的“四个立足和七点着力点”，即“立足各自比较优势、立足现代产业分工要求、立足区域优势互补原则、立足合作共赢理念”，“着力加强顶层设计、着力加大对协同发展的推动、着力加快推进产业对接协作、着力调整优化城市部局和空间结构、着力扩大环境容量生态空间、着力构建现代化交通网络系统、着力加快推进市场一体化进程”。这次会议后，京津冀协同发展达到了一个新高度。在2014年3月初，李克强总理的《政府工作报告》中，将“加强环渤海即京津冀地区经济协作”列为2014年的重点工作。此后，国家及相关部委、京、津、冀三地高度重视，站在建设京津冀城市群的高度，突破“一亩三分地”的思维，积极推进各个领域的区域合作，多层次、宽领域的合作关系初步建立，目前国家发改委制定的《京津冀区域发展规划纲要》为京津冀三地的合作提供了更宽广的平台。

表1－7 2014年以来京津冀产业转移与合作进程

时间	单位	事项
2014年2月26日	中共中央总书记习近平	主持座谈会，提出要立足各自比较优势、立足现代产业分工要求、立足区域优势互补原则、立足合作共赢理念，着力加快推进产业对接协作
2014年3月5日	京津冀三地科协	联合召开专题工作会，共同开展京津冀科技协同创新战略研究工作
2014年4月2日	国家旅游局、京津冀三地旅游部门	联合签署《北京市科委、天津市科委、河北省科技厅共同推动京津冀国际科技合作框架协议》
2014年4月11日—4月15日	工业和信息化部	北京市经信委、天津市经信委和河北省工信厅就京津冀产业协同发展进行了专题座谈
2014年4月15日	京津冀三地科技部门	联合签署《北京市科委、天津市科委、河北省科技厅共同推动京津冀国际科技合作框架协议》
2014年5月18日	京津冀三地工商联	达成《关于推动京津冀三地非公有制经济协同发展的框架协议》，为京津冀民营企业搭建产业对接、信息服务和商会交流三大平台
2014年5月20日	京津冀三地金融部门	签署金融合作协议，计划在北京大兴、河北省廊坊和天津武清三地交界地区联合设立小范围的金融创新试验区

续表

时间	单位	事项
2014年5月22日	京津冀三地粮食局、粮食企业	召开京津冀粮食产销合作推进会，三方签订粮食购销合同，三地粮食局签署了深化粮食产销区合作协议
2014年6月7—8日	工信部	召开座谈会，要求三地工信部门加强协调配合，研究制定京津冀地区产业转移指导目录，搭建产业对接平台，引导产业合理布局和有序转移
2014年7月23日	京津冀三地经信委	召开京津冀产业转移会议，三地汇报产业转移项目和实施情况
2014年8月2日	国务院	成立京津冀协同发展领导小组
2014年8月4日—8月5日	京津冀三地旅游部门	京津冀旅游协同发展第二次工作会议在天津蓟县召开，确定了京津冀旅游协同发展工作协调机制，通过了协调机制议事规则，制定了京津冀旅游协同发展方案，在2014年、2015年及至2017年进行具体落地项目对接
2014年9月4日	京津冀协同发展领导小组	京津冀协同发展领导小组第三次会议召开，讨论京津冀区域功能定位，审议京津冀交通一体化、生态环境保护、产业协同发展三个重点领域率先突破工作方案和支持京津冀协同发展重大改革政策措施，研究部署下一阶段工作
2014年12月12日	京津冀三地旅游部门	京津冀旅游协同发展第三次工作会议在崇礼县召开，签署了《北京—张家口奥运旅游协同发展对接备忘录》。指出，借京张联合申办2022年冬奥会的机遇，张家口需要北京巨大的旅游市场，并期望通过北京的带动，实现在资源开发、景区建设、旅游设施、宣传营销等方面的全面提升，北京需要张家口清新的空气、良好的生态和独具特色的旅游资源。双方借势申冬奥，将开展规划、宣传、设施、市场、培训五个方面的对接

续表

时间	单位	事项
2015年1月	京津冀三地两会	三地两会均把“京津冀协同发展”写入政府工作报告，产业将是率先突破的领域之一
2015年2月10日	中共中央总书记习近平	主持召开中央财经领导小组会议，审议研究京津冀协同发展规划纲要，指出疏解北京非首都功能、推进京津冀协同发展，是一个巨大的系统工程
2015年3月27日	京石两地政府有关部门	会议就京石两地商贸产业疏解深入对接，达成了高度统一，北京北展地区建设指挥部与石家庄市长安区政府在会上签署了《产业疏解战略合作协议》，石家庄乐城·国际贸易城与北京西城区负责产业疏解的北展地区社会经济发展协会签署了《战略合作协议》
2015年4月30日	中共中央政治局	审议通过了《京津冀协同发展规划纲要》，强调要坚持协同发展、重点突破、深化改革、有序推进。要严控增量、疏解存量、疏堵结合调控北京市人口规模。要在京津冀交通一体化、生态环境保护、产业升级转移等重点领域率先取得突破。要大力促进创新驱动发展，增强资源能源保障能力，统筹社会事业发展，扩大对内对外开放。要加快破除体制机制障碍，推动要素市场一体化，构建京津冀协同发展的体制机制，加快公共服务一体化改革。要抓紧开展试点示范，打造若干先行先试平台
2015年7月	工信部联合河北省及相关省市	京津冀产业转移系列对接活动正式启动，至2015年10月下旬，河北省将通过个别招商对接和集中对接活动两种形式，积极对接服务京津，承接产业转移和科技成果转化，努力促成一批产业合作项目落地
2015年8月17日	承德市政府与中关村科技园区	承德市政府与中关村科技园区管理委员会签订合作协议，双方将共同推进节能环保领域的深度合作
2015年10月16日	三地政府金融工作部门	“2015金融促进京津冀协同发展峰会”在廊坊召开，提出将加大京津冀三地金融改革力度，并建议推出系列新举措

续表

时间	单位	事项
2015 年 10 月	京冀有关部门	北京市将与河北省共同将曹妃甸打造成首都战略功能区和协同发展示范区，功能定位为打造京津冀协同发展先行先试试验区、先进制造业和创新成果转化基地、环渤海经济圈发展的重要增长极，以实现示范区与北京的同城化发展为远期目标
2015 年 10 月 12—14 日	2015 中国（北京）电子商务大会	在大会上，大兴区与河北廊坊市签署了《电子商务产业全面战略合作协议》，两地率先在电子商务产业实现了融合发展，共建京津冀电子商务协同发展示范区
2015 年 11 月	京津冀三地贸促部门	将陆续开展“京津冀国际投洽会”

（二）京津冀三地产业分工已基本显现，部分产业转移取得实质性进展

从京津冀三地的产业结构来看，北京已处于“三二一”的阶段，第三产业占绝对优势地位，2013 年占 76.9%，处于后工业化阶段，发展趋势是疏解传统制造业、重化工业、传统服务业，提升自身的服务业发展水平，着力发展高端制造业与现代服务业，未来的产业重点是总部经济、高新技术产业、金融管理、文化创意产业、现代物流等高端化产业；天津与河北省均处于“二三一”的发展阶段，但天津的第二产业比河北省发展基础雄厚，技术先进，战略重点在于高端制造业、现代物流业的聚集，未来的产业重点是汽车制造、电子信息、石油化工、航空航天、现代制药、仓储物流等高端制造业；而河北省的第一产业占比仍高于国家平均水平，第二产业主要发展钢铁制造、石油化工、装备制造、医药化工、建材工业等重化工业。因此京津冀产业分工已基本形成，但京津、津冀仍有优势产业的雷同，如制造业的产业同构，产业分工层次还不够明确，这将是京津冀地区未来产业调整的目标。

近几年，京津冀三地陆续签署了合作框架协议，推进了产业转移的进程。京津冀协同发展上升为国家战略，更进一步促进了北京城市功能的疏解，天津产业的转移，河北省承接京津产业的步伐在不断加快，为京津冀三地产业转移提供了战略支持。目前，北京产业向河北省转移多集中于工业企业，跨行政区产业链正逐步形成，最具代表性的产业转移是北京首钢向唐山的迁移，还有机械工业企业、医药制造等企业在陆续向河北省各市转移，产业配套、产业对接及产业链分工日趋完善，合作项目和质量有大幅度提升。如北京首钢向唐山的迁移，机械工业企业、医药制造等企业向河北省各市的转移，北京高科技产业将转移到廊坊科技园、天津滨海新区、天津武清科技园、保定涿州科技园等（见表1－8）。

表1－8 2014年以来京津冀部分企业、产业转移与承接

时间	项目	产业外移地	承接地
2014年4月	北京动物园服装批发市场搬迁启动	北京	廊坊永清县台湾工业新城
2014年5月	凌云建材化工有限公司原料药碳酸氢钠项目	北京	邯郸武安市
2014年5月	大红门市场部分商户签约	北京	保定白沟
2014年6月	动物园、大红门批发市场部分商户签约	北京	天津西青区
2014年4月	十八里店建材城签约	北京朝阳区	保定易县
2014年	北汽集团旗下北京汽车制造厂有限公司整体搬迁	北京顺义区	河北黄骅市
2014年	钢铁类产业	北京	唐山曹妃甸区（曹妃甸与首钢总公司共建北京产业园）
2015年2月	大基康明签约	北京亦庄经济开发区	廊坊永清开发区
2015年2月	惠买在线签约	北京亦庄经济开发区	廊坊永清开发区
2015年2月	坤鼎投资签约	北京亦庄经济开发区	廊坊永清开发区

续表

时间	项目	产业外移地	承接地
2015年2月	聚信产融投资签约	北京亦庄经济开发区	廊坊永清开发区
2015年2月	宝健日用品公司签约	北京亦庄经济开发区	廊坊永清开发区
2015年	北京新发地农产品批发市场部分商户搬迁	北京	保定高碑店市
2015年4月	北京现代第四工厂项目	北京	沧州市
2015年10月	家具生产企业搬迁签约	北京	沧州青县
2015年10月	科技型产业等	北京	白洋淀科技城开工建设

三、北京非首都功能疏解与产业外溢分析

北京非首都功能疏解是京津冀协同发展的关键环节，是推动京津冀协同发展的先导，疏解过程中，要严格控制总量，有序疏解存量，通过非首都功能的疏解，降低北京市人口密度，调整经济结构和空间结构，走内涵式集约发展的道路。

（一）非首都功能疏解分析

1. 非首都功能疏解的必要性

（1）破解“大城市病”的需要

交通问题。与世界上许多其他大城市一样，北京正面临着巨大的交通压力，城市交通拥堵问题已成为制约其发展的主要瓶颈之一。交通拥堵反映出经济发展到一定阶段整个城市规划、布局、功能与之不相适应的问题。长期以来，北京“摊大饼”式的城市扩张方式造成人流的潮汐式流动，交通堵塞问题十分严重。

住房问题。多年以来，房价高、住房紧张和绝大多数外来人口居住在“城中村”并存一直是北京的重大民生问题之一。就“城中村”来说，这是一个特殊的、城乡并存的二元结构集合体，是我国现时土地制度与城市

化政策的产物。它容纳了大量外来人口，用较少的城市土地面积承担了较多的外来居住人口。住房问题掩盖下的各种深层次的体制性问题，亟待解决。

水资源问题。一方面表现为水资源的短缺，由于降水量连年减少，水资源总量在下降，而土地过垦、草原过牧等资源耗竭型的发展模式，造成草场及植被的严重损坏，自然环境陷入恶性循环，生态功能退化，盐渍荒漠化严重。这些导致地表水环境退化，地下水开采过度，又会引起地质灾害。另一方面面临水污染，由于工业和城市污水的大量排放，沿海的重化工业导致渤海湾海洋环境恶化，规划的沿海经济隆起带也将进一步加大渤海环境压力。董锁成教授指出，京津冀的工业“三废”（废水、废气、废渣）造成的环境污染已经向广大农村扩散，城市地表水和地下水源都受到不同程度的污染。

（2）优化产业结构的需要

目前北京的产业结构已经转变为“三二一”，呈现了产业高端化的发展趋势。为了体现首都特点，要加快发展现代服务业，注重知识型服务业的不断升级改造，增强国际功能的辐射力与影响力。未来北京的产业必然要求大力发展高附加值的高新技术产业，以提升自主创新能力和整体产业竞争力为核心，重点发展以软件服务、研发服务、信息服务为主的高技术服务业和以电子信息、生物医药、新能源、新材料为主的高新技术产业。积极推进物联网、云计算等一批关键技术的应用，加强信息资源开发利用，壮大信息服务业和信息产业，提高城市信息化水平，努力把北京建设成为全球重要的信息服务中心和信息交换枢纽之一。依托中关村国家自主创新示范区建设，大力发展研发服务业，提高自主创新能力，使北京成为具有世界影响力的创新中心。

在产业结构不断优化的前提下，必然要求将一些附加值低、科技含量低，与北京产业发展方向不符的产业进行转移，来提高产业的增值能力，降低产业的资源和环境依赖。如传统服务业的转移，既能进行北京的产业结构优化，又能够疏解人口，部分解决城市问题，另外，又能为周边的承接地区提供产业资源，带动相关产业的配套发展。

（3）城市功能优化的需要

北京的城市功能集政治、文化、经济、交通、文教等十多个功能为一体，并向旧城为中心的市中心区过度集聚，形成了环形放射式的城市空间布局模式，随着虹吸效应的增强，人口不断涌入，城市空间呈现“摊大饼”式的无序蔓延，导致旧城中心人口集聚、交通拥堵、住房紧张，加重了环境负担，一些聚集人口的产业不断壮大，进一步加剧了城市压力。未来的首都城市功能是打造国家政治中心、文化中心、国际交往中心及科技创新中心，就必然要求将不适合功能定位的产业进行转移，减轻城市压力。

随着中心城区的集聚发展，北京地区的一些边缘地区和邻近区域仍然发展动力不足，相应的新城建设缓慢，难以发挥相应的城市功能。所以要求进行新城的产业升级，带动相关配套的升级，能够与中心城区形成多中心的发展格局，提升北京的整体竞争力。

2. 非首都功能疏解的战略重点

（1）以战略性城市规划方案为指导，使城市从单中心格局向多中心发展

目前中国处于城市化进程加快的发展阶段，进行战略性城市规划是前提条件。北京的功能定位为国家政治中心、文化中心、国际交流中心、科技创新中心，应以构建完整的城市体系为目标，进行近期、中期、远期规划，促进首都功能的不断完善，突出城市的主体功能，优化发展环境，促进核心功能的优化与发展。城市的单中心发展必然带来一系列的大城市病，北京目前的交通、住房等面临巨大挑战，需要带动长期存在溢出效应的周边地区的经济发展，使单一的城市中心转向多中心发展。一方面，要控制中心城区的规模，加大向周边腹地的推动力，带动周边城区的发展；另一方面，要加强周边新城的建设，完善各项公共服务功能，加强优惠政策，增强对中心城区的吸引力，形成区域联动发展的态势。

（2）加快中心城区功能外移，优化中心城区布局

中心城市功能外移，是城市发展要素重组实现空间结构优化的重要方式。首都功能有些过于冗余，有些不符合功能定位，要加以梳理。首先，主要是对于不符合首都功能要求或对首都功能正常发挥起负面影响作用的功能，如过多的行政办公、高度叠加的公共服务、低端产业等，必须采取行政强制辅以经济制约的措施加以清理。其次，改革北京市的行政管理体制，促进国家和市级行政中心分离，是北京功能疏解的重要策略。最后，创新功能疏解的对接机制，探索税收、户籍、人事管理等方面的机制创新模式，加快功能转移步伐。

通过疏解北京市中心功能，转移部分非首都功能、传统产业至周边区域，有利于发挥中心区域经济的辐射带动作用，带动周边城镇的区域合作发展，拓展首都经济社会发展的空间，推进以北京为核心的城市群体系的发展。

（3）产业先行带动人口疏解

目前北京的功能定位要求不再是经济中心，要逐步向高层次的科技创新中心过渡，要求将一些传统产业、重工业企业转移出去，以明确北京的首都功能。另外，北京存在的一系列城市病需要通过人口外移来进行缓解，而疏解人口最直接有效的方法就是产业疏解，尤其一些传统商贸的转移，会带动大批人口向外流动。

进行产业疏解先要对北京产业转移进行合理规划，利用周边及津冀各地的比较优势、产业梯度，突出各地特色，以产业链、产业集群、产业园区、产业带为依托，进行产业的合理布局，提高产业转移效益，发挥最大效应。伴随产业的转移，人口随之转移，因此，进行产业的疏解还要考虑就业人口带来的一系列问题。一方面，要鼓励人口随产业进行转移，提高产业转移效率；另一方面，做好承接地的政策对接，完善社会保障等制度安排，为转移人口解决后顾之忧。产业疏解到北京周边地区或津冀区域，能够提升各地区的产业发展层次，优化产业结构，带动相关产业的配套发展，会进一步聚集人口，扩大城市规模，为京津冀的协同发展提供支持。

（二）首都产业外溢分析

1. 首都产业总体判断

交通、产业、生态是目前京津冀协同发展的重点领域，产业转移与承接是其中的重要一环，是疏解人口的重要途径。北京的首都功能转型、产业疏解是当务之急。从北京目前的产业结构可以看出（见表1-9），北京已经处于产业结构的高级阶段，从波动的幅度来看，第一产业增长速度的波动幅度减小，产业发展趋于稳定。第二产业增长速度平稳，波动幅度减小。第三产业波动幅度也呈现出减小的趋势。第一、第二产业比例不断降低，第三产业比例仍在不断增加，已进入后工业化阶段，虽然北京不再作为“经济中心”，但北京的经济仍然要进一步提升，逐渐实现“做大三产、做强二产、优化一产”，进一步优化产业结构，提升产业层次。因此，北京需要将不符合发展定位的产业转移出去，不能转移的淘汰掉，使北京突出其首都功能定位。

表1-9　2010—2013年北京市三次产业增速及产业结构

	第一产业增速（%）	第二产业增速（%）	第三产业增速（%）	三次产业结构
2010	-1.6	13.6	9.1	0.9∶24.1∶75.0
2011	0.9	6.6	8.6	0.9∶23.4∶75.7
2012	3.2	7.5	7.8	0.8∶22.8∶76.4
2013	3	8.1	7.6	0.8∶22.3∶76.9

资料来源：《2010—2013年北京国民经济和社会发展统计公报》。

2. 三次产业外溢分析

结合北京市产业的总体判断与功能定位，对北京市三次产业外溢趋势作出如下判断：

（1）第一产业

目前北京农业发展空间较小，方向为现代都市型农业，基本没有向外溢出的空间，但可以采用各种模式与津冀进行农业产业合作，如飞地模式，北京提供科技、资金支持，津冀提供土地、人力资源，进行产业合作与对接，利用各地区的比较优势来实现效益最大化。

（2）第二产业

目前就北京的功能定位来看，第二产业需要进行优化升级，将曾经在北京市经济发展中占据主导地位的石油加工、炼焦及核燃料加工业，化学原料及化学制品制造业，黑色金属冶炼及压延加工业，交通运输设备制造业，燃气生产和供应业等能耗高、污染重的行业逐步转移出去。从2002年北京提出发展“绿色奥运、人文奥运、科技奥运”口号以来，已有多家冶金、化工、建材企业从首都转移到了周边河北省各市，其中最大规模的就是首钢搬迁到唐山曹妃甸港，号称河北省“一号工程”。

（3）第三产业

由于北京能源供应紧张，人口规模不断扩张，生态环境脆弱，需要通过对外疏解产业，同时疏解密集的人口。在第三产业中，对于聚集人口的传统商贸物流行业首先需要转移出去，现在已取得初步成效，大红门、动物园批发市场均在逐步搬迁中；电子信息技术等高科技产业可以与津冀规划的科技园区对接，进行科技成果转化，现在已经与部分地区达成合作协议；一些北京的总部基地可以综合考虑各地区的比较优势转移到北京周边地区，如河北省的土地资源、人力成本优势；生物医药可以结合津冀的行业优势进行转移，分重点分步骤有序地进行产业融合；金融服务领域、通信等领域，与津冀更多的是合作，比如在津冀设立金融分支机构，构建金融市场的一体化，与津冀实现通信一体化等。

（三）河北省承接非首都功能疏解的重点产业及功能

依据《京津冀协同发展规划纲要》（以下简称为《纲要》）优先疏解产业，河北省可针对两类产业进行重点承接。

1. 一般性产业特别是高端制造业

北京将对科技创新成果转化型企业、高端制造业中比较优势不突出的生产加工环节、制造业零部件配套、石化企业及食品、酿酒、饮料等相关制造企业优先进行疏解。河北省能够提供广阔的腹地，降低成本，可以针对各地区的发展优势与特色进行产业对接。石家庄重点承接生物医药、高端制造、节能环保等产业；邯郸重点承接先进装备制造、精品钢材、新能源及新能源汽车、新材料等产业；邢台重点承接先进装备制造、新能源及新能源汽车等产业；唐山重点承接钢铁、高端装备制造、化工等产业；廊坊重点承接新材料、节能环保、高端装备制造等产业；衡水重点承接食品、酿酒、食品等相关制造产业。

2. 区域性物流基地、区域性专业市场等部分第三产业

针对北京要疏解的物流基地、区域性专业市场，河北省已经在进行有序承接，目前大红门市场中商户部分迁往保定白沟，部分迁往廊坊，目前正在陆续进行疏解。河北省要积极承接北京的疏解产业，进行升级改造，进一步发展壮大物流基地、区域性专业市场。河北省各地与北京对接合作，打造一批区域性物流基地：唐山、秦皇岛、沧州主要方向为临港物流基地建设；石家庄、保定、廊坊主要方向为商贸物流基地建设；邯郸、邢台、衡水等地主要方向为仓储中转物流基地建设。

四、京津冀产业转移与承接中存在的突出问题

由于京津冀三地长期的行政界线、不同的产业发展阶段，在京津冀进行产业对接的进程中，会有各种阻力。分析目前京津冀三地在产业转移与承接中存在的突出问题，有利于更好理清三地的关系，提出更好的解决方法，使产业的转移与承接有序、高效。

（一）京津冀三地过大的产业梯度使河北省产业承接的难度加大

合理的产业梯度是产业转移的基础和必要条件，产业转移的实质就是国家或地区之间基于产业梯度上的产业接力过程，但是如果产业梯度的差异悬殊、产业发展环境落差太大，就很可能会影响或抑制产业的转移。

从经济和技术发展程度来看，京津冀三省市在技术上存在梯度差距，

并进而形成了产业的梯度差距。目前，北京进入后工业化时，而河北省正处于工业化中期阶段，发展的落差使河北省在承接产业转移方面处于弱势地位。京津的技术水平、产业结构水平都高于河北省，并且都面临着产业结构的进一步升级，都需要向外转移一些不再具有比较优势的产业。从地理位置上看，京津冀地域相连，三地间的交易成本和生产要素结合成本低廉，可以大大提高生产要素的利用效率，降低产业结构的转移和调整成本。《北京城市总体规划（2004—2020年）》已明确指出，北京工业将向东部和南部外移，实现与津冀两地工业结构布局相匹配的产业对接，这意味着北京的发展将逐步从资源集聚向集聚与扩散并重阶段转变。鉴于北京往河北省搬迁的主要是一些传统制造业，如食品加工、印刷包装、木材加工和服装加工业等，整体制造业的合作范围多局限于产业链的前端，在产业链空间布局和企业内部产业链延伸方面，总部设在北京，生产基地设在天津、河北省的产业链双向延伸现象明显。同样，随着天津产业结构的调整升级，其部分传统产业向外转移。这使得保定、廊坊、唐山等城市承接京津产业转移成为可能。但是，由于北京各种产业发展快，产业定位高，而河北省却相对较低，区域内产业链残缺造成的产业传递落差大，甚至形成了产业“悬崖”，加之重工业的进入成本、转移成本和附加值都很高，造成京冀在产业转移方面步伐缓慢，亟须良性的“外移与对接”。

尤其是环京津贫困带的问题依然严重，在京津冀协同发展中，更是加重了北京产业向河北省传递的阻力。由于地理空间上的阻隔，使京津与河北之间的产业链接不顺畅，很难实现空间上的连续性，使整个区域的中心地带突出，外围地区落差很大。

（二）中心城市拉动作用不强，特色产业不明显，承接转移秩序混乱

河北省各城市没有形成具有较强竞争力的产业集群，不能充分带动当地经济的整体发展。北京向周边地区扩散的产业多为资源能源密集型产业或附加值较低的传统产业，这些产业的产业链较短，产业关联度较低，带

动作用不强；而河北省的“等靠”心理较强，没有很好消化北京扩散的产业，使得从北京转移出来的企业即便与河北省保持较强的垂直联系，也没有带动当地产业的发展，同时河北省各地产业基础和配套设施不完善，自主创新能力较差，又不足以承接北京高新技术的转移。①

河北省在产业协同发展进程中，产业发展次序不清晰，各地产业趋同，同位竞争态势明显。产业对接不是短接，产业协同不是趋同，由于在承接产业转移过程中缺乏次序，必然会使各地产业一哄而上，而不是根据本地的资源，有重点、分次序循序渐进地实现产业结构升级。

在产业特色方面，除了唐山和邯郸的建材和冶金、石家庄的电子和制药、秦皇岛与承德的旅游特色明显之外，其他大部分城市将支柱或主导产业多集中在电子、化工、建材、机械和冶金等方面。产业结构趋同在一定程度上制约了区域特色经济的健康成长，在相当一段时期内，河北省内部争资源（水资源、土地资源、矿产资源等）、争项目、争人才的现象屡见不鲜，造成产业布局分散，资源和市场的双向掠夺性竞争格局。

（三）产业结构趋同严重，缺乏深层次的协作

在京津冀区域内，由于合作观念的缺乏、行政地位的对峙以及由此形成的区域壁垒和特殊的财政、金融、投资体制等方面的制度障碍，在争取各自利益的过程中，出现了明显的产业（主导产业）趋同现象。尤其是工业产业结构更为严重，占工业产值半数的行业京津、津冀之间雷同较多（见表1－10），并且这种产业趋同又表现为层次的雷同，包括生产技术层次雷同和对原料需求和消费层次雷同，这就使各地不具备差异化竞争的可能。这种同种同质的产品只会导致资源和市场的双向掠夺性竞争，不利于区域整体竞争能力的增强。

从表1－10可以看出，京津冀主导产业均以资源密集型的能源和重化工业为主。三个地区中津冀两市排在第一位的都是黑色金属冶炼及压延加

① 李国平：《京津冀区域发展报告2014》，科学出版社2014年版，第33页。

工业，石油加工、炼焦及核燃料加工业及化学原料和化学制品制造业重合；京津主导产业中计算机、通信和其他电子设备制造业；汽车制造业；石油加工、炼焦及核燃料加工业；煤炭开采和洗选业重合。京冀之间由于产业层次差异较高，重合产业较少，电力、热力的生产和供应业重合。由此，造成三地之间互相竞争，互相制约的局面。

表1－10　2013年京、津、冀占总产值一半以上的工业行业比较

地区	北京	天津	河北省
占工业产值比重	69.29%	54.42%	57.34%
主要行业	电力、热力生产和供应业（21.53%）	黑色金属冶炼及压延加工业（15.41%）	黑色金属冶炼及压延加工业（25.85%）
	汽车制造业（18.82%）	计算机、通信和其他电子设备制造业（11.47%）	电力、热力的生产和供应业（6.19%）
	计算机、通信和其他电子设备制造业（12.76%）	汽车制造业（6.95%）	黑色金属矿采选业（5.84%）
	石油加工、炼焦及核燃料加工业（4.42%）	煤炭开采和洗选业（5.61%）	金属制品业（5.23%）
	电气机械和器材制造业（4.11%）	石油加工、炼焦及核燃料加工业（5.20%）	化学原料和化学制品制造业（5.13%）
	煤炭开采和洗选业（4.11%）	石油和天然气开采业（4.90%）	石油化工、炼焦和核燃料加工业（4.59%）
	专用设备制造业（3.54%）	化学原料及化学制品制造业（4.88%）	农副食品加工业（4.51%）

资料来源：根据《2014北京统计年鉴》《2014天津统计年鉴》《2014河北省经济年鉴》计算得出。

由于过去对首都经济定位不准、传统的行政区域管理体制和制度上的缺陷，导致了产业结构雷同、分工不明等竞争大于合作的现象。作为全国的政治和文化中心，北京虽然已经形成了以第三产业为主体的产业格局，但新兴第三产业的主导地位还未完全确立，尚未形成一批新的高利润收入、高附加值、能够替代传统产业的新兴产业，地方财政和就业对第二产业的依赖性还比较强，因而与津、冀的产业差异性还没有完全形成。天津同河北省的差异更多地体现在经济总量上，产业结构雷同现象比较突出，难以形成层次分明的产业聚集。这一状况直接导致了资源难以在该地区范围内合理流动，限制了产业集聚效应的产生。

从现有产业承接情况来看，河北省所承接的北京产业多数还停留在低层次水平。在第一产业内部，北京与河北省之间的合作有了一定的进展，但也主要围绕北京城市居民的菜篮子、米袋子而动。农产品的低价格以及由此产生的第一产业合作的低收益使河北省获利甚微。北京的第三产业与河北省的合作多集中在物流、旅游等产业，一些现代服务业由于梯度差较大向外扩散的动因不足，所以仍停留在传统产业层面，能够对河北省产生影响的大部分为第二产业。目前北京的第二产业倾向于发展科技含量和附加值较高的产业，向外转移的主要是技术含量低、附加值低、耗能高的产业，而高新技术产业由于河北省产业基础不够好，承接的较少，产业集聚缓慢，不能带动当地产业发展。

从表1－10也可以看出，占工业总产值一半以上的主导行业中，黑色金属冶炼及压延加工业、化学原料及化学制品制造业、石油加工、炼焦及核燃料加工业、石油和天然气开采业、电力、热力的生产和供应业均为资源和劳动密集型产业，高技术产业发展滞后，规模小，技术含量低。

（四）自主创新能力差，制度创新不足

京津冀地区由大专院校、科研院所以及各种科研机构为主体构成的科技力量和基础十分雄厚，但现有的科技体制严重滞后于市场经济发展的要求。第一，区域科技体制的条块分割，无法按市场经济的要求优化配置区域内科技资源；第二，僵化的科研体制无法使研发对市场需求形成灵活快速的反应；第三，区域科研成果产业化、技术交易市场化、风险投资的进入和退出等体制均不完善甚至缺失，使区域自主科研创新能力的形成举步维艰。

近几年来，京津冀区域较高速度的发展主要得益于区位优势和良好的基础设施对外资的吸引。在外资的推动下，经济增长的收益又主要源于廉价的劳动力和土地转让。尽管我国廉价劳动力近乎无限供给，但是土地始终是稀缺资源。因此，从长远看，京津冀区域产业结构的升级优化，必须以具有自主知识产权的核心技术为支撑，形成可以不断推动产业提高水平和效益的技术创新能力，才能保持区域经济的可持续增长。

发达国家产业发展的经验表明，完善的产权、技术交易市场，高效便捷的金融服务，知识产权保护制度和政策扶持，是培育和发展科技研发产业极为重要的外部条件。从京津冀产业发展进程来看，对制度要求较低的制造业和房地产业成了经济增长的主要动力，而对制度资本要求较高的金融服务业和与知识产权密切相关的高端服务业则发展缓慢。因为有利于金融创新和技术创新的机制缺乏，产权制度、市场的自由交易制度都还有待于进一步完善，所以京津冀地区虽然从宏观上看经济增长较快、外贸出口较大，但微观上企业却长期陷入低盈利的不利局面。鉴于此，优化京津冀产业结构，应当首先从优化产业发展外部环境开始，各级部门应当加快体制改革步伐，打通要素流动的瓶颈梗阻，使分布在科技、教育、文化等不同部门、不同所有制组织中的要素资源能够合理流动，按生产要求进行配置，发挥其应有效率。

第二章　未来京津冀产业发展重点及产业空间优化方向

一、京津冀未来产业发展方向和重点

（一）北京功能定位下产业发展方向判断

新定位明确北京不做“经济中心”，表明了政策取向的一种价值判断，但并不意味着北京的经济不再发展，重要的是发展什么产业、怎样发挥区域中心的辐射带动作用，突出首都功能。根据北京的发展战略，第三产业比重提升还有较大空间，北京市在城市总体规划（2004—2020年）中提出产业结构调整的主要内容是要“做大三产、做强二产、优化一产”。从地域上，北京工业要向东部和南部外接，发展从顺义到亦庄的产业带。

表 2－1　2010—2013 年北京市三次产业增速及产业结构

	第一产业增速（%）	第二产业增速（%）	第三产业增速（%）	三次产业结构
2010	－1.6	13.6	9.1	0.9∶24.1∶75.0
2011	0.9	6.6	8.6	0.9∶23.4∶75.7
2012	3.2	7.5	7.8	0.8∶22.8∶76.4
2013	3	8.1	7.6	0.8∶22.3∶76.9

资料来源：《2010—2013 年北京国民经济和社会发展统计公报》。

表2-2 2010—2013年河北省三次产业增速及产业结构

	第一产业增速（%）	第二产业增速（%）	第三产业增速（%）	三次产业结构
2010	3.5	13.4	13.1	12.7∶53.0∶34.3
2011	4.2	13.4	10.5	12.0∶54.1∶33.9
2012	4.0	11.5	8.4	12.0∶52.7∶35.3
2013	3.5	9.0	8.4	12.4∶52.1∶35.5

资料来源：《2010—2013年河北省国民经济和社会发展统计公报》。

如表2-1所示，北京已经处于产业结构的高级阶段，从波动的幅度来看，第一产业增长速度的波动幅度减小，产业发展趋于稳定。第二产业增长速度平稳，波动幅度减小。第三产业波动幅度也呈现出减小的趋势，从结构来看对经济发展起到越来越重要的支撑作用，北京市总体产业结构不断优化。河北省第二产业的增幅处于高位（见表2-2），比重仍处于主导地位，第三产业的发展需要质量提升，与北京存在互补的产业梯度，为产业转移提供了可行性。

结合北京市产业发展所处阶段，在城市职能新定位的指导下，对北京市未来产业发展方向做如下判断：

1. 第一产业

调整农业结构，发展现代都市型农业。受土地资源的限制，北京市第一产业发展空间狭小，其发展方向为实施规模经营，向第二产业、第三产业延伸，因地制宜发展设施农业、精品农业、加工农业、籽种农业、观光农业、出口农业，逐步提高农业的综合生产能力和经济效益。在西部和北部山区，依托山林资源和地形特点，重点发展观光农业、林果种植业和养殖业等具有山区优势的特色农业。平原地区，重点发展设施农业、观光农业、农产品加工等高附加值的农业，注重发挥农用地的生态功能，以基本农田的保护为基础，形成若干与大环境绿化融为一体的农业区，改善城市总体生态环境。

2. 第二产业

按照北京市新的城市功能定位，北京市第二产业发展方向为：大力发展高新技术产业，全力推进电子信息、机电一体化、生物工程与新医药、环保与资源综合利用、新材料等高新技术的集群化进程，努力培养高科技人才，为产业集群的创新发展提供技术支持，全面提升北京工业的整体素质，以信息化带动工业化，以工业化支持信息化，发挥后发优势，实现社会生产力的跨越式发展。

3. 第三产业

2000年以来，北京第三产业保持12%左右的年均增速，到2013年，第三产业比重达76.9%，从第三产业内部结构来看，现代服务增加值占据了较大比重，同时，生产性服务业增加值的比重也在明显上升，高端服务业在北京第三产业中的主导地位已经日趋明显（李国平，2014），第三产业发展方向为：大力发展信息传输、计算机服务和软件业，科学研究、技术服务和地质勘查业等信息服务与科教产业；支持发展金融、保险、商贸、物流、文化、会展、旅游等产业。随着创新社会建设的逐步开展，创新服务市场将日益扩大，这为北京充分发挥自身优势，增强面向全国的创新服务能力，大力发展高端、高效、高辐射力产业提供了新的机遇。

（二）天津功能定位下产业发展方向判断

根据《纲要》，天津的产业定位应突出先进制造研发、国际航运、金融创新运营等经济功能，弱化传统制造业的发展，构筑高层次的产业结构。天津市第一产业发展趋于稳定；第二产业占主导地位，仍保持高位增长，第三产业发展平稳，增长势头良好，根据区域产业结构发展规律，天津市第三产业亟待实现新的突破（见表2－3）。

表2－3　2010—2013年天津市三次产业增速及产业结构

年份	第一产业增速（%）	第二产业增速（%）	第三产业增速（%）	三次产业结构比
2010	3.3	20.2	14.2	1.6:53.1:45.4
2011	3.8	18.3	14.6	1.4:52.5:46.1
2012	3.0	15.2	12.4	1.3:51.7:47.0
2013	3.7	12.7	12.5	1.3:50.6:48.1

资料来源：《2010—2013年天津市国民经济和社会发展统计公报》。

基于天津市产业结构分析，对天津市产业发展方向做如下判断：

1. 第一产业

天津市农林牧渔业结构中，农业、林业、牧业所占比重较低，而渔业相对较高。由此，天津市第一产业发展方向为：充分发挥区域和资源优势，加大渔业结构调整力度，发展都市型渔业，推进渔业产业化、标准化经营，确保渔业发展从量的增长向质的提高转变，同时发展观赏渔业，建设沿海休闲渔业基地和集旅游、垂钓、水产品品尝等为一体的休闲渔业景区和观赏鱼养殖等。以产业化提升农业，实施规模经营，因地制宜发展设施农业、精品农业、加工农业、籽种农业、观光农业等，以基本农田的保护为基础，搞好区县经济开发区、工业园区的规划整合，提高土地利用率和投入产出效益。依托山林资源和地形特点，重点发展林果种植业和养殖业等特色林牧业。

2. 第二产业

结合重点发展现代制造业、电子信息产业的新的产业定位，第二产业发展方向为：一方面，借助港口优势形成更强的产业集群效应，努力发展高新技术产业，逐步形成信息、汽车、电子、化工、冶金等产业集群。策划实施一批具有世界先进水平，并代表天津产业发展方向、辐射带动作用强的大项目，推动产业结构升级。形成在国内占有重要位置的优势产业群，把天津建成产品一流、技术领先、规模效益明显、面向世界的现代化工业基地。另一方面，发展海洋经济，提升天津的核心竞争力。滨海新区有绵长的岸线，配合土地、油气等资源优势和港口优势，突出海洋经济为主的产业优势，避免区域内的产业同构和无序竞争。坚持这一导向有多方面意义：一是依托海洋资源（海洋石油、海洋化工、临港工业、填海造陆）优势，可与北京市的非海洋经济产业构成相区别；二是加快现代制造业和研发转化基地建设，可与河北省、东北老工业基地资源性工业和传统制造业的产业构成相区别；三是利用天津市工业基础雄厚和最佳开发区的形象，抓住我国重化工业提速、国际产业转移的历史机遇，扩大吸引外资规模。

3. 第三产业

近几年来，天津第三产业一致保持稳定增长，在产业结构中也处于缓慢增长趋势，结合天津市城市功能新定位对产业发展的要求，第三产业发展方向为：第一，突出航运和物流特色。海空港和口岸是天津滨海新区的核心战略资源，直接效益显著。港口经济的深层次发展有益于港城及腹地的产业结构升级和经济增长方式的转变，也符合天津作为环渤海区域经济中心的定位。对于工业已充分东移的中心市区，以海河经济带动天津服务业发展，是一个动力单薄的封闭系统。应通过与港口经济的有机衔接，整合老城区与新区的资源，形成开放的服务经济大系统，才能使天津打好为区域和为全国服务这张牌。据此，天津市发展航运和物流中心的目标，应是全面提升城市的服务功能。第二，大力发展金融业，推进滨海新区“全国产业基金中心”建设。金融业在天津市第三产业中处于重要地位，天津市的金融业发展主要在滨海新区。国务院在《关于推进天津滨海新区开发开放问题的意见》中明确指出，鼓励天津滨海新区进行金融改革和创新，在金融企业、金融业务、金融市场和金融开放等方面进行重大改革。这些为天津市金融业的发展，尤其是形成“全国产业基金中心”给予了较强的政策支持。第三，加快生态城市建设。天津的2010—2012年生态城市建设已完成第一个三年行动计划，并开启了第二个生态城市行动计划。全市空气质量、引用水质、污水处理、垃圾处理、噪声控制、辐射水平都要达到新的高度。

目前，天津经济增长仍以第二产业为主，与河北省的产业有相类似的结构，向河北省的产业转移不像北京产业转移趋势比较突出，在一定时期内对北京的高端制造业仍然有承接需求，与河北省仍存在竞争，与河北省进行产业合作的主要领域集中在港口、金融、生态建设、电子信息产业等方面。当然产业结构的趋同并非意味着地区间分工和专业化的弱化，相反，产业结构趋同与区域分工深化可以并存。① 如按产业链不同环节和阶

---

① 魏后凯：《大都市区新型产业分工与冲突管理——基于产业链分工的视角》，《中国工业经济》2007年第2期。

段进行分工，长三角地区把公司总部、研发机构建在上海，而把生产制造基地建在上海郊区和江浙地区；或者处于产业中的不同领域，浙江的服装工业集中于绍兴、宁波、杭州、嘉兴、温州等地，但这些城市各有侧重，产品差异较大，部门内产品间分工和专业化在深化。津冀之间可以借鉴这样的发展模式来进行产业专业化的分工与合作，使区域间形成一体化的产业链分工体系。如京津唐高新技术产业带的建设，依托北京、天津滨海高新区的技术资源优势，结合唐山的资源优势，实现高新产业链的形成和产业集聚。另外，河北省各地区的积极招商引资，与天津的合作也广泛分布于各个领域中，如2013年，优安达电梯、众信电动自行车、康师傅矿物质水等15个项目落户邯郸。

（三）河北省功能定位下产业发展方向判断

河北省内环京津、外环渤海的经济地理特征构成了经济发展的独特区位优势。河北省是我国重要的农业大省，是全国重要的产粮区。还有着较为丰富的自然资源，具有建设大型钢铁、建材、化工等综合性工业基地和发展煤化工、油化工、盐化工的有利条件和良好基础。全省现已基本形成以煤炭、纺织、冶金、建材、化工、机械、电子、石油、轻工、医药等十大产业为主体的资源加工结合型工业经济结构。根据表2－2，河北省产业结构仍处于“二三一”的态势，主要动力来源于第二产业的拉动，但目前仍是多属于粗放型增长方式，第三产业发展相对薄弱，传统服务业仍占主导地位。现对河北省产业发展方向做如下判断：

1. 河北省三次产业发展方向

第一产业：河北省比较优势明显，由于京津对环保的要求，在开发专用品、绿色食品、无公害食品和出口创汇方面市场前景良好。第一产业发展方向为：发展高效、优质农业和农产品深加工业。河北省农业资源丰富，紧靠京津两大消费市场。所以，河北省借助于庞大的市场需求和技术实力，完全可以建设或共同建设各类特色农业、绿色农业、现代观光农业基地。还可以共同加强酿酒、方便面、食用油等拳头产品的合作，共同开发肉类、调料、冷冻食品、药用食品和酶制食品，形成北方最大的食品业生产基地。河北省要适应京津居民消费结构不断升级的变化，大力发展绿色高质的肉、蛋、禽、蔬菜和水产品，建立与京津稳定的粮食及其他农产品购销关系，开通绿色农产品生产、加工、储运、销售渠道，积极推进农业现代化进程，提高河北省农业在全国乃至国际上的竞争力。

第二产业：河北省工业行业中，地区专业化部门依次为黑色金属冶炼及压延加工业，黑色金属矿采选业，皮革、毛皮、羽毛（绒）及其制品业，电力、热力的生产和供应业，石油加工、炼焦及核燃料加工业，非金属矿物制品业，金属制品业，食品制造业等，是环京津的重化工和制造业基地。然而，河北省的工业发展处于两难境地。一方面，河北省自身发展要以工业为主导；另一方面，京津在制造业方面尤其是天津的高级制造业对河北省的压力还很大。为此，河北省第二产业发展可分为近期和长期两步。近期应定位于传统优势产业的改造升级、实现向高级加工的过渡；长期应以“高级制造业”为主、“高新技术产业”为辅作为产业定位。河北省要利用后发优势，打造都市腹地型实力经济体，要接受生产力的梯度转移，夯实传统制造业基础，发展煤化工、油化工等，建设大型钢铁、建材、化工等综合性工业基地，与此同时，发展新兴制造业，如汽车零部件、家具制造、食品饮料制造等，以制造业的多元化发展做大经济总量，提升经济结构。

第三产业：河北省第三产业发展较弱，其发展方向为资源优势性行业和地域性服务行业，如旅游业、教育和文化产业、房地产业等。鉴于京津的第三产业发展水平都比河北省高，特别是北京第三产业产值已占到70%，河北省应采取差异化战略来发展第三产业。从第三产业的发展规律看，一般需经历三个阶段：第一阶段是商业和交通通信业发达阶段；第二阶段是金融保险业和产业服务业发达阶段；第三阶段是科技教育业和信息产业迅速崛起阶段。河北省正从第一阶段向第二阶段转变。随着第三产业中商业业态的提升，京津商业中一些业绩颇佳的老字号和专卖店将进一步通过特许经营或连锁等形式向河北省扩展。而一些与北京城市功能不相适应的低端商品批发零售业，将逐步由城市中心向外围转移，有些也将落户环北京的河北省地区。另外，京津冀地区旅游资源丰富，特别是北京的旅游业非常发达，河北省可以借此优势，以旅游线路的开发为依托，以国家级风景名胜区为龙头，以世界文化遗产和国家级 4A 景区为名牌产品，建设一批起点高、有特色、规模大、能带动当地旅游发展的重点项目，带动河北省旅游业的发展。

2. 河北省各地市产业发展方向

河北省包括各具特色的 11 个地市，不同地市在推进京津冀协同发展中承担的地域分工不同，扮演的角色不同，所起的作用也不同。

（1）张家口和承德

张家口、承德地处蒙古高原与华北平原交汇之地，燕山山脉和东西绵延的阴山山脉构成京津的天然屏障。张承地区独特的地理和气候特征，使其成为京津冀重要的生态屏障和清新空气、清洁水源的主要来源地。伴随张家口冬奥会的成功申请，在京津冀协同发展中，张承地区应突出在京津冀协同发展中的生态涵养功能，着力打造京津冀水源涵养区、绿色产业集聚区。依托优越的自然条件和现代农业发展基础，将其打造成京津农副产品主要供应地，提升服务、保障和合作能力，在融入京津冀协同发展中实现绿色崛起。功能定位如下：

京津冀生态涵养区。高标准推进生态环境建设，打造京津生态安全屏障。一要坚持“以水为核”，涵水源、保水质。大力实施好大坝沟门水库、“千湖工程”、京津风沙源治理、再造三个塞罕坝、草原生态恢复、京津风沙源治理二期、坝上防护林改造等重大工程，全面提升蓄水节水控水能力。二要持续深度推进大气质量治理。

北方绿色产业聚集区。结合张承地区的区位、资源优势和产业基础，积极承接和发展高新技术、先进制造、食品加工以及休闲旅游、养老健康、医疗康复、文化体育等新兴产业。借助京津冀协同发展的历史性机遇，继续深入实施现代农业示范工程、农业龙头企业提升工程、品牌农产品打造工程，全力推动与首农集团的合作，与新发地合作建设农副产品物流配送基地，以蒙牛、中粮、正邦等农业龙头企业为依托的奥运食品基地建设，滦平农副产品专业市场等重大项目，打造一批高水平的“绿色饲养场”“绿色蔬菜生产园”“绿色加工厂”，大力发展高端有机食品精深加工业。

（2）保定

保定与北京相连，接壤线 182 千米，市区距离京、津、石三地均在 130 千米左右，具备与京津构成“半小时同城交通圈”的条件，其产业发展方向为：

特色产业带聚集区。重点建设“三个发展隆起带”。一是以环首都的涿州、高碑店、涞水、易县、定兴 5 县市为一个隆起带。发挥该区域地理交通条件优越的优势，积极构建与京津一脉化的产业体系、一体化的交通体系、一致化的生态体系，打造承接北京产业梯度转移的骨干地区。二是以“一城三星一淀”为一个隆起带，做大保定中心城市规模，北部突破、东部提升、中西部优化发展，完善功能，提升品位，建设产城互动、城乡一体、生态宜居的现代化中心城市。三是以白洋淀周边安新、雄县、容城、高阳、白沟新城五县为一个隆起带。

京津冀协同发展先导区。保定市要重点建设承接非首都功能、产业和人口转移的新区。依托保定主城区，在区位条件和产业基础比较好的京南保北、临近白洋淀地区，谋划建设一个集中承接北京科教、医疗、文化等非首都功能和产业转移的新区，重点建设包括：一是京南现代产业基地。抓好以大王店产业园为核心的高端装备制造基地、高碑店节能环保产业基地、涿州和涞水、涞源战略新兴产业基地。二是京南商贸物流中心。把白沟打造成国际商贸旅游城、京津大卖场，抓好高碑店和定兴农副产品专业市场以及市区、安国等重点现代物流基地。三是承接首都公共服务功能区。打造以高铁新城等为重点的科技创新集中区，以主城区和涿州等为重点的医疗服务集中区，以白洋淀和涞水、易县为重点的休闲旅游、文化创意产业基地和环首都生态示范区。

（3）廊坊

廊坊素有“京津走廊”之称。廊坊地区交通快捷便利、承载能力较强、产业基础坚实、人才资源丰富，与京津有深厚的历史渊源和广泛的合作基础，是京津空间拓展的首选地，其产业发展方向为以园区为载体，加快承接产业转移步伐，主要包括完善潮白河区域协同发展示范区、京津冀产业协同发展示范区、金融改革创新示范区；以北京新机场建设、京津冀城市群交通网络建设为契机，贯通空港、海港、陆港，大力建设多形态、多层次现代物流集群，重点扶持一批大型职能物流项目；主动承接新进入京津冀企业总部、北京企业总部扩展和转移；以廊坊开发区、燕郊高新区、新机场临空经济区等为平台，借势中海油、港中旅等重大项目落户廊坊，吸引北京央企、跨国企业和大型民企到廊坊建立总部或总部的分支基地。

（4）秦皇岛

秦皇岛地处环渤海经济圈中心地带，是东北与华北两大经济区的结合部，中国首批沿海开放城市之一，拥有世界第一大能源输出港——秦皇岛港，是集旅游服务和先进制造业为一体的海滨城市，其产业发展方向为：

舒适型产业发展基地。围绕建设沿海强市、美丽港城，推进西港搬迁改造工程和北戴河新区开发建设，建设国际滨海旅游度假名城和重要港口城市。大力发展临港产业，发展海洋经济，实现港口与腹地的互联互通，建设为北方重要的海洋板块之一。在北戴河区、北戴河新区规划建设首都行政教育医疗功能疏解集中承载区，承接医疗、文化、旅游、教育、健康养老、体育等舒适性产业转移，形成首都医疗文化旅游教育体育资源转移基地、国家健康养老产业发展示范基地和首都行政办公特别功能区。一是依托现有国家部委和北京市在秦皇岛的400多家各类休闲疗养院所资源，加强对接，全力争取首都部分行政事业功能的转移。二是深化与北大医院、北京安贞医院、北京中医药大学、中国国药集团等20多家医疗机构和企业合作，尽快实现一批医疗服务、培训、实习项目落地。三是密切与北京大学、清华大学、北京化工大学、天津大学、中国科学院等院校院所的合作，争取更多首都教育、文化、科研机构包括企业总部的转移或建设分支机构，搭建协同创新平台，汇聚创新要素。四是借助荣获中国幸福城市机遇，依托优美的生态环境，推进医疗健康产业基地建设，引进健康、养生、养老、体育企业入驻，加快培育健康产业链。

首都功能拓展的重要平台。积极主动承接京津产业转移。一是充分发挥与京津旅游资源的互补优势，加强与京津知名旅游企业的合作，引进发展中高端旅游项目，加大市场宣传推介力度，加快建设名副其实的旅游名城。二是依托中信戴卡、旭硝子、邦迪管路等汽车零部件生产企业，加快中信戴卡产业园二期等项目建设，争取承接一批汽车底盘、汽车电池、电控系统、发动机等项目，进一步延伸产业链条。三是依托中铁山桥、山船重工、天业联通等企业，争取承接一批高速铁路、海洋工程、电力、重型工程等方面的关键技术和转移项目，进一步做大做强先进制造业。四是依托星箭特种玻璃、领先科技、中科遥感等高成长科技型企业，深化与中节能、神州数码、中国医药等企业的合作，努力在新一代信息网络、新能源与节能环保、新材料、生物医药等领域实现突破。五是加强与中关村合作，争取在产业集聚、业务分包、国际化等方面取得实质性进展，努力打造首都圈服务外包业发展重要节点城市。六是在秦皇岛开发区建设京秦高新技术产业合作发展示范区，承接高端制造、高新技术、节能环保产业和高端人才转移，形成北京科研院所转移基地、高新技术产业孵化和成果转化基地。七是在西港滨海新城区建设京津冀高端商务区，承接金融机构、企业总部、咨询机构、公共服务等功能转移，建设全国创新型智库园区。

（5）唐山

唐山市位于渤海湾中心地带，地理位置优越，东至秦皇岛 125 千米，南距渤海 40 千米，西南至天津 108 千米，西北至北京 154 千米。经济总量在全省位居第一，产业结构以重工业为主，主要产业发展方向为：

工业产业升级示范区。唐山作为一个沿海重工业城市，必须尽快构建与经济发展阶段相适应的现代产业体系，在京津冀协同发展中找准切入点，借力京津智力密集和市场资源丰富的优势，瞄准战略性新兴产业、高新技术产业和现代服务业等重点领域，让更多的好项目、好产业和新技术、新产品进入唐山市场，加快谋划和推进与首钢合作的燕京产业园区建设，尽快打造成北京产业转移的新高地，实现融合发展、加快发展。围绕沿海崛起推进协同发展，推进汉能薄膜太阳能发电、首钢二期、大型海水淡化等一批重大项目取得实质性进展。在确保如期完成化解钢铁产能任务的基础上，以循环发展为方向，将腾出的环境容量重点用于承接北京石油化工、装备制造业等新型重化工业和战略性新兴产业转移。做精做好产业园区，为承接京津产业转移奠定基础、做好准备。

沿海经济隆起带。以曹妃甸为首的沿海经济带是唐山的重点发展方向。以港口为龙头，以园区为载体，以主导产业聚集为抓手，不断提升区域经济实力和综合竞争力，打造曹妃甸增长极，努力在重大产业项目聚集上突破，在发展循环经济、实现企业内部、行业之间、产业与自然环境和社会之间循环上突破，在探索新型工业化道路上突破，在提升经济外向度和开放度上突破，带动全市依托港口，充分利用国际国内两种资源、两个市场，在增量上为全市调整经济结构发挥重要作用。科学合理利用岸线资源，加快港口建设，不断完善集疏港交通网络。加快港口物流基地建设，大力发展保税、装卸、分拨、配送、加工等现代商贸物流产业。以首钢、河北省钢铁、渤海钢铁、中冶恒通等大型企业为龙头，大力发展中厚板、高精度冷轧及镀锌薄板等高端产品，不断提高钢铁精深加工水平，加快建设精品钢材生产基地。以千万吨级炼油项目为突破口，打造全国重要的石化产业基地。

（6）沧州

河北省三大沿海城市之一，地处河北省东南，东临渤海，北靠天津，与山东半岛及辽东半岛隔海相望，距北京 200 千米，距天津 100 千米，是我国重要的石油化工基地和北方重要的陆海交通枢纽，其产业发展方向为：

临港产业聚集区。沧州大量沿海滩涂、未利用地、海水资源和大港口的有机组合，为发展大规模的临港产业提供了无可比拟的良好条件。土地资源丰富，有空闲荒地、滩涂碱地及低产盐田 13.3 万公顷；绵延 130 千米的海岸线，为工业的发展提供了大量的优质海水资源。根据经济技术要求，火电 90%—95%、钢铁 55%—60%、炼油和石油化工 70% 以上，其他工业部门 40%—60%，都可以用海水代替淡水。沧州将为大型工业项目入驻提供丰富的水资源。

京津冀协同发展的"桥头堡"。发挥沧州地处首都一小时交通圈和沿海优势，打好"北京"和"沿海"两张牌，努力把沧州打造成京津冀新的经济增长极，壮大中心城市规模、完善服务功能，积极承接北京装备制造、精细化工、新型特种材料等产业转移，与天津合作发展大宗港口物流和临港工业，形成环渤海地区重要的港口城市和冀中南地区及纵深腹地重要出海口。依托黄骅综合大港优势，大力发展现代物流等生产性服务业，吸引京津金融等高端服务业到沧州设立分支机构。

（7）石家庄

石家庄作为河北省省会，与京津互补性强、承载能力较强，优先安排电子信息、先进装备制造、生物医药以及战略性新兴产业落地石家庄。依托石家庄发达的高等教育，承接京津科研教育功能疏解，其产业发展方向为：

产业对接示范区。石家庄已经形成了装备制造、生物制药、电子信息等七大特色主导产业，拥有国家首批生物产业基地、新一代信息产业基地、高端装备制造业基地、循环化工产业基地，以及高新区、经济技术开发区两个国家级开发区和25个省级经济开发区，在满足北京相关转移产业的落地条件、配套服务、市场需求等方面，具有明显的产业链接、产业配套优势。要继续提升产业配套能力，重点研究深度合作政策，大胆创新利益共享机制，以吸引更多的大企业、大集团落户。同时，做好文化、体育、旅游、会展、健康、养老等现代服务业的对接发展，提升省会服务业发展水平。

京津科技成果转化基地。主动承接京津功能疏解。要充分发挥省会载体功能较强、服务设施齐全等优势，规划建设特色科技园区，为京津科研机构、中试基地转移提供载体，打造创新发展高地；加快省会科技大市场建设，形成集"交易、共享、服务、交流"功能于一体的综合服务平台，打造京津冀重要的科技成果转化基地。

华北重要商贸物流中心。石家庄要凭借优越的区位条件与交通优势，依托南三条、新华集贸市场等大型小商品批发市场，发展航空与内陆物流基地，对正定古城、正定新区和空港工业园进行统一规划，打造承接首都功能疏解和京津产业转移的重要物流平台，建设京津冀重要的物流节点城市，打造为华北的重要商贸物流中心。

（8）衡水

衡水位于河北省东南部，距北京、天津 240 千米左右，就全省而言，离北京、天津偏远，但生态优势、农业优势、特色产业优势明显，主要依托工业新区和滨海新城，重点承接首都食品加工、机械加工、纺织服装等产业转移，建设冀东南交通物流枢纽和生态宜居的滨湖园林城市。

休闲环保产业基地。主要打造京津冀交通物流枢纽、绿色农产品供应基地、京津生态屏障保护基地以及京津教育医疗、休闲养生功能疏散基地。为使承接首都功能疏散更具有操作性，对自身优势明显、承接潜力大的食品、加工制造、教育医疗等产业，重点扶持发展。一是食品加工业。积极承接京津现代农业项目，在开发区的食品工业园基础上，继续抓紧编制现代农业发展规划，打造现代农业强市，巩固京津农副产品供应基地地位。二是特色加工制造业。在县域特色产业基础上，加快发展交通工程设施及装备制造业、功能材料及制品制造业、节能环保及新能源产业、电力通信设施及装备制造业。三是教育医疗。衡水市具备承接北京高等教育向外转移的基础，如 2013 年北京大学、北京航空航天大学在衡水设立了泰华机器人重点实验室。京津多家医院已经与衡水相关医疗机构开展了不同形式的合作。

京南生态屏障。衡水湖生态环境优美，以此为依托，要将衡水建设成京南地区的生态屏障。通过对衡水湖、五大河系和水土的有效保护、综合治理、合理开发，营造河畅、湖碧、水清、气爽、天蓝、地绿的生态环境，运用生态低碳理念打造山水特色景观，促进华北地区气候改善，构筑京南生态屏障、首都防洪南大门、南水北调调蓄库，确保首都圈生态安全、用水安全和防洪安全。另外，生态环境的改善必然带来旅游业的发展，开发生态旅游、文化旅游、养生旅游、休闲旅游等，带动经济的发展。

（9）邯郸和邢台

按照经济规律和首都的功能定位，100 千米半径以内应该重点转移服务业，装备制造等工业企业应转移到 400 千米左右，避免二次转移。因此，邯邢地区虽然距离京津最远，但承接工业企业转移的半径比较合理。邯邢地区要发挥本地区衔接京津冀与中原经济区、东出西联、南接北达综合交通枢纽，以及要素、能源、物流重要节点优势，积极承接京津装备制造业、物流业等产业转移。

共建智慧生态新城。邯邢地区要立足服务京津、保障京津，以更大的力度全力推进大气污染综合防治、水生态系统保护与修复、太行山绿化、退耕还林、湿地和自然保护区建设等生态建设工程，共建首都经济圈南端生态屏障，全力打造融入京津、对接京津的环境优势。同时，要完善基础设施，提高公共服务效率，建立城市管理系统，推进生产生活的信息化与智能化，为吸引京津产业入住提供良好的软环境。

先进装备制造研发基地。邯邢地区要淘汰一批不符合国家产业政策的企业、优化升级一批高精尖企业，大力转移化解钢铁、水泥、锻造、铸造、电镀、普通家具和玻璃等过剩产能。大力发展装备制造业，重点推进与北京先航、中国北车天津津浦公司、天津富士达自行车等的对接。重振汽车工业，重点推进与中航工业、北汽集团、福田汽车等的对接。引进京津要素资源，发展现代商贸物流、大宗商品物流、装备制造物流、保税物流以及第三方物流等，推进邢台（香港）胜记仓“一港一区两中心”建设，打造区域性国际化“华北商谷”，把邢台建设成为晋冀鲁豫接壤地区运输中心、信息中心为一体的重要物流总部。

二、京津冀产业空间布局优化方向

（一）京津冀产业空间布局方向

1. “一核”

在京津冀协同发展中要发挥北京的核心引领作用，以解决北京的“大城市病”为出发点，进行非首都功能疏解，有序、有效地将部分产业与功能疏解到周边地区，提升首都功能，优化内部产业布局，凸显北京的首都功能定位，真正发展为“国家政治中心、文化中心、国际交往中心、科技创新中心”。另外，通过非首都功能疏解，促进承接地区的产业结构进行优化升级；通过教育、医疗等公共服务的疏解进行功能提升，增强京津冀整体发展实力。

2. “双城”

京津两地位于京津冀的核心地带，经济发展水平也远高于河北省，在京津冀协同发展中起着重要的引领作用。北京重点发挥高端引领作用，成为区域的战略高地，为京津冀三地的文化、科技起到带头作用。天津重点发展高端产业，成为辐射三地的产业高地。石家庄、唐山、保定作为河北省的中心城市，要充分发挥各自的比较优势，继续壮大城市规模，逐步缩小与京津差距，逐渐成为多中心发展的成熟网络格局。

3. “三轴”

（1）京津发展轴

在京津冀协同发展中要以京津经济发展为轴线，在北京、天津、廊坊交通沿线上加快中小城镇发展，延伸京津产业链条，带动周边地区迅速成长，促进京津科技成果转化，发展现代服务业、高端制造业为主的产业带；另外，能够辐射张家口、承德市，带动两地的经济发展，为构筑生态屏障提供经济支持。在以京津发展为核心的轴带上形成北京中关村科技园区产业增长极和天津滨海新区产业增长极。中关村软件企业数、产值、出口均占到全国总量的1/3，在中关村创业的海外留学人员占到全国的一半以上，是北京科技教育和高新技术产业发展的主要集聚区，中关村科技园区集聚功能在逐步增强。天津滨海新区位于天津东部沿海，环渤海经济圈的中心地带，是亚欧大陆桥最近的东部起点，也是中国邻近内陆国家的重要出海口，重点发展电子信息、汽车和装备制造、石油钢管和优质钢材、生物技术与现代医药、新型能源和新型材料等产业，逐渐成为服务和带动环渤海地区产业升级的现代制造业和研发转化基地。从而以京津为科技依托，带动京津交通沿线的城镇发展，逐渐发展为京津产业带与城镇聚集轴。

（2）京保石发展轴

京保石发展轴除了京保石三大城市，交通沿线还分布着众多的中小城市，同时带动邢台、邯郸的产业升级改造。根据《纲要》，该产业带主要由三部分构成：依托北京顺义、亦庄、昌平、怀柔和保定市，重点发展汽车工业，通过非首都功能疏解，以迁移、合作等模式进行汽车产业的对接与融合；以京石两大城市为核心的医药生产基地，以北京的科技资源优势与石家庄广阔的腹地共同打造现代医药生产基地；通过北京的产业疏解，依托保定的产业基础打造以保石为核心的服装、纺织、食品等生产基地。

（3）京唐秦发展轴

京唐秦发展轴以北京、唐山、秦皇岛为核心，在交通沿线上分布着众多国家级、省级和地方级高新技术园区、经济技术开发区等园区，并呈现了高速发展的势头，在快速综合交通体系为纽带的前提下，必将成为引领京津冀区域高新技术创新的核心。另外，凭借曹妃甸港、秦皇岛港、京唐港、黄骅港丰富的临海资源，发挥港口群优势，依托内陆交通，重点发展钢铁、石油化工、能源和物流等外向型产业，进行港口功能调整与提升，逐渐成为北方最重要的港口群。

4. “四区”

（1）中部核心功能区

中部核心功能区以北京、天津、廊坊及保定的平原地区为核心，引领京津冀区域的协同发展。以京津的“双城记”为指引，加快京津合作，打造科技创新共同体；以首都二机场的建设为契机，利用区位资源发展现代服务业与高新技术产业，促进北京在廊坊地区的科技成果转化，推动廊坊的产业升级；以非首都功能疏解为契机，利用区位优势与产业基础，促进北京产业与功能在保定的转移，提高承接效率，扩大城市规模。

（2）东部滨海发展区

东部滨海发展区以天津、唐山、秦皇岛沿海地区为中心，以港口资源为依托，发展现代制造业、战略性新兴产业、生产性服务业。天津要以港口为依托，进行现代制造业的进一步改造升级；唐山要进行钢铁、石油化工等重化工业的优化升级，形成完善的产业链条，发展循环经济，使产业与生态环境保护相协调；秦皇岛重点发展休闲旅游、现代物流等产业，要进行生态环境的修复，生产性服务业结构的优化升级。

（3）南部功能拓展区

南部功能拓展区以石家庄市、邯郸市、邢台市平原地区以及衡水市为核心，以自然资源为基础，在京津冀协同发展中主要承担农副产品供给、承接科技成果产业转化与高新技术的发展功能。石家庄重点承接生物医药、信息技术等方面的产业发展与科技成果转化；邯郸、邢台主要承接先进装备制造、新能源等产业的疏解与科技成果转化；衡水以自然资源优势为基础主要承担农副产品供给功能，发展现代农业、食品加工等产业。

（4）西北部生态涵养区

西北部生态涵养区需要张承地区与北京、天津的山区共同进行生态建设，构筑生态屏障。以张家口、承德为核心城市，依托张承地区优越的自然条件和现代农业发展基础，将其发展为京津冀区域旅游休闲基地、京津农副产品主要供应地、绿色生态屏障、京津冀水源涵养区、绿色产业集聚区。承德重点发展文化产业、健康养老等产业；张家口主要发展文化旅游、特色农业等产业，与京津共同打造自然文化旅游胜地。

5. “多节点”

石家庄、唐山、保定、邯郸为区域性中心城市，要进一步扩大城市规模，在发展中充分发挥区域性中心城市的功能，增强辐射能力，打造河北省经济的增长极，以廊坊、秦皇岛、张家口、承德、沧州、邢台、衡水为支撑，提高河北省的整体竞争能力，增强承载力，进行人口与产业的聚集，完善河北省城镇布局，构建现代城镇体系。

（二）京津冀产业布局优化路径

1. 发挥比较优势，促进京津冀三地的产业对接，形成产业一体化，构建产业竞争优势

京津冀三地要实现产业的协同发展，需要明确三地的产业分工体系，发挥比较优势、实现错位竞争，形成产业一体化。河北省目前处于工业化中期阶段，具有成本优势，主导产业集中于基础制造业，处于产业链和价

值链的低端。天津处于工业化后期，拥有先进的制造业基础，处于产业链的中段，高端制造业处于聚集阶段。北京处于后工业化阶段，产业发展阶段较高，是现代制造业的研发中心，产业发展的重点是现代高端服务业，制造业处于疏解分散的阶段。由此，可以看出，京津冀三地的产业存在互补性，完全能够形成优势互补的产业发展格局。

北京要围绕建设世界城市的目标来提升城市服务功能，促进金融、信息、科技、商务、流通等生产性服务业加快发展，建设具有国际影响力的金融中心城市，促进经济结构由服务业主导向生产性服务业主导升级，提升服务业服务区域、全国及辐射世界的水平。在高端制造业方面，北京应根据产业发展趋势，瞄准国际前沿先进技术，强化科技创新优势，把发展战略性新兴产业作为提升技术和现代制造业发展水平的突破口；另外，北京要积极推进现有制造业的疏解与转移，拓展产业发展空间，优化产业结构。

天津应围绕建设全国先进制造研发基地、北方国际航运核心区、金融创新运营示范区和改革先行示范区的功能定位，依托国家综合配套改革试验区的政策、体制机制创新优势和当前的先进制造业技术优势，借力北京的科技创新资源，深化与北京在科技成果孵化与转化方面的合作，加强与河北省港口物流等方面的交流，推进航空航天、石油化工、新能源、电子信息、生物医药、海洋科技、节能环保等现代制造业与金融、航运、物流、总部经济、服务外包等现代服务业发展。

河北省应发挥商务低成本和基础制造业优势，利用区位交通优势，依托北京的科技创新资源，通过区域合作来提升钢铁、装备制造、医药化工、食品化工等产业升级；积极培育壮大新能源、新一代信息技术、生物医药、高端装备等战略性新兴产业，推进北京的产业科技创新在河北省的孵化，提高传统产业与新兴产业的核心竞争力，实现产业的优化升级。

2. 加强三地产业对接，形成“项目拉动、集群驱动、园区带动、区域联动”的产业空间格局

虽然京津冀在制造业上存在一定的产业同构现象，但目前各自的发展优势与方向已渐趋明确，存在三地产业转移与升级的基础，应本着“发挥

优势、突出特色、利益分享、共赢发展”的原则，从项目、产业集群、园区、区域各层面来实现多种方式的产业对接。

（1）以项目为抓手

在产业布局优化进程中，要积极谋划和实施一批新项目，进行地区之间的产业协作。如与中国通信工业协会、工业和信息化软件与集成电路促进中心合作，共建“中国云”物联网/云计算国家产业园项目、“京津云城”智慧城市项目、宝坻京津中关村科技新城项目等，打造京津合作的重要支点和纽带。①

（2）以产业集群为基础

产业集群是指集中于一定区域内特定产业的众多具有分工合作关系的不同规模等级的企业与其发展有关的各种机构，组织等行为主体，通过纵横交错的网络关系紧密联系在一起的空间积聚体，代表着介于市场和等级制之间的一种新的空间经济组织形式。长期以来，京津冀由于体制分割，各地区不同产业之间并没有形成紧密的产业分工合作机制，地区间产业集群的联系不够密切，不能充分发挥产业集群的效率。目前的发展趋势要求以京津冀各地的产业集群为依托，三地之间建立产业集群为基础的产业空间格局，实现空间布局的优化。

（3）以产业园区为依托

在金融创新、科技研发转化、航运物流、文化创意、高端制造、高新技术等领域，京津两地加快共建产业园区，推进京滨工业园、京津科技谷、京津电子商务产业园、京津科技创新园、北斗新兴战略产业园等一批园区，以政府间合作共建、政府与企业合建、政府与高校共建、园区跨省市共建等模式，引导企业向产业园区聚集；以采取股份合作，共建园区管委会、投资开发公司等作为管理机构等管理方式，带动区域间企业交流、要素流动、技术溢出、人才培养等，形成园区共建的“点—线—网络”趋势，打造区域间产业发展的利益共享格局。

---

① 张贵：《加快推进京津冀产业对接协作》，《滨海时报》2014 年 3 月 24 日。

（4）形成区域联动的新格局

各地区要发挥各自的资源优势，进行产业错位发展，逐步完善区域内的产业链条，形成产业网络，提升区域整体产业竞争力；三地共建共享基础设施，尤其交通一体化网络的构建，建设多层次、全方位、多领域的产业协作平台，为区域内的产业协作提供支持。

3. 充分发挥政府作用，以整体规划促进产业空间布局的优化

充分发挥京津冀三方优势，加强三方的统筹协调与沟通互动，共同推动规划实施和重点专项规划的编制。以京津冀三地的统一区域规划为引领，深入推进京津冀三地在产业方面的全方位对接，促进要素流动，推进三地的战略协同发展。通过三地的规划，进一步明确区域细分产业发展定位，统筹产业在产业链中的上下游衔接配套，形成相互支撑的产业发展格局，争取国家政策支持，加强重点领域的合作，积极推进京津冀协同发展进程。

（1）落实京津冀协同发展规划纲要，优化区域产业布局

京津冀协同发展规划纲要已经出台，对产业布局提出了明确目标。政府需要发挥顶层设计的作用，围绕产业发展布局的思路，进行统筹规划，充分发挥京津冀三地的产业优势，进行产业布局调整。

（2）加强京津与河北省产业统筹发展规划

扩大京津与河北省地区在能源资源保障、物流口岸、生态节能环保、科技孵化、农产品供应等方面的交流合作。如环首都高速通道、首都二机场综合交通体系、技术联合攻关、环境联防联控、绿色生态带、社会保障、物流口岸、食品安全等多个领域的合作。

（3）进一步明确区域细分产业发展定位

统筹城市产业在产业链中的上下游衔接配套关系，形成互为支撑的立体化、纵深化发展的产业分布格局，争取国家政策支持，加强重点领域合作，稳步推进京津冀区域经济一体化进程，共同争取国家出台京津冀区域发展的产业规划和政策。针对京津冀各地区的产业发展特色，结合本地资源、区位等优势，制订各地区细化的产业布局，发展产业集群，规划产业

园区，完善产业链条，形成产城互动、区域联动的合理的产业布局，提升各地区及区域整体产业竞争力，实现京津冀产业一体化。

三、案例分析——京津冀电子及通信设备制造产业链的构建与布局优化

产业不是一个点，它包括前向联系、后向联系、横向（旁侧）联系，每个产业都有其前后向产业链（上下游产业链）和横向产业链（因其与旁侧产业之间的互补关系和替代关系），不同方向的产业链又联成纵横交错的“产业网”。所以，对区域产业布局的研究不能只着眼于某一个产业本身，而要从“链”的角度来研究产业。2014 年将京津冀协同发展上升到国家战略高度，产业对接协作是其中的一个着力点，而产业的转移与承接要充分考虑各地优势与特色，进行产业链的对接与合作，才能使对接产业获得增长的活力，由此，产业链的培育和发展对京津冀地区的产业成长是至关重要的。

京津冀的重点产业链培育主要集中在工业部门，在此，选择京津冀三地有各自发展重点、不同发展水平，在京津冀三地能够形成区域间的合理分布和上下游联动的产业，以电子及通信设备制造产业为例来研究京津冀产业链的构建与培育，对其他产业有一定借鉴作用。当然，不同产业有不同的发展特色，产业链的培育与构建不能盲目复制，需要具体问题具体分析。从电子及通信设备制造业产业链的布局来看，其产业链条主要有通信设备产业链、电子元器件产业链、计算机及外围设备产业链及家电视听设备产业链。电子及通信设备制造业产业链的独特之处在于企业内部的循环与企业之间的循环构建相似，所以构建产业链着重于企业间与区域间的联系。

（一）京津冀电子及通信设备制造产业链分析

1. 电子及通信设备制造产业链的基本行业

（1）基本行业

电子及通信设备制造业是指制造业领域的通信设备、计算机及其他电子设备制造业。按照国民经济分类标准，通信设备、计算机及其他电子设备制造业包括通信设备制造、雷达及配套设备制造、广播电视设备制造等8个子行业，其中除雷达及配套设备制造、其他电子设备制造外的6个子行业统称为电子信息产业。各子行业涵盖的范畴分别为：电子计算机制造（包括电子计算机整机制造、计算机网络设备制造、电子计算机外部设备制造）、通信设备制造业（指通信传输设备制造、通信交换设备制造、通信终端设备制造、移动通信及终端设备制造、其他通信设备制造）、电子元件制造（包括电子元件及组件制造，印制电路板制造。电子元件是指工厂在加工产品时没有改变分子成分的产品，如电阻器、电容器、电感器）、电子器件制造（包括电子真空器件制造、半导体分立器件制造、集成电路制造、光电子器件及其他电子器件制造）、广播电视设备制造（包括广播电视节目制作及发射设备制造、广播电视接收设备及器材制造、应用电视设备及其他广播电视设备制造）、家用视听设备制造（包括家用影视设备制造、家用音响设备制造）、雷达及配套设备制造（指雷达整机及雷达配套产品的制造）、其他电子设备制造［指电子（气）物理设备及其他未列明的电子设备的制造］。

（2）上下游行业

上游行业：电子及通信产品制造业的上游行业主要是为其提供原材料的有色金属行业、能源供应行业，以及为其提供生产设备的零部件制造业、机械业，如为电子通信产品的生产提供各种生产必需的铜、硅、铝以及化工原料等。

下游行业：电子及通信设备制造业的下游行业主要是对于电子及通信设备的直接消费，或者将电子产品整合到汽车、船舶等现代产品中，下游产业主要包括消费品工业、物流业、软件业、通信业和其他整体产品制造业。

2. 京津冀三地电子及通信设备制造产业链现状

北京在中关村的引领下，拥有较为完整的集成电路产业链，在国家重大科技专项的推动下，整体技术有了大幅提高，主要性能指标达到国际主流水平；形成了以联想、北大方正、同方等大型企业为核心的计算机及外围设备产业链；以京东方等企业为核心的数字电视产业链目前实现大、中、小尺寸主要显示产品的全面覆盖，拉动了数字电视产业链的上下游企业整体产值的增长。

天津目前在手机精密部件制造业上掌握了一批核心技术，形成了以摩托罗拉、三星等知名国际性企业为核心的手机产业链；电子元器件行业逐渐向精密集成方向发展，向产业链高端发展，产业结构不断提升；三星OLED项目为新型显示模组封装技术带来飞跃，推动平板显示产业向产业链高端延伸；在集成电路领域，聚集了一批IC设计、制造企业，形成产业链。

河北省目前已具有的几条主要产业链：廊坊、沧州、唐山形成的水晶—石英晶片—石英晶体元器件的压电晶体产业链；以廊坊富士康为中心，周边提供配套服务的手机产业链；依托邢台晶龙集团形成纵横双向延伸，形成了光伏业界独具特色的产业链条，一是纵向延伸，形成了“晶体生长—切方—切片—太阳能电池片—太阳能电池组件”这样一条完整的光伏产业链条，二是横向延伸，建立了单晶炉、石墨热系统、石英坩埚、切削液和光伏产品系列包装等辅助耗材生产单位，打造了一个高科技产业集群；保定以英利集团、天威集团的多晶硅电池及组件为基础发展太阳能光伏发电的产业链条，成为国内唯一国家新能源与能源设备产业基地、国家可再生能源产业化基地；半导体照明产业形成了衬底材料、外延片及芯片研发制造、发光功率器件封装机产品应用等较完整的产业链条，打造“石家庄·中国半导体光谷”。

3. 京津冀区域间产业链发展现状

京津冀三地已形成的部分电子信息产品制造业产业链主要是依托北京

科研机构、中关村和高新技术产业孵化区、天津国家电子信息产业园区——国家通信产业园、国家片式元件产业园区、国家集成电路产业园区、国家化学与物理电源产业园区、河北省廊坊固安工业园区、永定信息产业基地等来建立产业和企业之间的联系。京津冀电子信息产品制造业尚未形成完整、成熟、规模较大的产业链，但区域内部已经存在一些局部的、不完整的产业链，产业链长度较短，如在京津冀通信设备产业中，河北省的企业大部分给京津大企业提供部分零配件，但相关的产业配套体系未建立起来，参与产业链的活动较少，还不能成为产业链上某一链环。

由于河北省电子信息产业配套能力的不足，导致京津两地的电子企业舍近求远去寻找合作伙伴，与京津上游产业对应的产业链下游大多集中在长三角或珠三角，增加了时间成本、搜寻成本和运输成本，缩小了京津两地的电子企业的利润空间，一定程度上也阻碍了京津电子信息产业的发展。

京津冀三地各自打造和发展本区域的电子信息产品制造业产业链，造成了内部产业竞争。如在通信设备制造业，北京、天津都提出了要打造自己的产业链，这种重复建设和资源竞争造成了京津通信设备制造业的低效率和无序竞争，影响了京津冀整体通信设备制造业的竞争力的提高。

4. 京津冀电子及通信设备制造产业链形成过程中存在的问题

（1）京津冀电子及通信设备制造业产业链结构不完整

京津冀三地已形成的部分不完整的电子及通信设备制造业产业链从严格意义上来说只是完整产业链上的一部分结构，呈断环或是部分链节的形式。北京、天津与长三角、珠三角的产业联系紧密，技术水平相当，而河北省与京津的产业梯度较大，与京津的联动较少，所形成的产业链也只是各自地区的部分链条，京津冀区域内的完整产业链条不够紧密。京津冀电子信息产品制造业产业链的不完整、不成熟和低效率导致区域内电子信息产品制造业产业发展的不均衡性加大，京津与河北省的电子信息产业发展差距会进一步拉大，阻碍京津冀一体化进程。

（2）京津的电子及通信设备制造业产业链同构性强

京津各自打造和发展本区域的电子信息及通讯产品制造业产业链，造成了内部产业竞争。如在通信设备制造业，北京、天津都提出了要打造自己的产业链，这种重复建设和资源竞争造成了京津通信设备制造业的低效率和无序竞争，影响了京津冀整体通信设备制造业的竞争力的提高。北京的电子信息支柱产业是通信设备制造业和计算机制造业，而移动通信设备制造业也是天津市电子信息第一主导产业，在天津全部行业中占有举足轻重的地位。北京、天津都汇集了一批在国际国内知名的移动通信设备公司，如诺基亚、索爱、松下、首信、天宇朗通、恒基伟业、大唐电信、中电通信等行业龙头公司集中于北京，而天津通信产业园则形成了以摩托罗拉、三星、三洋三大品牌为主的制造业基地。两地电子信息产业有较高的同构性，产业定位及其发展重点有较大相似性，难以形成对要素的有效吸引，导致两地在资源、项目和资金等方面存在无序竞争和低效浪费。目前在移动通信设备制造业领域，京津两地竞争大于合作，表现为对产业链上游关键链环的竞争，对相关资源、人才、政策等的抢夺，因此，京津作为“两核”发挥的带动作用不够，竞争多于合作，内部竞争阻碍了京津冀电子信息产品制造业产业链的构建和接通。

（3）河北省产业规模小，结构不合理，对接产业配套体系发展不足

河北省的电子信息企业起步较晚，虽涌现出晶龙实业、风帆等成长迅速的企业，但与京津相比，无论是在产业规模，还是产业结构和效益上都有一定差距。

同京津相比，河北省在科技、教育、人才、信息、基础设施等方面处于劣势，整体产业发展滞后。河北省与京津之间存在着较大的产业梯度差距，产业配套体系跟不上，表现在硬环境和软环境的不足。首先，河北省的基础设施不够完善，由于电子及通信设备制造业属于高新技术产业，对基础设施等硬环境的要求较高，滞后的基础设施阻碍了河北省电子及通信设备制造业的发展，限制了产业向高端化发展。其次，河北省软环境也有待提高，人才、科教、信息等方面远远滞后于京津，已经严重阻碍河北省

承接京津两地的产业转移，不利于京津冀电子及通信设备制造产业链的构建和延伸。

（二）京津冀电子及通信设备制造产业链构建

1. 区域层面产业链构建

京津冀三地要素优势互补，北京主要具有人才、技术优势，天津主要具有资金优势，河北省主要具有劳动力成本及自然资源优势。三地电子信息产业要素的互补能够促进资源优化配置，互惠互利。北京要强化电子技术研发功能，发挥电子技术研发中心、电子信息中心和总部作用。天津发挥港口和物流基地功能，打造电子信息产品生产、制造基地。河北省劳动力成本相对较低，且地理位置临近京津，劳动力在京津冀地区流动便利，有利于发展劳动力相对密集的制造生产环节，但要加强电子信息产业配套服务建设，改善投资环境，积极承接国内外的产业转移。

京津冀三地电子信息产业目前发展水平呈阶梯状，北京作为全国的电子信息产业技术中心，电子信息产业发展水平最高，处于全国第一梯度；天津作为北方电子信息制造业基地，产业发展水平较高，处于全国第二梯度；河北省电子信息产业发展水平相对较低，处于全国第三梯度。电子信息产品制造业产业链的上中下游产业的分布对应着电子信息产业不同的发展梯度水平，而京津冀三地的产业发展水平的这种梯度排列，为三地电子信息产业合作创造了条件，并为电子信息产品制造业产业链的构建和培育提供了产业基础。三地电子信息产业合作潜力较大，京津两地的一些电子信息企业出于节约成本的考虑，陆续将新厂选址在河北省，如京东方在河北省固安工业园区的新生产线投入，带动了固安工业园区周边相关产业的发展。正是三地电子信息产业要素的优势互补，决定了三地电子信息产业具有较大的合作潜力，在此基础上，跨三地的电子信息产业链才有可能建立起来。

2. 河北省主要产业基地产业链的构建与布局

廊坊信息产业基地（含廊坊新兴产业示范区），利用区位优势，承接京津产业转移，重点发展通信网络产品、平板显示、新型元器件、新材料、光机电一体化设备、电子专用设备等。目前已经形成以富士康为中心的周边配套的手机产业链。与沧州、唐山形成水晶—石英晶片—石英晶片元器件的压电晶体产业链。

石家庄信息产业基地，重点发展数字通信和卫星导航设备、数字家庭、半导体照明、激光器、光收/发模块、光 MEMS 器件、专用集成电路设计与制造等，打造半导体产业链。

保定信息产业基地（含涿州新兴产业示范区），重点发展太阳能光伏、半导体照片、电力电子、汽车电子、IC 产品制造、石油和地质勘探仪器、磁性材料等产品，打造太阳能光伏产业链。

秦皇岛信息产业基地，重点发展安防电子、医疗电子、高端印刷电路板、电子专用设备、平板显示（高清晰背投屏幕、光硅晶电视机屏幕、3LD 芯片、LED 光源）、半导体照明等，大力发展家电视听产业链。

邯郸信息产业，重点发展以新型片式元件、新型连接元件等电子元件和新型锰酸锂、磷酸铁锂等锂离子电池为主的新型元器件，以硅材料、高性能陶瓷基板等半导体材料和磷酸铁锂正极材料、硬碳负极材料等锂离子电池材料为主，发展陶瓷材料、电子无铅焊料等新型电子元器件材料为主的关键电子材料。

唐山信息产业，重点发展信息化技术在工业领域的普及应用。加强物联网技术应用与产业化发展，推进“数字城市”“数字家庭”和多业务平台等技术的研发、应用和产业化，推动产业向高端发展。推进信息化工程和激光显示核心组件、石英晶体元器件、物联网示范应用工程建设，推进电子信息产业链的延伸。

邢台信息产业基地，利用资源优势，重点发展单晶硅材料、硅片、太阳能电池、电池组件、太阳能装备、家电整机及半导体照明等，以核心企业为龙头，打造光伏产业链。

沧州信息产业，重点发展高密度印刷电路板，刚柔结合多层电路板等表面贴装元器件、新型电源等新型电子元器件、汽车电子产品的研发与制造、数字移动通信配套产品、数字音视频产品、软件、信息功能材料与器件。抓住新一代移动通信、互联网、物联网发展的机遇，发展微波通信、数据传感等产业。探索在精细农业、工业智能生产、交通物流、电网、金融、医疗卫生等领域开展物联网应用试点，逐步形成电子元器件产业链。

3. 具体产业产业链构建与布局

（1）通信设备产业链——接通产业链条，进行资源整合

通信设备产业链作为京津冀重点发展的产业，是具有多个节点的复杂产业链。京津通信设备制造业发达，主要以产业链上游和中游的技术、资本密集型产品生产为主，包括程控交换机、通信核心设备等产品。河北省应以通信设备终端产品及配套产品的生产为主，为京津大企业提供配套产品设施服务，大力发展配套产品服务体系。重点支持移动通信系统及终端、卫星通信系统、多媒体通信系统、指挥控制系统等领域的研发及产业化，带动元器件、功率器件等配套行业集群式发展，扩大产业规模。在构建和培育京津冀通信设备产业链过程中，以已有的产品链为重点，完善和推动其他相关产品链的构建和发展。

（2）计算机及外围设备产业链和电子元器件产业链——延伸产业链条

京津冀在计算机及外围设备产业链的上游和中游环节上发展水平较高，但是产业链的下游环节发展明显滞后，计算机相关设备及配套服务能力较弱，津冀尤其是河北省的相关产业规模较小，没有形成在全国具有较强竞争力的产业集群和企业品牌，产业链的下游环节相当大比例是由珠三角、长三角的企业来提供的。为此，河北省对接产业链的重点是大力发展中下游产业，重点发展计算机外设配套服务产业，加快相关产业配套服务体系和制度的建设，积极承接京津两地的计算机外设产业转移，利用区位优势和要素优势发展计算机产业链的下游产业——计算机外设配套产业及辅助产业，改善河北省计算机外设产业配套能力不足的现状，尽快建立起功能完备的现代计算机外设配套产品服务体系。

电子元器件产业方面，北京的元器件研发技术在全国领先，集成电路设计业居全国之首，津冀的电子半导体企业和元器件企业数量较多，已形

成较大规模。作为电子元器件的重要原材料，河北省单晶硅产量居全国第一，具有很强资源优势。京津冀电子元器件产业链主要以北京电子元器件研发机构为上游，中下游以津冀的半导体和元器件传导器生产为主，实现优势互补。在京津冀电子元器件的构建过程中，要重点打造几条主要的电子元器件产品链，如北京集成电路技术研发机构——河北省晶体硅生产企业——津冀集成电路板生产链条。

（3）家用视听设备产业链——嵌入新的产业链条

家用视听设备产业主要集中在京津，而河北省的家用数字视听产业在本地电子信息产业中所占比重较小。京津的家用视听设备行业在电子信息产业中所占比重也不高，在全国的整体竞争力不强。目前，河北省家用视听设备产业链表现为一些中下游断续的生产家电配套产品的企业，产业链的上游研发机构规模小，技术和研发投入低，自主创新能力弱；中游家电设备制造企业发展较慢。上游研发中心和中游家电企业之间是互相影响的，两者只有相互促进、共同发展，才能带动整个产业链的下游发展。因此，河北省家用视听设备产业链的发展重点是上游研发机构和中游家电产品制造企业，首要任务就是把这两个环节发展壮大，加大招商引资力度，产生一批能在全国有较强竞争力的家电企业，从而将产业链向纵深延伸，并进一步带动相关配套产业的发展。

第三章 促进京津冀产业分工协作与产业有序转移的战略重点及政策措施

一、战略重点

2014年7月31日，北京市与河北省的负责人在两省市工作交流座谈会上，签署了七份区域协作协议及备忘录，这也意味着河北省承接首都外移产业思路成形。北京与河北省、天津与河北省都分别签署了合作框架协议。产业转移与承接作为京津冀协同发展的重要突破口之一，在产业转移进程中，需要首先抓好重点承接领域，有时序地进行产业转移。

为精准承接北京重点项目，河北省可以确定部分重点承接地区及其功能定位。张承地区承接绿色产业、高新技术；秦唐沧沿海地区承接国家级新型重化工业和装备制造业；廊保新能源、装备制造、电子信息产业；冀中南承接战略新兴产业、高端产业制造环节和一般制造业的整体转移。天津承接产业重点主要是先进制造业、金融保险、电子商务等，促进产业结构优化升级。

（一）钢铁产业

京津冀区域是我国最重要的钢铁生产基地。2013年1—11月，北京市共生产钢材200万吨，同比减少5.94%。天津市2013年1—11月共生产钢材6100万吨，同比增长16.19%。河北省钢铁产业2013年完成增加值3805.2亿元，同比增长10.1%，占全省规模以上工业的32.5%，现已形成包括机修、焦化、耐火、碳素、铁合金、铁矿采选、钢铁冶炼、压延加工、科研设计、建筑安装等在内的钢铁工业体系，组建了河北省钢铁集团，集团还探索以渐进式股权融合方式重组了区域内12家钢铁企业。目前天津已形成了以天津钢管有限责任公司、天津冶金（控股）集团有限公司和天津天铁冶金集团为主体，以无缝钢管和高新金属制品为主导的系列化产业发展格局。

北京的首都钢铁集团是中国十大钢铁企业之一，首钢从北京向河北省唐山曹妃甸搬迁是国家“十一五”规划的重点项目，首钢京唐二期等一批重大项目前期工作有序推进。冶金工业是天津的传统产业，也是京冀产业转移的成功范式。天津与河北省产业转移与合作相结合，按照高标准、高档次的要求，围绕节能降耗和延长产业链，加快技术创新和产品结构调整，建成国内最大的精品钢管生产基地，发展冷轧薄板、彩镀板、中宽带钢等优质钢材和高档金属制品，提高与汽车制造行业的配套能力，并加强与唐山钢铁基地的协作，实现区域间产业配套和优势互补，形成冶金产业链。重点建设曹妃甸精品板材、天津精品钢管、承钢矾钛制品基地。

河北省作为承接京津钢铁产业转移的重要领地，一方面钢铁产业发展要更多考虑生态环境的承载能力和环境保护要求；另一方面是要由规模扩张向结构调整转变，通过企业间的兼并重组，淘汰落后产能，提高技术水平。河北省钢铁产业要结合首钢搬迁，在唐山曹妃甸地区建设具有世界先进水平的大型钢铁联合企业，以产业结构调整为契机，对省内六大钢铁企业进行整合，实现产业重组。发挥大型骨干企业在技术资金、管理上的比较优势，淘汰落后产能，不断提高技术水平，推动钢铁工业产品结构、工艺技术装备结构和增长方式转变，提高高端钢材的生产能力。

（二）电子信息产业

电子信息产业是京津高新技术产业中具有绝对优势地位的第一大产业，是两市均大力发展的一级主导产业。

电子信息制造业是北京工业的支柱产业，在移动通信、数字电视、计算机等领域具备较好的产业基础，已形成部分上下游配套、专业分工的产业群，产业集聚趋势明显，其中北京经济技术开发区、上地信息产业基地、天竺空港经济开发区和朝阳区电子城四大产业基地的产值约占北京电子信息制造业总产值的90%左右。

天津是全国重要的电子信息产业基地，电子信息产业已经具有一定的规模，是拉动天津经济持续快速发展的重要动力。2010年，天津电子信息企业共计894家，实现工业总产值2118.36亿元，占全市工业总产值的12.7%。经过多年的发展，天津市的电子信息产业结构日益完善，形成了通信设备制造、新型元器件、数字视听等一批重点行业，并且形成了天津经济技术开发区、泰达微电子小区、西青开发区、滨海高新区、空港报税区五大电子信息产业聚集区。

河北省在单晶硅、液晶材料等方面的生产居全国第一位，彩壳等生产也占有重要地位。但与北京、天津相比，无论从科研能力还是企业发展来看都比较低，所以，河北省应以环京津地区融入京津电子信息产业群为契机，积极培育以电子信息为代表的高新技术产业，实现与京津的垂直分工，通过科技合作、项目引进等手段，在重点产品上寻求突破，提高自己的核心竞争力，逐步提高科技创新能力，努力发展成为京津电子信息产业的生产加工基地、产业配套基地、产业化基地等。

（三）石油化工与装备制造业

京津冀区域石油和海洋资源丰富，为石油化工产业的发展奠定了雄厚的基础，拥有华北和大港两大油田，临港区有丰富的海盐资源及土地资源，是全国最大PVC、TDI生产基地，同时形成了一批骨干化学工业企业，如燕山石化、天津石化、天津联化、大港油田炼油厂、天津化工厂、中石油华北油田分公司、中石油华北石化分公司、石家庄炼油厂、中石化沧州炼油厂、沧州大化集团等。

石油化工是河北省的优势产业之一，具有比较好的产业基础，尤其是化学原料及化学制品制造业相对较好。但是行业整体水平和抗风险能力不高，产品结构初级化且缺乏上下贯通的、较为完整的产业链条。借京津产业转移的契机，河北省的石油化工产业要把沧州作为河北省化学工业的基地和核心，以唐山三友碱业集团有限公司、中阿化肥有限公司、河北省沧州化工实业集团、河北省沧州大化集团、中国乐凯胶片集团五大化工企业作为引擎和支撑，引领河北省化学工业走向国际市场。在基础化工工业基础上，依托华北、大港两大油田，发展炼油工业，实现石油化工与氯碱化工结合，加强 PVC、TDI 生产基地的建设；同时以秦唐沧为资源依托，承接京津的化工产业，与京津两地展开广泛的科技合作，提高石化企业的生产技术水平，增加产品附加值。

装备制造业在河北省有广泛的产业基础，邯郸冀南新区、张家口西山高新技术产业开发区、京秦高科技产业合作发展示范区、承德双滦国家级钒钛产业基地、曹妃甸区新型工业化基地、唐山国家及高新技术产业开发区、沧州高新技术产业开发区、石家庄东部和南部产业基地等均有发展、承接装备制造业及高端装备制造业的产业基础。

（四）医药制造业

目前京津冀地区已经形成了三大国家生物医药产业基地，其中北京生物医药产业基地由中关村生命科学园、北京亦庄经济技术开发区和中关村大兴生物医药基地三个核心区构成。天津生物医药产业基地以滨海新区国家生物医药国际创新园为依托，石家庄国家生物产业基地是首批国家级生物医药产业基地。这些产业园区的建设使得生物医药产业集聚效应不断显现，产业集中度不断提升。华北制药、石家庄制药集团在原料药和化药制剂方面有突出表现，华北制药集团是全国最早的、最大的抗生素和半抗生基地，综合实力一直位居全国医药行业前列，并拥有一流的生物制药研发体系，神威药业是全国最大的软胶囊生产基地和中药产业化示范基地，其综合实力已经跻身全国中成药工业前十位。

河北省医药制造业以石家庄为主，加强与京、津的科技合作，做大优势产品，巩固和提高原料药的优势地位，强力推进化学原料药的深加工，大力发展中成药产业。首先，依托华北制药集团、廊坊生物医药园骨干企业，引进、消化和吸收国内外先进技术和设备，加快基因克隆、工程发酵、分离纯化与后处理技术及工艺开发，抓好基因工程人血白蛋白等基因工程药物的产业化，建成我国重要的基因工程药物和疫苗生产基地。其次，通过扶持神威药业、承德中药厂、以岭药业等重要优势企业，利用安国——我国北方最大的医药集散地和药材生产基地的优势，建立河北省中药产业化基地。以中药产业化为目标，通过一批重点关键的项目立项与实施，提升河北省中药产业的加工工艺、技术装备、质量标准以及各项管理规范，大力研发疗效确切、特色鲜明、科技含量高的重要新产品，扩大心脑康等治疗心脑血管、肿瘤等药物的生产规模，建成全国规模最大、技术最先进的重要开发生产基地。

天津天士力集团与安国市政府共同出资组建了“安国中药都中医药产业股份公司”，打造涵盖中药材种植、中药材加工、中药研发、中药制造、中药产品购进、仓储、销售、物流配送等领域的全产业链；北京同仁堂与安国合作建立了中药材加工生产及物流配送项目和中药配方颗粒生产线项目。这些龙头企业的引入能够有效地对区域内的资源进行整合和配置，构建出完整的区域间产业链。

（五）金融保险业

从京津冀区域金融发展状况看，北京拥有比较完善的金融体系①，包括金融机构组织体系和监管体系、金融市场体系及良好的金融基础设施建设等。天津虽然在金融体系、金融制度、金融经营理念方面与北京有差距，但发展后势强劲。尤其是国务院在《关于推进天津滨海新区开发开放问题的意见》中明确指出，鼓励天津滨海新区进行金融改革和创新，在金融企业、金融业务、金融市场和金融开放等方面进行重大改革。河北省的

① 景体华等:《2006—2007 中国区域经济发展报告》，社会科学文献出版社 2007 年版，第 136—146 页。

金融机构设置和集中程度相对较弱。主要接受区域金融带来的辐射作用，配合辐射效应进行相应的产业结构调整。①

（六）商业服务业

商业服务业是京津冀一省二市第三产业发展的重要产业之一。多年来，京津冀区域各自为政，缺乏合理的分工与协作，直接抑制了区域之间的物资与商品流动，区域间商业服务业合作受限。为此，2007 年 2 月 28 日，京津冀 13 个城市的商业主管部门联合发布的《2006 京津冀都市圈城市商业发展报告》，首次打破“两市一省”的行政区划界限，从区域整体发展的角度出发，提出逐步建立规模适当、层次清晰、功能各异、协同发展的层级商业服务体系和面向国际、国内及区域市场，服务城市发展的商业服务体系。由此，商业服务业成为京津冀区域经济合作的突破口。目前北京的批发业开始逐渐向河北省转移，加快了商业服务业向河北省转移的步伐。随着京津冀协同发展进程的加快，北京聚集人口、造成环境困扰的商业服务业要逐渐向河北省具有比较优势的地区进行转移，河北省可以借此契机，扩大城市规模，提升服务业的发展水平。

二、政策措施

（一）国家层面的政策建议

1. 加强产业的顶层设计，尽快出台京津冀产业发展专项规划

构建京津冀产业分工协作体系，必然要求京津冀三地政府加强合作，建立紧密的产业合作机制。与长三角、珠三角相比，京津冀既不具备珠三角所具有的省内行政的高度统一规划性，也没有达到长三角经济一体化的

① 《京津冀都市圈规划编制基本完成，现仍存五大问题》，华夏优秀企业网，2007 年 3 月 8 日。

发展程度。长期以来的行政分割使得京津冀三地产业发展梯度差距很大，区域内难以形成完整、高效的产业链。因此，从国家层面来讲，要推进三地政府尽快加强产业合作，从京津冀整体的战略高度来对产业的发展作出总体规划，制定产业政策，或者在京津冀协同发展规划中，将战略性产业发展规划作为其中的一个专题进行统筹安排，共建产业基础和开发平台，为产业链上的企业提供快速、准确的信息，加强产业链上下游的联动，实现三地产业的有效对接，完善产业链，提升区域整体实力。

2. 加强区域内大型企业合作

建议由京津冀协同发展领导小组会同各部委，为区域内大型企业合作牵线搭桥，推进企业跨省合作，共同进行技术创新，完善京津冀产业链条。例如从一体化的角度整合京津冀区域内天津港、秦皇岛港、唐山港、曹妃甸港和黄骅港，推进各港口在优势互补基础上的战略合作。再如，充分发挥京津冀三地钢铁集团的优势，按照行业发展的产业链条，强强联合，势必推进京津冀的钢铁产业链条深化和广化，提高产业竞争力。

3. 规划好京津冀三地明确的产业定位

京津冀产业发展必须是在城市功能定位的基础上，在产业发展过程中做好“加”“减”“进”“退”四项工作，也就是必须明确该做什么、不该做什么。北京做好“四大中心”——全国政治中心、文化中心、国际交往中心、科技创新中心，将不符合北京城市功能的职能主动向外转移，发展高精尖的项目。天津在京津冀协同发展中建设成国际港口城市、北方经济中心和生态城市。河北省是北京非首都功能疏解和产业转移的主要承接区域，在产业结构调整上既要“加”，也要“减”，既要“进”，也要“退”，实现绿色崛起。

（二）区域层面的政策建议

1. 促进产业优化与升级，建立高效的产业分工体系

（1）提高疏散与承接产业转移的能力

北京作为主要的产业疏散地，要综合考虑各地优势，与津冀进行有效

对接。承接地从硬环境来说，要进一步加强交通、公共服务等基础设施建设和空气、水、绿化等生态环境改善。从软环境来说，要抓住国家和省政府简政放权的大好机会，最大限度地释放改革红利，为企业营造经营条件好、服务态度优的环境。合理确定区域内产业准入标准、污染排放标准与违法处罚标准，防止产业转移中的污染转移。在项目审批过程中，采取联合审批，避免仅考虑本地发展的短期行为。

（2）创新合作模式，拉近产业梯度

北京的科技资源丰富，在承接产业转移时，津冀要充分利用北京高技术产业水平高的特点，进行产业合作。如通过“共建园区”共同发展各地特色产业；通过“飞地经济”模式进行资源互补，拉动落后地区经济发展；通过“共建产业化基地”，进行股份合作，风险共担、利益共享，通过多种模式创新，进行京津冀地区环境友好型产业转移，逐步突出北京的科技创新中心优势，使河北省与天津发展为北京科技成果链条式的转化基地，提升津冀的产业整体发展水平，优化产业结构。

（3）创新产业对接方法，提升河北省与京津产学研对接能力

京津冀三地存在产业梯度，在产业转移与对接中，要加强项目成果转化为现实生产力的环节衔接，来进一步推进形成跨地区可持续发展机制，通过各种对接方式的创新，如创新投资形式、贸易形式、开发形式等，寻求高技术、低污染、高收益、低能耗的重点产业增长点，共同提高区域的整体能力，同时培育各地的产业发展重点。

2. 进行京津冀区域科技资源整合，提升整体竞争力

（1）建立京津冀区域科技合作的组织保障

一方面须由京津冀协同发展领导小组进行必要的指导、协调和“牵线搭桥”，就京津冀区域科技协作规划的编制、实施与协调等问题进行指导、论证、综合平衡和衔接；另一方面组建京津冀科技协作会，加强其科技协作方面的职能。就影响京津冀区域基础研究和高技术前沿研究工作中的重大问题进行研究、协商与解决。地方政府协作会组织有关方面的企业界人士、专家学者等对京津冀科技合作问题集思广益，定期举办京津冀科技合

作研讨会，就京津冀科技合作的领域、发展、机制等献计献策，以保证科技合作取得成效。

（2）推动构建联合攻关、自主创新的科技协作体系

京津冀的创新资源存在较大的梯度差，尤其河北省与京津的差距较大。北京科技资源丰富、科技企业聚集、科研院所众多、高科技人才更是对周边地区存在虹吸效应。基于此，京津冀科技体系需要进行整合，要围绕京津冀区域发展中的关键问题、关键产业、关键技术，以企业为基础核心进行共同攻关与合作。三地共同建立攻关小组，集合三地的资源组成联盟，进行技术创新。尤其河北省，要积极与京津科研机构、高新技术企业进行对接，建立合作关系，实现共同的产学研发展，在三地共同推广科技成果，提升自身的同时，拉动河北省科技水平的提高。鼓励企业采取多种方式加快跨区域协作。一是鼓励优势企业、大型企业组建跨地区大型企业集团，实现优势互补，提高规模效益和区域产业整体竞争力；二是引导企业跨区域分工与协作，在生产分工、技术转移、项目攻关等方面取得新突破；三是大力发展民营企业、积极吸引外资企业，充分发挥民营和外资企业市场化程度高、市场意识超前等优势，带动企业间跨区域分工与协作进程。

（3）推动建立京津冀科技人才共同培养机制

为保证京津冀三地人才开发一体化的顺利展开，一方面，三地可在高层次人才的培训、评价、诚信认定、业绩归档、信息库建设等方面进行项目合作开发，共建“科技专家资源共享服务台”，推进京津冀三地科技专家的资源共享、政策协调、制度衔接和服务贯通，建立京津冀科技专家资源开发合作机制；另一方面，进一步建立京津冀科技人才流动协作机制。要求共建人力资源区域共同市场、人才协调中心、人才政策服务中心、高级人才运营中心等；携手营造公平竞争的人才利用环境，建立区域人才流动与人才市场信息发布机制；建立区域共享的毕业生实习、创业基地；建立区域性人事人才公共服务平台，实现政策共享、业务互通、证书互认、异地人事代理、社会保险代办等人事人才公共服务体系等，从而保证创新

人才在三地自主、自愿、自由地流动。

（4）推动建设京津冀区域技术转移合作服务体系

以技术转移服务机构为依托，组建京津冀技术交易联盟等技术转移服务联合机构，联合制订有关管理办法，尽可能争取优惠政策，促进技术交易市场与技术推广服务的发育。第一，建立京津冀区域技术交易联盟。京津冀三地联手共建京津冀技术交易联盟，努力建设服务全国、形式独特、内容多样、服务质量优良、网络化运作的京津冀一体化技术服务体系。第二，共建先进制造技术硬件资源共享平台。京津冀三地在现有先进制造技术开发和推广的硬件资源的基础上，共建产品设计和原型制造服务平台及产品检测平台等。第三，建立京津冀联合孵化创新服务体系。京津冀三地定期开展交流会，互相交流技术成果及创业孵化等信息；互派管理人员不定期进行短期交流培训，互相交流经验；互相推荐科技成果、科研项目，互相推荐适合在对方生产、加工的企业；在市场调研、资本运作等方面积极配合。第四，共建京津冀科技咨询与评估合作服务体系。通过培育京津冀科技咨询与评估市场、制定税收优惠等相关政策、联合开设咨询与评估专业培训、打造具有较高知名度和较高科技水平的中国名牌科技咨询与评估企业等方法为京津冀区域乃至全国科技咨询与评估提供服务。

3. 打造重点产业链、产业集群，推进产业协同发展

（1）完善产业链条，理顺三地的产业关联

针对京津冀三地各自的重点产业或主导产业，要建立三地的产业关联。河北省需要利用京津的优势资源，提升河北省的产业发展层次，进行产业优化升级，积极承接北京产业转移，完善产业链条，争取更深层地与京津进行产业的分工与协作，引入新的链条或延长产业链条；需要进行合理布局，利用自身基础进行合理对接，形成有秩序的产业链条；北京进行非首都功能产业的疏解，需要考虑疏解产业在其他地区的产业基础、产业优势、产业配套等方面，尽可能优势互补，产生最大效益。天津也要积极承接北京的外溢产业，在自身发展基础上，形成产业对接，有利于产业链的完善和产业结构的升级。

（2）打造产业集群，共建产业园区

产业集群是产业提升的必然趋势，产业园区是产业发展的重要载体。在京津冀的产业协作与转移过程中，要充分考虑三地的产业基础，利用本地的资源优势，进行合理布局，共建产业园区，形成本地的主导产业集群，引领地区相关产业的配套发展，从而带动经济增长，提高经济效益。如北京的中关村科技园区，是国家级自主创新示范区，产业科技创新资源聚集，目前已与保定在汽车及零部件制造产业、新能源和能源设备制造产业、纺织服装加工产业、绿色食品加工业、建材工业、航天航空及新材料产业、生物医药产业等产业，与承德在文化旅游服务、钒钛综合利用、先进装备制造、食品药品加工、新能源、高新技术、现代物流等产业领域签署了战略合作框架协议，与其他地区的合作也在不断接洽，今后可以扩大合作领域，与津冀的优势产业结合，共同打造科技高地。对于津冀来说，可以渐进地形成各自的产业集聚，打造各自的优势产业园区，借助三地的力量，共同提升。

流通篇

流通作为生产和消费的媒介，在京津冀协同发展中占有重要地位，无论是北京非首都功能的疏解，还是河北建成现代商贸物流基地的功能定位，一体化流通体系的建设都是应有之义。这主要因为：一是商品流通是全部经济活动顺利开展的基础。在社会经济活动中，无论是实体经济还是虚拟经济，商品及其他经济发展要素都需要在流通中不断地完成由商品到货币和货币到商品的变化，这种变化既涉及价值形态的转换、所有权的转移，又涉及实体的位置移动。缺少了商品流通过程、商品流通渠道，经济活动就要受到影响，经济发展就会受到制约。二是经济协调发展也会受到商品流通基础及相关贸易环境制约。随着经济的发展，商品生产的规模越来越扩大，社会商品交换的深度和广度亦不断升级，许多地方性的产品卷入更大区域市场的流通，商品流通范围的扩大，必然相应要求增加流通环节和延长扩大流通渠道。三是我国商品流通管理体系具有基于行政区划分割而建立的体制性特色。基于行政区划管辖下的地方政府集利益主体、经济主体、管理主体于一体，有充分的动机及能力来从本辖区利益出发实施地方保护和市场封锁、市场分割行为。这就使得行政区划间商品流通的管理系统不对接，形成自由流通障碍。

在加快流通、促进经济发展的内在要求下，一些迫切需要各种要素禀赋在特定区域更加便利、更加迅捷、更加自由流通的地区，主动放宽或破除束缚和影响流通的规则，使某一区域成为快速流通的经济圈，即实现区域经济一体化，这已经成为当今世界发展的一大趋势。在京津冀地区建立一体化的流通体系，可以加大在全区域范围内配置资源的力度，推动商品、资本、劳动力、信息、技术、服务等要素禀赋加快流通的过程。这会使货物和资源形成区域内大流通，使服务等无形商品和资产实现区域内大流通，也必然使京津冀市场日益相互依存、相互融合，成为产业集聚和贸易活跃的竞争高地，进而成为加快区域极化发展的强大动力。

第四章　京津冀区域一体化流通体系建设的基础与问题

京津冀区域是我国北方经济规模最大的地区，2014 年，京津冀区域总产值达到 6.6 万亿元，占全国的 10.4%。流通业产值达到 1 万亿元，占全国流通业的 12.6%，流通业比重高于经济占比。近年来，该区域流通规模持续扩大，2014 年社会消费品零售总额达到 2.6 万亿元，比 2013 年增长 9.1%。[①] 流通作为先导性产业，在区域经济一体化进程中，是促进各产业协同发展的基础，但是从三地流通体系建设现状来看，行政分割色彩仍然严重，区域观念尚未形成，流通产业在区域间的协同发展及其对其他产业的带动作用没有充分发挥，区域流通一体化还面临很多困难。

一、京津冀区域一体化流通体系建设的基础

（一）基于区域特征和流通特性的京津冀三地的内在联系

1. 资源联系

京津冀地区位于华北平原北部，北起燕山山脉，西到太行山区，东至渤海之滨，南据华北平原。包括北京市、天津市以及河北省的 8 个地级市，

① 王晓：《京津冀流通一体化亟待推进促进三地快速发展》，2015 年 7 月 27 日，见 http://www.nxing.cn/article/395270.html。

土地面积约为21.6万平方千米，人口总数约为1.5亿人。[①] 京津冀在地质、地貌、气候、土壤及生物群落等方面是一个完整的地域系统。[②] 在该系统中，三地山水相连，有着天然的资源联系并面临相同的矛盾。如水资源，随着下游地区人口和经济社会的发展，城市化进程的加速，城乡用水标准的提高，下游的京津地区用水量持续增加。与此不相匹配的是，京津冀上游的张家口和承德的一些地区曾经以土地过垦、草原过牧的发展模式，造成自然资源被不同程度地破坏，自然环境陷入恶性循环，生态功能退化，盐渍荒漠化严重，水资源供应量在不断下降。同时京津冀的工业"三废"（废水、废气、废渣）造成的环境污染，城市地表水和地下水源都受到不同程度的污染。水资源短缺已成为制约京津冀地区发展的全局性因素。

2. 环境联系

由于京津冀三地山水相连，自然环境联系紧密，各地区之间具有相互依赖的特性。水资源的开发利用、环境污染等一些问题都具有跨域流动的特征，因此，一些环境问题不能在单个地区内部解决，只能通过整个区域的治理，在一体化框架内提出系统解决方案。以目前三地共同面临最严重的环境问题——雾霾为例，从地理环境来看，京津冀西侧、北侧靠山，东邻渤海，太行山、燕山形成的"弧状山脉"对冷空气活动起到了阻挡和削弱作用，易导致山前空气流动性较弱，形成气流滞留区。[③] 京津冀周边的人类活动造成一定的污染物，在该地理环境中不利于扩散，从而加剧了霾和雾的形成。当遇到雾和霾形成的静稳天气发生时，不仅当地的污染物难以排放，而且周边的污染物还会汇集而来，从而导致京津冀出现重污染、雾或霾天气。密切的环境联系致使如果只有一个省市治理雾霾，其他地区不配合，很难取得明显成效。

---

① 李佳：《协同发展 京津冀谁也拖不起》，2014年3月5日，见 http：//city. sohu. com/20140305/n396072859. shtml。

② 吴殿廷：《京津冀一体化中的环境问题》，《领导之友》2004年第4期。

③ 《污染天气形成的原因有哪些？解读多种因素的共同影响》，中国天气网，2014年11月12日。

3. 产业联系

京津冀地处肥沃的华北平原地区，历史文化源远流长，在历史的积淀中成就了一批传统产业，随着市场经济的发展，更多的企业在该地区聚集，这些企业由于具有共性或互补性而联系在一起，形成了资源密集型、劳动密集型和技术密集型等不同产业。近年来，金融、保险、信息、中介机构等服务业发展突飞猛进，把该区域内各产业紧密地联系在一起。产业之间的联系主要以垂直分工和水平分工两种模式存在。无论是在垂直分工还是水平分工方面，产业联系已突破了行政区划，致使在整个京津冀区域内各产业的内部各要素联系密切，形成产业链和产业集群。产业集群具有地理空间集聚性、关联共生性等特征，因此要求区域作为一个经济组织保证资金、信息、要素和人员等能够自由流动，不受行政区划的限制。

4. 市场联系

京津冀地区具有优越的地理位置、人口密集、交通发达，形成了多种类型的产业群。这些产业群以市场为依托发展起各类专业的市场。无论是商品市场还是劳动力市场，无论是金融市场还是信息市场，京津冀区域内各种市场已形成紧密的联系。如一些农产品市场，从产地河北收购农产品后直接销售到北京和天津，一些知识密集型产品的产地市场在北京，销地市场在河北和天津。有的商品的产地市场设在要素成本较低的河北农村地区，而中转市场则设在交通发达的北京。若想继续做大、做强市场，进一步提高京津冀地区的市场竞争力，就必须保证处于不同行政区划的市场间要素自由流动，交易成本低，资源能够跨区域配置和整合，不应存在任何市场壁垒。

（二）协同发展为一体化流通体系建设带来的新机遇

京津冀一体化，早在20世纪70年代，相关部门与地区就已经开展了相关工作，至2015年京津冀合作与协调发展工作实际上已进行了近四十年。[①] 纵观京津冀一体化的发展历程，2010年后京津冀一体化的步伐加快，2011年首都经济圈写入国家“十二五”规划，2012年建设“首都经济圈”、河北省“沿海发展战略”“太行山、燕山集中连片贫困区开发战略”纳入国家“十二五”规划，2014年习近平总书记提出京津冀协同发展的“七点要求”，2015年5月审议通过了《京津冀协同发展规划纲要》。这一切都说明京津冀一体化对促进区域协调发展，国家经济增长具有战略地位，历来受到重视。尤其是现在的京津冀一体化是在中央高层强力推动，力求全面改革的大背景下提出。这在一定程度上说明，京津冀协调发展不仅仅是三地发展的共同诉求，更是全国经济发展打造新的经济增长极的诉求。在此背景下，三地政府不再独立配置资源，而是在一个区域内统一配置资源实现区域成本和社会成本的双重节约，提高区域的资源整合能力，改变区域经济大而不强的局面，提升区域经济竞争能力。就流通业而言，不再是京津冀三地各自发展自己的流通业，而应是在京津冀一个大的区域内打造流通大格局，逐渐改变过去区域内产业结构雷同，缺乏梯度发展，管理没有统一标准等问题，促进京津冀三地经济从单纯的竞争走向既有竞争又有合作。在京津冀协同发展定位明确的前提下，京津冀一体化流通体系建设还面临一些重大事件的影响：

1. 京津冀交通一体化建设

按照河北省出台的“京津冀交通一体化规划”，交通一体化包括京津冀公路网全面对接、三地客运1小时交通圈、货运12小时交通圈、环保环港口群建设、京津冀机场群建设（特别是北京新机场建设已经提上日程，对北京南部凌空经济区的影响巨大），未来京津冀三地将逐步实现交通运输枢纽一体化、交通运输管理一体化、交通运输服务一体化。

2. 天津自贸区建设

2014年12月，天津、广东、福建三地被国务院列为第二批自贸区，加上上海，中国一共有4个自由贸易试验区，在沿海由南向北分布。天津

---

① 张可云等：《京津冀协同发展历程、制约因素及未来方向》，《河北学刊》2014年第6期。

自由贸易试验区位于天津滨海新区内，总面积119.9平方千米，涵盖天津港片区、天津机场片区、滨海新区中心商务片区。[①] 天津发展的最大特色是对接"京津冀"协同发展区与"一带一路"，一方面助力京津冀地区外向型经济发展，另一方面呼应"一带一路"国家战略。天津港是"一带一路"海陆黄金交汇点，是中国陆域距离欧洲和中西亚最近的港口，是连接东北亚与中西亚的纽带，也是国内唯一同时拥有四条铁路通往欧洲陆桥的港口。天津将依托东疆保税港区强大的政策及航运优势，打造成为亚欧大陆桥东部起点、中蒙俄经济走廊主要节点和海上合作战略支点。[②]

3. 北京批发商业功能疏解

北京有超过1000家的各类商品批发市场，在繁荣北京商业的同时，也带来人口集聚和交通拥堵。其中大红门、动物园等地的市场成为著名的拥堵点。北京市动物园批发市场建于20世纪80年代，目前已形成世纪天乐、聚龙、众和、天乐宫、东鼎、金开利德、天浩城等近10个服装批发市场，根据2013年年初的统计数据，该批发市场营业面积30万平方米，服装批发摊位约1.3万个，物流企业20余家，从业人员超过3万人，年营业额达到200多亿元，日均客流量超过10万人，是全国最著名的服装批发市场之一。加上其辐射和带动的就业人口，"动批"搬迁或将分流10万人。大红门地区已经形成各类服装批发市场40余家，经营商户2万多家，从业人员13万人，年营业额超过500亿元。经过多年的规划布局和市场建设，逐渐形成了以批发为主，带动产销的流通市场体系，构成了较大规模的服装商业圈。为控制北京人口过快增长以及严重的拥堵问题，北京已经明确表示要疏解低端批发商业和物流功能。

京津冀三地功能重新定位和三地协同发展中的一些重大举措，将会对三地今后的流通产业布局产生深远影响。例如北京的批发功能疏解、河北的商贸物流基地定位、天津的北方国际航运核心区定位以及天津自贸区的

---

① 李文博：《天津自贸区范围定了，总面积119.9平方公里》，2014年12月30日，见http：//www.enorth.com.cn。

② 2015年天津市政府工作报告。

建设，对三地的批发产业和物流产业布局影响深远，三地必须彻底打破“一亩三分地”思维，努力沟通，统一布局，既要保证必要的竞争，又要防止内部重复建设，三地机会均等、利益共享，政府主要做好功能布局和产业发展规划，致力于消除行政壁垒，搞好市场服务，努力促进三地协调配合、共同发展。

二、京津冀三地流通体系现状

2014 年，我国京津冀地区社会消费品零售总额 25526. 85 亿元，占全国社会消费品零售总额 262394 亿的 10. 11%。[①] 京津冀地区流通业在我国整个流通业发展中发挥着重要作用。下面将从流通体系的角度概括京津冀流通体系发展现状。

（一）流通主体多元化，交易方式多样化

现在的京津冀地区已形成多元化的流通主体格局。商品的流通主体主要有生产者（商）、加工企业、物流配送企业及销售者（批发市场、零售企业），还有活跃在各个流通环节的各种经纪人。这些流通主体规模不等，组织化程度不同，现代化水平不等，既有以家庭为单位的小规模生产者，也有大规模的集团企业；既有个体流通经纪人，也有组织化程度很高的批发公司；既有技术水平较低的生产作坊，也有现代化的流通企业。随着流通领域各项改革的不断深化，部分流通主体及流通企业正在向专业化、大型化、规模化、集团化和品牌化方向发展，竞争实力不断增强。同时，电子商务交易发展迅速，以河北省为例，2014 年河北省电子商务交易额已经突破了万亿元，网络购物达 5000 亿元。据阿里研究院发布的数据显示，河北省有淘宝村 25 个，在全国排第四位。[②] 总之，京津冀地区商品交易方式

① 笔者根据京津冀三地社会消费品零售额之和和全国社会消费品零售额计算而得。

② 郭春虹：《零售业增速放缓　河北省商业 2014 年缓慢爬坡》，2015 年 1 月 30 日，见 http：//sjz. esf. sina. com. cn/news/2015 - 03 - 12/5966823464303389840/。

多样，原始的现场交易与现代化交易并存，现货交易、拍卖式交易、电子商务交易、期货交易存在于不同领域的商品买卖中。

（二）各类市场快速发展，多种流通业态并存

京津冀地区各类市场发展迅速，市场类型多样，目前主要有批发市场（中央批发市场、区域批发市场、地方批发市场）、集贸市场、超级市场、零售市场、期货市场等。在京津冀地区还有闻名全国的专业市场，如河北的南三条小商品市场、白沟箱包市场，北京的大红门服装市场、动物园服装市场，天津的大胡同市场等。随着电子信息、自动化、现代营销和管理等技术在流通领域的广泛应用，一些现代流通方式和新型业态在京津冀发展较快，如物流配送、直销、电子商务等新型流通方式和超市、商城、卖场、便利店、专卖店、购物中心等各种业态。随着流通现代化步伐的加快，京津冀地区还出现了一些大型商业企业集团和股份公司。

（三）市场基础设施建设逐步完善

京津冀地区商业设施投资数量不断增加，规模不断扩大，各种商品交易市场、配送中心、现代物流园区、加工储运中心先后建立。与此相呼应，一些地区的信息发布网络、电子报价系统、电子结算平台相继投入运行，预示着京津冀的商品流通向现代流通业发展。近几年，京津冀地区变化较大的一方面是交通运输设施规模不断扩大，路网布局不断完善，为产品流通缩短了空间距离。例如，2014 年河北省交通设施建设投资 909.5 亿元，全省高速公路通车总里程 5888 千米，跃居全国第二。[①] 另外，建设了一批现代化物流基地和物流中心，能够有效连接不同城市内部的各种物流，服务于区域经济发展。例如，石家庄北方农产品中心批发市场占地 374 亩，建筑面积 4.5 万平方米，2014 年交易额超 10 亿元，市场辐射京津

① 《河北：2014 年交通基础设施建设投资 909.5 亿》，2015 年 2 月 6 日，见 http://www.998jx.cn/news/show-28285.html。

及周边10余个省、自治区。①

（四）市场监管功能不断加强

市场监管功能不断加强主要体现在三个方面：一是流通的管理体系已初步建立，形成了商务部、发改委、工商总局、交通部、卫生部、农业部、质监局、工信部等政府职能管理部门的协同管理、分工协作的监管构架。二是商品流通方面的法律体系不断完善，有关流通主体、行为方面、市场秩序、市场监管、流通产业作用等方面的法律规范及其体系不断健全。三是一些具体的监管制度和措施不断落实，如市场准入制度、商品检验检疫制度、产品标识制度等，致使商品流通领域的假冒伪劣违法行为得到了一定程度的遏制。

三、一体化背景下京津冀流通体系存在的问题

尽管京津冀流通体系建设在某些领域取得了一定的成绩，总体市场发育程度高于全国平均水平，但该区域的商品流通体系还存在如下问题，这些问题如果不能很好地解决，将影响京津冀一体化的进程，乃至整个区域经济的发展。

（一）协调发展观念缺乏，三地产业同构严重

京津冀作为三个独立的行政区，决定了三方政府在制定政策时，更多的考虑是自己的利益，而忽视区域整体利益。尤其是当地方利益与区域利益发生矛盾时，在分税制背景下政府决策时考虑更多的往往是地方利益。查阅京津冀三地历年的发展规划会发现，三地各自为政，分别制定自己的产业发展规划。除河北省会提到“京津一体、内外联并重”② 外，北京、

---

① 焦莉莉：《我市将建公益性批发市场》，2015年9月15日，见 http：//www. sjzdaily. com. cn/newscenter/2015 -09/15content_2486292. htm。

② 2010年《河北省人民政府关于推动商贸流通大发展的指导意见》。

天津均以自己为中心。在这样的背景下，三地的产业布局就谈不上区域商业的整体规划、协调和发展。与珠江三角洲、长江三角洲相比，京津冀地区体制转换慢，区域协调发展观念不强，地区之间长期实行条块分割、行业垄断和地方保护主义。一些农产品、日用工业品和生产资料跨区域、跨行业的自然流动遭到不同程度的割裂，市场供应紧张时，地方政府制定各种措施防止并严禁紧俏商品和稀缺资源外流；市场销售不畅，商品直销时，地方政府往往通过行政命令强制企业停产或直接退出市场。在宏观经济繁荣时期，三地进行大量重复生产和建设，既浪费了资源，又造成了新产品的积压，政府随之采取保护部门利益、地方利益和行业利益的措施。这种人为的地区封锁，影响了京津冀地区资源和要素的正常流动，在一定程度上削弱优胜劣汰的市场竞争功能，导致产品结构和产业结构同构现象严重，浪费了资源，恶化了竞争。地区性和行业性的市场分割一直是阻碍统一市场形成的重大制约因素之一。①

（二）区域内基础设施一体化有待加强

基础设施一体化是区域一体化的基本架构，交通、港口、通信是推进区域一体化的重要基础，也是区域整体规划的核心。没有基础设施的一体化，不仅使现有的资源与设施空置与浪费，而且也极大地影响地区间生产要素的自由流动，提高了区域内的交易成本。目前，由于受条块分割体制的影响，跨区域基础设施没有实现完全的无缝隙衔接，甚至地区之间竞相追求大而全、小而全，制约了经济效率的提高。如地区间及各种交通运输方式之间的协作配套比较差，很少从综合运输的角度来统一规划和建设本区域的交通设施。京津冀地区对区域间城际交通线路和网络建设还很不完善，不能充分满足城际间客货运输快速、方便和经济的需要。有一些交通枢纽之间公路交通联系不便，很多地区存在“最后一公里”问题。京津冀区域内道路交通设施发展不均衡，区域内路网呈以北京为中心的放射型结

① 陈涵波：《我国省际市场分割特征及影响机理分析》，《商业经济研究》2016 年第 1 期。

构特点。[①] 这种结构特点决定很多商品货物在北京中转后才能到达目的地，不仅增加了交通运输成本，还对北京市区内部城市交通产生了很大压力。另外，京津冀地区尽管有诸如天津港、秦皇岛港、京唐港、黄骅港在内的北方重要港口，但各港口独自经营，竞争大于合作。本地区还拥有首都机场、天津滨海国际机场及石家庄机场等大型机场，但是由于在经营体制、航线设置、经济发展水平、交通联系便捷程度等方面存在差异，致使天津机场、石家庄机场运量一直不足，而首都机场能力持续饱和。[②] 还有诸如冀中与冀东城市之间、首都机场与天津之间、天津机场与北京之间缺乏直通线路的问题；[③] 大城市之间交通联系方式单一，客货运输缺乏可供替代的选择与必要的竞争等问题。总之，本区域内的对外交通基础设施在全国占有重要地位，但设施规模和发展水平不均。各省市在交通设施项目上存在盲目竞争、重复建设、片面追求“大而全”现象，难以形成区域整体竞争的合力。[④]

（三）流通渠道迂回，流通成本高

在一体化背景下，在一个区域内如果没有流通资源和各要素的有效整合，就不可能形成大流通、大市场、大贸易的格局。京津冀虽然三地相连，有些产品的流通渠道却迂回周转，直接增加了交通费用和流通成本。如河北的很多蔬菜先进入山东的批发市场，然后再迂回到北京和天津销售。据笔者的调研，流通渠道迂回的原因主要是三地缺乏集仓储保管、分拣加工、信息处理、装卸运输、配送、结算于一体的集约化的农产品集散配送中心和能云集全国农产品的中转批发市场。在流通商看来，把河北的农产品运往山东虽然增加了运输费用，但降低了配货成本，即在河北配满一车货要到几个地方去收购，而在山东省寿光的一个市场轻而易举地就能

---

① 焦文旗：《京津冀区域物流一体化障碍因素分析》，《商业时代》2008 年第 12 期。
② 《用市场引导产业转移和衔接》，《河北日报》2014 年 9 月 1 日。
③ 霍丽娟：《关于京津冀物流一体化的思考》，《中国市场》2015 年第 5 期。
④ 焦文旗：《京津冀区域物流一体化障碍因素分析》，《商业时代》2008 年第 12 期。

配满一车货。配送环节与运输环节是紧密联系在一起的，产品不能集中、配送路线复杂冗长是造成配送环节成本居高不下的重要原因。

（四）物流节点衔接不够，物流产业现代化水平较低

物流节点将各物流线路联结成一个系统，使物流线路通畅。京津冀地区的物流节点衔接不够突出表现在交通、港口和机场建设等方面。以北京为中心，天津、石家庄等主要城市道路交通比较畅通，但是二三级物流节点城市则相对落后，尤其是农村地区，如河北的很多一些农村还没有村级公路。港口建设方面，津、秦、唐、黄等港口缺乏统一部署，缺乏协调与合作，缺乏功能上的互补。在物流网络里表现为一个个独立的点，缺乏科学、合理的衔接，影响了区域物流的有序化运行。机场建设方面，首都机场承载能力极尽饱和，而石家庄机场运量明显不足，机场间未实现协调和互补。

物流现代化水平低表现为：①区域内公路、铁路、港口、码头、仓库、物流中心、配送中心等物流基础设施建设还很不完善。京津冀区域内既存在发达地区重复建设现象，也存在经济落后地区建设不足问题。②区域内物流节点信息化功能发挥不充分。物流结点是整个物流系统信息传递、收集、处理、发送的集中地，这种信息作用在现代物流系统中起着非常重要的作用。京津冀区域诸多物流节点或还没有实现信息化或信息化功能未能有效发挥，不能充分与物流系统的信息中心结合起来，造成信息迟滞、信息不畅，从而影响了物流效率。③区域内物流管理水平参差不齐。众多物流企业整体上存在管理水平较低、交易方式单一、经营不够规范、体系标准混乱等问题。只有少数物流园区和物流企业具备现代化物流管理水平，但其示范作用和带动作用还未有效发挥。

（五）区域内物流标准化建设滞后，信息系统平台建设不完善

物流的标准化和信息化是物流系统高效运作的前提，也是现代化商业发展的基础。对于京津冀地区来说，物流标准化还存在诸多问题，例如一

些物流的基本设备没有统一的规范，集装箱、托盘、卡车、仓库货架等设备标准间缺乏有效的衔接，同时物流包装标准不统一，严重影响了货物在运输、仓储、搬运过程中的机械化、自动化水平的提高及协调运作，严重制约了区域物流一体化的发展。①

目前，整个京津冀地区物流业还没有统一的公共信息平台，导致物流信息无法共享和自由交换。京津冀地区虽然有部分企业建立了自己的物流信息系统，但由于各企业之间缺乏有效的沟通和协作以及一些技术方面的原因，这些信息、数据库不能有效传递、分享，更不能作为物流决策的依据。有的地方政府建立了公共物流信息平台，但是整个京津冀地区的物流领域还没有统一的公共数据接口和国家编码标准，造成了实际运作过程中互不兼容，难以实现物流信息互联互通和物流资源的有效配置。

---

① 霍丽娟：《关于京津冀物流一体化的思考》，《中国市场》2015年第5期。

第五章　京津冀一体化流通体系主要建设领域和工作任务

按照《国务院关于深化流通体制改革加快流通产业发展的意见》（国发〔2012〕39号），“流通体系建设”包含以下几个层次的内容：全国骨干流通网络建设；大宗商品交易现货市场、期货市场建设；城乡一体化流通体系建设；第三方物流建设，促进企业内部物流社会化；建设废旧商品回收体系，健全旧货流通网络，促进循环消费。参照以上内容，在京津冀协作背景下，一体化市场流通体系建设主要关注的是第一点，即“依托交通枢纽、生产基地、中心城市和大型商品集散地，构建全国骨干流通网络，建设一批辐射带动能力强的商贸中心、专业市场以及全国性和区域性配送中心”①。

与其他产业不同，流通产业的发展以第一、第二产业的发展为基础，同时反过来促进第一、第二产业的发展。当经济全面进入过剩时代，有效需求决定供给，流通产业从中介产业转变为先导产业，没有高效的流通，就没有有效率的生产。在京津冀协同发展经济圈中，大流通格局的构建不仅决定流通本身的发展，也直接决定二三产业的发展。在《京津冀协同发展规划纲要》中，河北省的定位是一个基地、三个区（全国现代商贸物流重要基地、产业转型升级试验区、新型城镇化与城乡统筹示范区、京津冀生态环境支撑区），其中，建设“全国现代商贸物流重要基地”是河北省

① 《国务院：禁止以物流中心、商品集散地等名义圈地》，2013年6月9日，见http://www.china-crb.cn/resource.jsp?id=13423。

的重大机遇。

河北地处华北平原，北接东三省、内蒙，南邻河南、山东，西邻山西，历史上便是联通中原与关外的咽喉要地，源源不绝的人流、物资在这里中转贸易，同时坐拥北京、天津两大消费市场，河北携区位之便已种下深厚的商贸基因。河北的商贸基础以及北京、天津的商贸功能疏解将使得河北有能力将现代商贸物流产业做成区域性支柱产业。

本书认为，要落实京津冀一体化流通体系的建设，还要进一步明确体系重构的原则，明确一体化建设的主要领域以及需要推进的工作。

一、京津冀一体化流通体系重构的原则

（一）资源统一配置

资源统一配置的实质是要素市场一体化，其核心是要素价格形成市场化。要素市场扭曲在现实中有多方面表现，史蒂芬·马吉（Stephen P. Magee，1971）曾指出要素市场扭曲表现为要素流动障碍、要素价格刚性、要素价格歧视。要素价格扭曲可能来源于经济系统内生原因，也可能来源于外生政策影响；既表现为要素报酬比例的失衡，又表现为要素报酬绝对水平的非正常变化。

长期以来，地方政府为追求GDP，通过对要素市场定价权、分配权的控制来扭曲要素市场，以此提供政府政策性优惠，最终达到吸引投资、增加国民产值的目的，并最终获得更大的财权、事权（李平，2014）。然而，地方政府竞争性的招商引资造成要素价格的“负向扭曲”（杨矗，2014），从宏观层面是造成国民财富的非正常分配、转移甚至消散，成为阻碍经济系统的整体效率和发展质量提升的重要因素；从中观层面看是地方产业结构同构、产能过剩的重要原因；从微观看，市场扭曲、产能过剩最终将导致业内企业债务缠身，经营不善，最终导致资源的浪费。

在流通领域，地方政府招商引资竞争导致的产业同构和过度竞争屡见

不鲜，从20世纪90年代相继出现的百货店热、批发市场建设热、物流中心建设热，到目前轰轰烈烈的商业综合体建设热潮，政府行为扭曲资源配置的例子屡见不鲜。

以石家庄为例。据银河房产网报道，2014年，石家庄商业用房供求比已达到近5∶1，供求失衡比例在不断扩大，石家庄商业地产面临饱和。据调查结果显示，约八成购房者表示2015年不考虑投资商业项目，石家庄“一铺养三代”已成过去式。然而在石家庄市政府公布的2015年重点建设项目计划中，又批准了15个重点商贸项目，分布在桥西区、裕华区、长安区、新华区、元氏区、藁城区和鹿泉区。类似的情况在天津、北京也很普遍。商业地产的大量涌现，除这种业态的市场潜力外，政府的用地优惠和税收优惠导致的价格扭曲也起了巨大的作用。

与传统的市场经济国家相比较，中国政府掌握和支配了更多的资源。近两年，中国经济增长增幅放缓，压力巨大，积极的财政政策的呼声抬头，三地政府均有难以抑制的投资冲动。本次京津冀协同发展战略的出台无疑给三地一剂兴奋剂，然而，要素的配置是以市场为基础还是主要依靠政府的规划和指导，抑或政府推进和市场配置的边界在哪里，考验三地政府的改革勇气和智慧。如何突破过去“一亩三分地”思维，按照区域内资源统一配置的原则推动一体化流通体系建设，是对三地政府的重大考验，也是能否真正达成协同发展战略目标的关键所在。

（二）产业统一布局

以前，京津冀三地各自为政，分别制定自己的商业发展规划。查阅《北京市“十二五”时期商业服务业发展规划》（2012）、《河北省人民政府关于推动商贸流通大发展的指导意见》（2010）、《河北省电子商务“十二五”发展规划》（2011）、《关于印发天津市商贸流通业发展“十二五”规划的通知》（2011），除河北省提到“京津一体、内外联并重”外，北京、天津均以自己为中心，提出商贸流通产业发展规划。在各地的规划中，除天津未明确提出扶持的具体措施外，北京提出要“在土地、资金、财税、投资等领域出台扶持政策”，河北省提出要“加大财政投入、给予用地支持、实施税费减免、降低用电成本”等。在重点发展目标上，三地大同小异，从电子商务、物流园区、新型商业业态到特色商业街的发展无所不包。这种无差异的竞争是造成产业同构现象的主要原因之一。

2015 年 5 月，《京津冀协同发展规划纲要》已经通过审议，《纲要》针对京津冀的产业同构、重复竞争问题，以及京津的“大城市病”和河北的经济发展问题，提出京津冀的功能定位。北京的定位是“四个中心”，即政治中心、文化中心、国际交往中心、科技创新中心；天津的定位是“一个基地三个区”，即全国先进制造研发基地、国际航运核心区、金融创新示范区、改革开放先行区；河北的定位是“四个基地”，即产业转型升级基地、商贸物流基地、环保和生态涵养基地、科技成果转化基地。①

根据上述定位，商贸行业在京津冀的布局将出现大的调整。北京批发市场功能疏解，将迁出北京，给天津、河北商业服务业的发展创造了广阔空间。今后，京津冀的流通产业布局，特别是事关三地紧密联系的批发市场布局和物流产业园区布局将发生重大变化。

（三）政策同向引导

党的十八届三中全会《决定》提出，“建设统一开放、竞争有序的市场体系，是使市场在资源配置中起决定性作用的基础。必须加快形成企业自主经营、公平竞争，消费者自由选择、自主消费，商品和要素自由流动、平等交换的现代市场体系，着力清除市场壁垒，提高资源配置效率和公平性”。让市场在资源配置中起决定性作用，“清理和废除妨碍全国统一市场和公平竞争的各种规定和做法，严禁和惩处各类违法实行优惠政策行为，反对地方保护，反对垄断和不正当竞争”。《决定》从国家高度，对地方政府滥用优惠政策进行不正当竞争行为进行了否定。在京津冀协同发展

① 《官方明确京津冀功能定位 北京担当“四个中心”》，2015 年 8 月 23 日，见 http：//finance. chinanews. com/gn/2015/08 －23/7484049. shtml。

战略下，三地政府尤其应该在这方面率先垂范，首先是区域内三地政策壁垒的清理，其次是区域内与区域外政策的衔接。

保持政策的同向引导就是要三地在引导资源流动的过程中，促进竞争规则一体化，区域内实行统一的、非歧视性的市场准入原则，公平、透明贸易原则，逐步取消一切妨碍商品、要素自由流动，企业投资、经营制度统一的区域经济壁垒，[①] 避免制定不一致的优惠政策抢夺资源。在承接首都批发市场外迁的过程中，津冀在优惠政策上做文章抢夺资源的现象已经初露端倪，这是与协同发展相背离的。

2014 年 11 月生效的《国务院关于清理规范税收等优惠政策的通知》（以下简称《通知》）对反对政府干预资源配置迈出了实质性的一步，《通知》认为，全面规范税收等优惠政策，有利于维护公平的市场竞争环境，促进形成全国统一的市场体系，发挥市场在资源配置中的决定性作用；有利于落实国家宏观经济政策，打破地方保护和行业垄断，推动经济转型升级；有利于严肃财经纪律，预防和惩治腐败，维护正常的收入分配秩序；有利于深化财税体制改革，推进依法行政，科学理财，建立全面规范、公开透明的预算制度。《通知》明确将清理规范各地税收、非税收入、财政支出等方面的全口径优惠政策。今后，国家将统一税收政策制定权限，除依据专门税收法律法规和《中华人民共和国民族区域自治法》规定的税政管理权限外，各地区一律不得制定税收优惠政策；规范非税等收入管理，严禁对企业违规减免或缓征行政事业性收费和政府性基金、以优惠价格或零地价出让土地；严格财政支出管理，对违法违规制定与企业及其投资者（或管理者）缴纳税收或非税收入挂钩的财政支出优惠政策，包括先征后返、列收列支、财政奖励或补贴，以代缴或给予补贴等形式减免土地出让收入等，坚决予以取消。

如果严格落实，以后政府间的优惠政策竞争将会受到严格限制，对于扭转由于政府间竞争造成的要素价格扭曲将起到巨大的促进作用。然而，

---

① 马龙龙：《京津冀一体化　流通产业先行》，《国际商报》2014 年 6 月 23 日。

这项政策的落实必将撼动多方利益，现实执行中遇到多方阻力。由于执行阻力太大，加上经济下行压力，该项工作困难重重。国务院于 2015 年 5 月 11 日发布通知，暂停国务院 62 号文部署的税收等优惠政策专项清理工作，对已出台的违法税收优惠政策不再“一刀切”取消，而由各地各部门设立过渡期，逐步清理。但是，京津冀为推进市场一体化，还是应该先试先行，起码不应当出现三地之间的税收优惠竞争。目前给北京、天津的一些特殊优惠政策也应当给河北，让企业在三地之间形成相对公平的竞争环境。

马龙龙（2014）认为，在京津冀协同发展过程中要充分重视流通的先导作用，大力促进流通一体化发展。第一，注重顶层规划的建立，三地要摒弃传统的利益割据观念，以政策的高度、全局的视角统一规划京津冀地区流通产业发展；第二，重视流通基础设施建设，加大跨区域基础设施建设力度，从大流通角度入手，根据各地特色，实施具有互补优势的基础设施布局，如天津凭借其纵横交错的街道和临港优势，可大力发展底商与配送中心等；第三，促进竞争规则一体化，区域内实行统一的、非歧视性的市场准入原则，公平、透明贸易原则，逐步取消一切妨碍商品、要素自由流动，企业投资、经营制度统一的区域经济壁垒；第四，大力发展服务业，重视旅游、电子商务等行业发展，特别关注中小流通企业发展，关注民营企业发展，探讨建立流通产业集群；第五，重视培育各级消费市场，刺激消费，激发市场活力，逐渐弱化政策主导力量，培养市场自身一体化动力形成。流通产业的发展不同于其他产业，需要资源、技术等产业基础，在一体化经济圈中，那些不具备产业发展优势的地区，如河北省部分地市，也可以根据自身特点重新定位，在经济圈中发挥相应的物流职能和市场职能，从而实现经济发展。此外，流通产业的发展不仅自身创造价值，且可以通过在区域之间提供具有互补性和配套性的产品和服务来充分发挥京津冀的比较优势，提高资源配置效率，带动上下游产业共同发展，这是区域经济发展的重要驱动力量与经济源泉。上述观点值得借鉴。

二、京津冀一体化流通体系主要建设领域

城市内部的零售网点建设主要由地方政府规划布局，虽然局部地区可能存在外地企业的进入壁垒，但在招商引资的大环境下并不是主流。因此，实践中京津冀一体化市场流通体系建设的重点在于物流体系一体化和批发市场一体化建设。

一体化流通体系的建设要求京津冀三地要充分发挥各自优势，协调配合，做大流通格局。北京是北方的经济、政治、文化中心，天津是环渤海地区经济中心、国际港口城市、北方经济中心。北京、天津的经济体量大、人均产出水平高，是河北不可比拟的。河北省是京津冀区域的发展凹地，从另一方面看，也可以认为河北省是最具发展潜力的地方。与京津相比，河北省的第一优势就是腹地广阔，且是连接华北、东北、西北、中南四大经济区的流通要道，无论是承接产业转移还是布局长远发展都更具弹性。三地应当共同筹划基础设施投资与建设，共同确定流通产业重点项目，建设以提升区域内服务效率、畅通区域外衔接路径为目标的一体化物流和批发网络体系。

（一）物流体系一体化：发挥区位比较优势，做大流通格局

1. 构建现代化交通系统

抓住京津冀协同战略中把交通一体化作为先行领域的机遇，加快构建快速、便捷、高效、安全、大容量、低成本的互联互通综合交通网络。一是加快既有交通规划的实施，快速完成区域内主干线路的建设与完善；二是进一步延伸扩展快速交通网络，完成区域内县级城市之间的高速交通网络，实现村级公路的全面互通和质量提升，保证城乡之间双向物流通道的顺畅、快捷；三是充分发挥区域内四大港口的国际交通枢纽作用，保证港口与腹地之间物流通道的畅通；四是保证交通规划与物流规划的相辅相成，交通建设与仓储设施、物流中心、配送中心的建设统筹设计、同步推

进，对未来京津冀物流体系的长远发展一定会有事半功倍的效果。

2. 科学布局，形成高效物流网络

现代物流园区作为一种新型业态，不仅对衔接生产和消费具有很强的关联效应，而且通过物流企业集聚，对生产性服务业进行了整合。因此，要科学布局物流园区，形成物流产业与优势产业集聚发展、联动发展的格局。制定京津冀物流一体化的总体方案，物流点、线、面重新布局，物流资源共享，从一小时经济圈、二小时经济圈到最后一公里，都要有一个新的构架。在物流园区建设开发上，应综合考虑经济开发区模式、大型物流企业引导开发模式等，并加强用地保障、税收优惠等政策扶持。力争基本形成布局合理、规模适度、功能完善、集聚集约、绿色高效的物流园区体系，打造具有区域竞争力的国家级示范物流园区体系。物流园区的发展，要加强规划引导，依据城市发展基础和产业特点，科学界定，合理分工。严格执行规划，避免重复建设，少走弯路。短期内要实施政策倾斜，支持物流园区尽快做大做强，加速对接京津、形成高效物流网络。

3. 加强物流技术改造，提高物流产业现代化水平

现代物流产业区别于传统物流产业很重要的一点就是信息技术对其的影响。建设覆盖全省的智慧物流信息平台，积极推进物联网、云计算、3G、4G、移动互联网等高新技术在物流产业的开发应用，在物品可追溯、在线调度管理、全自动物流配送以及智能配货等领域提升信息化与智能化水平。信息平台的建设以及物联网技术的发展无疑会降低物流成本，提高物流信息化水平，物流信息化是必然趋势。新兴信息技术在物流领域的应用不仅包括一些软硬件技术的研发，还包括物流需求分析、创新赢利模式等问题，这需要信息化与物流在理论与实践上的深度融合。

4. 提高供应链管理水平，开拓乡镇市场

京津冀协同发展带动新型城镇化的建设，这将扩大城镇居民的需求，提高居民消费水平，必将为物流产业带来巨大机会。随着市场容量的增加，谋划仓储中心、配送中心在乡镇领域的布局与建设，不断开拓乡镇市场，无疑是完善物流网络的必经之路。与此同时，要用供应链管理的模

式，推进工业、农业、流通业、建筑业的产业升级，压缩库存，加快周转，减少环节，节能减排，降低成本，提高仓储利用率，提升市场竞争力。要有效推进城市供应链、产业供应链、企业供应链战略实施，实现京津冀供应链的最优化。

5. 发挥港口优势，布局更广区域的物流发展

港口是打造现代化交通网络系统的前沿阵地，推进京津冀协同发展、建设沿海经济强省必须着力构建港群体系，发挥好区域内港口群的服务保障和引领支撑作用。[①] 全力打造环渤海第一大港口群和重要港口商贸物流枢纽，在更大范围、更广领域、更高层次参与经济全球化。京津冀三地要充分利用港口资源优势，深化合作，谋划建设向北、向西的国内乃至国际大通道，打造首都乃至三北地区以及新丝绸之路的最便捷出海口，大力拓展“水水中转”业务，完善港区之间相互喂给、相互支撑、高效通畅的航线布局。密切港口与腹地经济联系，拓展货物配送、分拨、集运功能，加快推进重大交通基础设施项目建设，形成海陆空配套、延伸至腹地、汇聚到港口、连通海内外的集疏运体系。

河北拥有以秦皇岛、唐山、沧州为主的港口群体系，并在渤海湾乃至全国港口中占有一席之地。到2012年年底，全省沿海港口生产性泊位达到173个（其中深水泊位121个），货物吞吐能力达到6.8亿吨，在全国11个沿海省（市）中排第五位，已成为港口大省，但集装箱运输发展相对滞后。天津港处于京津城市带和环渤海经济圈的交汇点上，是北京的海上门户、中国第二大外贸口岸、连通海上和陆上两个“丝绸之路”的重要节点。拥有各类泊位总数160个，其中万吨级以上泊位103个。2013年，天津港货物吞吐量突破5亿吨，世界排名第四位；集装箱吞吐量突破1300万标准箱，世界排名第十一位。[②]

然而，毗邻而居的津冀环渤海港口群之间并没有优势互补，形成合

① 邢录珍：《在京津冀协同发展中提升河北港口综合实力》，《河北日报》2014年7月2日。

② 王杰：《京津冀通关一体化促贸易发展　天津桥头堡作用凸显》，《每日经济新闻》2014年7月9日。

力，而是各自为政，重复建设严重。根据《河北省沿海地区总体规划（2011—2020年）》和天津港集团《天津港2010年至2030年总体规划》，秦皇岛港、唐山港、黄骅港、天津港的定位各自为政，出现不少问题。除黄骅港外，其余各港均以建设“国际性综合大港”为目标，河北省的港口在原材料和散货港之外，规划积极发展集装箱业务，天津港则在集装箱干线港的基础上，积极发展能源和原材料运输，综合起来，这些港口的定位就雷同了。而且，如果各港口的规划实现，到2020年，河北省设计港口吞吐量较2011年几乎会翻一番，集装箱吞吐能力则要翻两番以上，天津港也将翻一番。大量扩容有可能导致大家都“吃不饱”。虽然河北省作为支撑天津港发展最重要的腹地，但是河北省的交通建设规划指向本省港口的意图非常明显。在河北省“十二五”港口后方的铁路网建设规划中，除保津铁路外，其余铁路均指向本省港口。公路建设方面，规划中的河北公路网建设对河北的指向性同样非常明显。除在沿海秦皇岛—曹妃甸新区—天津滨海新区—渤海新区快速公路通道外，其余规划中的大动脉无一不指向秦皇岛、唐山和黄骅港。

事实上，津冀两地在很多场合都表达过港口群合作建设的意愿，然而，实践中，由于港口腹地重叠、交叉，合作互补的港口群的建设难以落地，各自为政的重复建设占主流。因此，应当建立健全津冀港口协调发展机制。

首先，在宏观层面上，建议天津和河北共同呼吁组建国家层面的协调领导机构，对于津冀港口的发展方向、功能定位、腹地范围进行宏观指导和协调，明确天津港与河北港口之间的关系，并在相应港口集疏运体系建设上给予支持；在中观层面上，建立健全省市级协调对话机制，定期或不定期召开由主要负责领导参加的会议，着眼于打造北方枢纽港和国际航运中心，找准利益结合点和协调发展突破口，推动港口协调发展；在微观层面上，由两地港航局轮流，定期组织由海港、无水港、码头运营商、船公司、贷代公司、外贸企业等相关部门和企业参与的津冀港口发展论坛，倾听各方声音，共商合作大计。2014年，由天津港集团、秦皇岛港股份有限公司分别持股50%新成立的渤海津冀港口投资发展有限公司，将建立利益共享的合作机制，更好地统筹规划、错位发展，形成布局合理、发展协调的区域港口新格局。津冀两地港口群合作迈出了实质性的一步。

其次，以天津港为龙头，以河北港口群为两翼，带动京津冀内陆无水港的建设。为提高津、冀环渤海港口群的竞争力，要求天津港与河北诸港口强化向内地港口功能的延伸，建设综合性物流园区和节点，提高口岸服务水平。无水港（又称“陆港”）是港口物流延伸的有效方式。2014 年，天津港已经在石家庄、张家口、保定、包头、银川、西安等地共建设了 23 个内陆无水港，覆盖 10 个省区市，基本完成内陆无水港网络布局，全港 70%左右的货物吞吐量来自内陆。随着京津冀协同发展不断推进，天津港近期也将在河北唐山、廊坊，天津静海、武清等地新建无水港。[①] 河北的诸港口也在探索无水港的建设。秦皇岛市先后与山西大同、内蒙赤峰与满洲里、河北唐山与张家口签订了共享口岸资源框架协议，为秦皇岛港建设内陆无水港奠定了基础。京唐港在迁安建了第一家内陆无水港。

由于天津港和河北各港口腹地重叠，内陆无水港的建设也应该加强合作，避免重复投资建设。港口群应强化岸线化管理，提升和塑造港口集群优势，集约开发港口、工业、仓储等生产岸线。淡化行政区概念，实现分工合作。一方面巩固枢纽港的中心地位，另一方面也要使支线港和喂给港的辅助作用得以发挥。

《河北日报》2015 年 3 月 5 日报道，河北省商务厅在 2015 年起，计划在全省范围选择支持建设 13 个商贸物流配送中心，并提升物流信息化水平，建设区域性物流中心和公共物流信息平台，做到物流信息互通、资源共享，降低物流成本，提高物流效率。力争到 2016 年年底前，全省各设区市均建有商贸物流信息平台。河北省商务厅将在快速消费品、农副产品、药品流通领域，每个设区市、直管县选择两家商贸物流龙头企业，开展标准托盘应用和循环共用试点，培育标准化重点企业。精心谋划全省商贸物

① 数据来源于天津港官网，http：//www. ptacn. com/。

流发展重大项目，紧密配合、积极参与商务部的《京津冀商贸物流发展规划》制定，力争更多扶持政策向河北倾斜，把河北省商贸物流重大建设项目、重点企业纳入《京津冀商贸物流发展规划》，借助京津冀协同发展的契机，推动河北省商贸物流大发展。继续抓好石家庄、唐山城市共同配送试点工作，发挥示范带动作用，推广统一配送、共同配送模式，督导两市各建一个城市共同配送信息平台，完成31个城市共同配送试点项目建设。加强商贸物流配送中心建设，引导支持大型连锁企业向社会提供第三方物流服务，积极培育第三方物流企业。

资料中可见，河北省参与京津冀一体化物流体系建设的态度十分积极，但能否真正协调统一规划还有赖于三地共同努力。政府如何选择要支持的项目，既要合理、科学，又不能通过支持扭曲要素价格也是很严峻的考验。

（二）批发体系一体化：发挥市场积淀优势，做强流通组织

在西方许多发达国家，传统批发业曾经处于衰落状况，但新型批发业显示出巨大活力；在我国，批发业显示出持续、强劲的发展势头，以批发市场为代表的批发空间是城市中最为常见的一种商业空间形态，历经三十余年来的快速发展，已成长为我国商品流通体系中不可或缺的重要组成部分。批发业也是各城市普遍重视并竞相发展的一项产业。

在京津冀地区，经过几十年的发展，北京成为区域批发中心，辐射河北、内蒙古、山西、山东、天津、辽宁等省市区，与其他的城市节点以及地方性专业批发市场一起，形成了较为成熟的批发市场体系。然而，京、津两城城市规模快速扩大，人口激增，城市空间压力骤涨。而商贸物流产业既是生活性服务业也是劳动密集型产业，庞大的人流、物流使得京津尤其是北京的城市空间已难以支撑。北京的城市病要求其不能以低端的批发商业为主要产业，北京批发商业功能的疏解已达成共识，疏解到哪里、如何疏解已提上日程。批发商业在京津冀的一体化布局应尊重市场规律，考虑未来交通、物流、产业、人口的发展变化，实行统筹规划。

河北省是批发市场发展的大省，全国共 90000 家各类交易市场，河北达 4011 家，年交易额 5900 多亿元，无论数量还是规模在全国都占有一席之地。尤其河北省县域特色经济发展较为突出，如永年标准件、安平丝网、大营皮草、清河羊绒、白沟箱包等，都已形成市场与产业共生、交互促进的良性格局。

但与此同时，河北省商品交易市场发展面临瓶颈：老市场良莠不齐、专业化和标准化程度不高，新市场盲目开发、招商组市困难。2014 年 10 月，河北省商品交易联合会筹备组深入调研发现，除部分品牌市场之外，全省行业整体存在管理水平不高、交易方式单一、经营不够规范、体系标准混乱、金融服务滞后等问题，现代供应链未能有效整合，一些新建或在建市场不仅在定位和规划上失误，还扩大项目宣传误导投资者和经营者。全省近百家批发市场处于闲置或半闲置状态，税收、租金、资产利用率较低。此外，全省市场间信息渠道不畅，经营各自为战，缺乏合作交流，贸易活动小而分散，没有形成区域优势。因此，加强行业指导、实现资源整合迫在眉睫。

1. 市场布局要服从批发市场的发展演变和空间分布规律

对批发市场静态的空间选址及影响因素研究，主要包括克里斯泰勒的中心地理论、斯科特的地租理论以及迈克·波特的集聚理论等经济地理学理论。谢涤湘、魏清泉（2008）研究了广州市批发市场的空间分布，认为影响批发市场空间布局的因素有以下几个：①区位条件。在级差地租规律作用下批发市场多分布于城市中心地区，却又不在顶级商业区内。②交通条件。交通可达性强弱是决定大、中批发市场有无发展潜力甚至生死存亡的重要因素。广州早期的批发市场主要分布在交通便利的老城区，而新建批发市场则多分布于交通干道沿线，特别是广州的几大交通出入口附近。③商圈因素。广州的商圈可以分为市级、区级和社区级 3 种类型。批发市场则主要分布在市级商圈和区级商圈内。批发市场选择在商圈内发展，是因为商圈内有着较多的商业网点、较大的人流和较好的基础设施，批发市场可以分享商圈带来的较多市场机会。④商品类型。如建材和汽车等运输量大、占地面积大、污染较重、以批发功能为主的批发市场一般布局在城市远郊、边缘地带；电子信息产品和服装鞋帽等运输量小、占地面积小、无污染或污染不大、批发与零售并重的批发市场一般布局在城市中心和城市边缘地带。⑤城市规划。城市规划决定着城市土地的利用及其空间布局。因而也就决定了批发市场的空间分布。⑥历史因素。批发市场的分布有一定的历史继承性。⑦集聚因素。城市最重要的特点是集聚度高，相关产业与活动集中在一起能形成集聚效益，能共享客源、降低经营成本、提高对外知名度等。批发市场的分布也不例外，趋向于集中分布，从而形成批发市场群、专业批发街等专业性很强的批发空间。

张远（2013）指出批发市场是城市商业流通功能的重要载体，其布局受人口、交通、政策、历史文化等因素的影响。人口及其分布是市场布局的基础性因素，人口规模影响市场的规模及数量，人口分布主要影响市场的区位选择。交通条件直接影响商业活动的供需两端，关系到商品服务的有效输送、供给，也关系到消费能力、消费群体的聚集和疏散。商业政策特别是土地、财税、贸易等倾斜性政策，通过改变企业的成本利润预期影响市场布局的区位选择。此外，行政区划、历史、文化等因素都对市场布局产生重要影响。

目前，对于北京批发商业转移，河北的白沟、永清、固安、石家庄等地都表现出极大的热情，投入人财物力招商引资。以石家庄乐城·国际贸易城为例，该商贸城位于石家庄长安区，总规划建筑面积2600万平方米，体量相当于3个义乌、12个“南三条+新华集贸”，或者10个“大红门+动批”市场，分为市场交易、仓储物流、商务配套、产业加工四大组团。[①]预计项目建成之后，将成为亚洲经营规模最大、服务功能最全、辐射半径最广的超级商贸物流中心。然而，北京商户的转移还是疑虑重重，主要的担心是新市场虽然租金便宜，但是不能集聚人气。据报道，大红门批发市

① 《石家庄国际贸易城》2013年12月8日，见http：//www.he.xinhuanet.com/2013－12/08/c_ 118466044.htm。

场每平方米摊位租金每天15元，与王府井地区大体相当，但一个商户每天的营业额都有几十万元，但迁移到石家庄后，这个市场能不能积聚人气，规划中的地铁站、高速枢纽、政府北进急切不能见效使人疑虑重重，众多商户均处于观望中。再以迁到白沟的商户为例，虽然商铺租金便宜，但是一个月的营业额只有20万元，远非北京大红门可比。因此，批发市场的建设应充分考虑区位、交通条件、周围环境、产品流向、市场辐射能力、原有市场基础等因素，切忌人为造市。

2. 批发业疏解要重视相关产业功能的转移

现代批发市场，不是单一的现货交易场所，而是集交易、展示、宣传、物流等多种功能的综合体。同时，一个店铺可以提供几个就业机会，每个从业人员还能带动4—5个餐饮、住宿、物流、交通等就业机会。

因此，河北、天津等地承接产业转移不是一蹴而就，需要注意以下几个问题：

（1）做好与北京高端展示、零售功能对接的准备

北京市有关部门表示，批发业疏解不是整个市场的搬迁转移，而是部分功能的疏解，北京将疏解的是批发、仓储等功能，目前服装等商品的批发则会向零售等方面升级转型。这意味着，大红门、动批等服装商贸并不会在北京核心区消失，而是经过转型、升级，成为零售和展示区。由于北京的交通向心力无与伦比，未来，有可能是北京承担批发产业链条中高端展示、零售、金融等方面的功能，而产业承接区承担的是仓储、物流功能。

（2）注重交通、餐饮、住宿、物流等相关的产业发展。没有交通、餐饮、住宿、物流的发展，就无法支撑几十万外来人口和流动人口的需求。特别是交通，北京周边地区如白沟、永清、固安等首先要重视与北京的交通对接，发展高效的通勤车系统，有效保障人流、物流，才有可能承接批发商业的转移。目前的问题是，看似以上地区与北京距离很近，但仅仅是直线距离较近，真正走起来，由于缺乏互联互通和有效的交通工具，耗时还是很长。以白沟为例，虽然保定市的高铁到北京仅需30分钟，但是，从

白沟辗转到保定火车站需要很长时间；驾车走京港澳高速则需要大约 3 个小时。廊坊永清县距离北京正南 60 千米，但不通火车，从北京到永清要经过大广高速和京开高速，车程近 2 个小时。缺乏快捷通勤工具，使交通的便利性大打折扣。除交通外，餐饮、住宿、物流、教育、医疗、金融、保险、中介等业务均是产业集聚必不可少的配套产业，目前看，永清、白沟、石家庄乐成国际商贸城在配套产业的发展方面还有很大欠缺，需要进一步努力。

（3）重视与生产基地的对接。以往的研究认为，与义务、广州、苏州等地的专业批发市场不同，北京是典型的中转型批发市场，是北方货物的中转地，货源主要来自长三角和珠三角等地。实践中，随着北京各类批发市场的繁荣，北京市周边的生产加工产业也随之被带动起来。以大红门为例，大红门批发的面料、辅料，相当一部分都是给郊区的生产加工企业，然后再通过大红门销售出去，由此带动北京郊区服装加工产业的发展。

河北、天津承接北京的批发商业功能的转移，要注意加工产业基地的转移和对接。以白沟为例，白沟位于河北保定，是北方著名的箱包加工和集散地。同时依托荣成及周边的服装加工企业，服装批发具备一定的规模。在此基础上，白沟承接北京服装加工业的转移有一定优势，必须保持和发挥这一优势，以市场带动加工业的发展，这样才能奠定市场长远发展的基础。

（4）以市场手段推动批发市场疏解

北京市确定批发市场疏解的方向毋庸置疑，然而，在疏解过程中，必须权衡利弊，既要以公共利益为优先考虑对象，又要尊重现有的商业市场格局，适度调整，渐进改造。商业氛围的形成有其内在原因，而且要经过较长时间培育。因此，过于理想化、激进的改造和布局调整行为，往往只会带来负效应（谢涤湘等，2008）。因此，在做好城市规划和地方政府竞相助力招商引资之外，北京市批发功能的疏解还得依靠市场机制，使市场成为资源配置的主要力量。

首先，北京市各大批发市场的搬迁不可能靠行政命令一蹴而就。各个批发市场的建设主体不是政府，是投资商，各投资商与市场商户之间有或长或短的租赁合同。无论是关闭市场还是要求市场转型升级都需要处理投资者和商户的前期投资和合同问题，依靠政府补偿是不现实的，还得依靠市场力量逐步调整。其次，目前，白沟、永清、怀来、石家庄、天津市西青区都在竞争，期望能够承接北京批发市场的功能疏解，然而，市场所需要的要素集聚不能靠行政手段，而是基础设施和配套产业的发展。事实上，已经接到搬迁消息的商户开始在各地市场考察，除了住房、教育、医疗外，商户最注重的还是人气的集聚和相关产业配套。各地政府应充分重视这一点，站在相同的起跑线上（没有特殊的政策优惠）招商引资，将重点放在提升服务水平，提高市场科技含量方面，商户用脚投票，决定批发市场的选址。

三、京津冀一体化流通建设推进的工作事项

为落实京津冀协同发展战略总要求，北京市、天津市和河北省三地商业联合会共同研究制定《关于建立京津冀流通产业协同发展服务机制的意见》，并提出十项具体落实措施。经三地商业联合会共同研究，一致将2014年作为三地流通产业协同发展的启动年，今后将不断改革创新，联合三地企业，通过特色经营理念、管理模式和业务拓展需要，紧密围绕国家确定的发展战略，推动京津冀流通产业一体化建设，并在以下十个方面做好服务，发挥三地商业联合会的优势，为京津冀流通产业的发展做好枢纽，做好服务，作出贡献。

一是着力推进三地行业互动、产业互动、人力互动和企业互动，使优势互补，把联动发展这篇文章做大做好做实。

二是在协同发展进程中，从实际出发，实现错位发展、借势发展和支撑发展，充分做好流通产业对接、转移、承接等服务。

三是尽快搭建流通产业网络平台，实现联网互通，加快建立流通产业数据库，要进一步深化信息消费、服务消费诸方面的交流与合作。

四是推动京津冀商贸企业合作，将餐饮知名品牌企业、老字号企业及名牌产品进行沟通，信息共享，做到互通有无，相互植入。

五是在三地协商基础上，形成三地商联会联席会议制度，确定每年协同发展的重要议题，并进行服务交流活动，三地轮流举办。

六是抓住流通产业存在的主要问题和发展方向，三地在降低物流营销成本、优化产业环境、推进流通业大发展等方面，要根据需要，定期或不定期地举办高峰论坛或高层峰会。

七是在组织经济合作方面，要抓项目。认真组织三地合作项目的对接洽谈会和“农副产品对接”签约会等，并在高效务实上下工夫。

八是促进发展旅游业，开展京津冀流通产业旅游考察专线合作项目，要加快流通产业旅游业大发展。

九是发展三地会展经济，协同举办品牌推介和博览会，要做好三地品牌互补和创新。

十是在人才战略上，组织人力资源资质培训等，要做好三地人才交流和推介。①

应该说，三地商业联合会制定的《意见》很有针对性，刘东英等（2015）认为，为强化落实，协同推进，三地还应重视以下几项工作：

（一）建立信息交流机制，打造联合办公环境

按照“信息互换、监管互认、执法互助”原则，建立京津冀打破行政壁垒工作对接小组，消除地区封锁，打破行业垄断，建立工作协调机制，强化信息共享和经验交流，共同推进工作。建立涉及三地矛盾事件的举报投诉优先处理和合作处理机制，及时交换需合作协调解决的举报投诉件，采取措施推动问题解决。加强打击侵犯知识产权和制售假冒伪劣商品工作协调，开展跨地域执法协作，开展跨地域的人员培训和交流。

---

① 《京津冀协会十项措施推动流通产业协同发展》，2014 年 5 月 19 日，见 http://news.xinhuanet.com/2014-05/19/c_1110757705.htm。

（二）建设统一开放的商贸流通市场

加强京津冀三地商贸流通发展规划的衔接。鼓励京津冀零售业相互延伸、融合发展，为三地“老字号”企业、优势企业和特色品牌发展创造条件。发挥京津市场窗口优势，支持三地商贸企业在两市进行展示、交易，拓展市场空间。发挥各自在科技、信息、港口、物流资源优势，支持建设区域公共物流信息服务平台，鼓励三地物流信息互联互通，开展物流标准化区域合作试点，共同提高物流配送效率。搭建电子商务交流平台，推进三地电子商务创新发展。探索建立京津冀三地重要商品供应应急协调机制，加强三地市场信息对接，相互支持联手稳定市场。

（三）协调推进口岸一体化建设

口岸是腹地的窗口，三地要协同发展，口岸的建设的发展也要立足京津冀的市场一体化，推进口岸一体化建设。三地商务部门积极协调口岸管理部门，按照海关总署和国家质检总局批准的京津冀通关一体化改革方案，协同做好业务改革、技术支持等保障工作，实现京津冀通关业务一体化改革，实现三地企业自主选择报关报检、纳税和货物验放地点，构建便利、高效、统一的商品通关业务模式，促进三地管理资源共享，提高通关效率和贸易便利化水平，构建便捷高效的大通关服务体系。加强空港口岸合作，建立健全空港口岸通关合作与交流机制，共同做好重要会议、重大活动通关服务保障；加强口岸信息化合作，建立健全电子口岸工作合作机制，提升电子口岸建设水平，推进三地电子口岸互联互通，共享共用，共同发展。

（四）加强开放型经济合作

发挥三地各自享有的先行先试等制度创新优势，研究推动政策延伸互享机制，提高投资贸易便利化水平，打造区域开放发展整体优势。加强信息交流，构建会展合作平台，借助中国（北京）国际服务贸易交易会

（“京交会”）、中国·天津投资贸易洽谈会（“津洽会”）、中国·廊坊国际经济贸易洽谈会（“廊洽会”）等载体，整合三地会展资源，错位发展，共同培育具有国际影响力的品牌展会，为三地服务贸易、货物贸易发展和项目投资合作创造更加便利的环境。加强服务贸易规划、促进体系建设等方面的合作与交流，发挥北京、天津两市建设“中国服务外包示范城市”“国家软件出口基地”优势，携手开拓境外服务外包市场，共同推进三地企业加快“走出去”参与国际市场竞争。

第六章　河北省推进一体化流通体系建设的目标与对策建议

一、河北省推进一体化流通体系建设的战略目标

（一）河北省在推进一体化流通体系建设中的定位

长期以来，京津冀区域经济合作的各种提法从未间断，也总是被寄予厚望，但其结果却都不尽如人意，地区间发展的不平衡也越发严重。此次协同发展战略能否打破旧有循环，取得区域合作的突破性进展，各方反应不同，悲观者认为地方利益、行政藩篱是难以突破的瓶颈。这种悲观的情绪是多年实践下的积累，这也正说明了京津冀协同发展的难度。但是，各方也有一个一致的认识，那就是此次协同发展战略的提出有着明显不同的形势背景：这一战略是在新一届领导集体强力推进改革、力求全面突破的大背景下，由最高层明确提出的。这一背景说明京津冀协同发展不仅仅是三地发展的诉求，更是全国发展一盘棋中的重要一步；不仅仅是全国经济发展打造新的增长极的诉求，也是国家全面发展中确立首都圈应有地位和影响力的诉求。所以说其意义已经超出区域一体化的一般意义。

在推动京津冀一体化流通体系建设中，河北省居于主体地位：首先，在京津冀协同发展规划纲要中，河北的首个功能定位就是现代商贸物流基地，这意味着河北省的流通体系将面向平台性、开放性、联通化、现代化，进入一个快速建设和发展的阶段；其次，河北省腹地辽阔，北京非首

都功能疏解过程中，传统市场的迁出会以河北省为主要的迁入地，在原有市场格局的基础上，河北省需要调整和巩固并举，做好北京迁出市场的融入工作，这也必将会成为区域流通体系建设的重要内容；最后，在与天津港协同发展过程中，河北省港口群如何开发潜力，充分发挥作为腹地经济发展的桥头堡功能，也是河北省推进一体化流通体系建设的主要着力点。

（二）河北省推进一体化流通体系建设的目标

也正是因为京津冀协同发展战略提出的独特背景，在战略实施过程中的顶层设计显得尤为重要。京津冀一体化流通体系建设要首先明确目标。建设一体化流通体系的总体目标应该是在京津冀区域内实现资本、商品、服务和人员的自由流通，形成更加便利化的流通经济圈。具体包括以下几个方面：

1. 流通基础设施一体化

河北省要在流通基础设施建设投入上加大力度，要用发展的眼光看待公路、铁路、空港、仓储设施、市场、园区以及信息平台等的建设，不仅确保当前与京津的全面接轨，更要着眼于世界级都市圈的需求。

2. 流通产业布局一体化

河北省要在此次京津冀三地功能重新定位的基础上布局流通产业，做到承接与提升并举，不仅要看重产业发展给当地带来的经济效益，更要注重整个流通产业网络为区域经济服务的能力，真正消除流通产业与京津的落差。

3. 海陆空物流一体化

交通一体化是三地协同发展的现行领域，河北省要抓住机遇，把京津冀的陆、海、空三者与区域及城际综合交通网络有机连接起来，形成交通物流一体化建设模式。通过整体规划，为区域现代物流业的发展提供安全、快捷、经济的交通网络和运输体系，促进京津冀物流一体化的实现。

4. 流通产业政策与宏观调控机制一体化

三地协同发展，政策一体化很重要。河北省要主动梳理三地有关流通产业发展的政策、制度，推动消除具有地方壁垒性质、具有地方歧视性质、导致重复建设性质的政策，谋求建立三地政策联发联调制度，以是否有利于实现区域一体化为政策评估标准。

（三）河北省推进一体化流通体系建设的战略步骤

一体化市场流通体系的建设不可能一蹴而就，特别是区域性流通服务能力的形成更需要时间。河北省在此过程中要设定关键战略步骤，把握节奏，务求实效。流通作为服务于生产和消费的中介行业，要适应协同发展的整体节奏，适当超前以发挥先导作用。具体设定三个战略期完成一体化的现代流通体系建设。

1. 配合非首都功能疏解阶段的产业承接与重构期

这一阶段需要3—5年的时间，目前，这一战略步骤已经进入实质性推进阶段。这一阶段结束的时候，也就是到2020年左右，就流通产业而言，应该做到传统商品交易市场完全疏解出北京，商户经过了转移及渠道重构的过渡期，新的市场活力逐步显现；围绕首都新机场建设的三地机场和港口流通功能定位基本明确，以海陆空物流一体化为目标的流通网络初具雏形。

2. 以基础设施投入及科学技术投入为标志的流通产业提质期

包含第一阶段的3—5年时间，这一阶段共需要约10年的时间，重点工作是满足一体化流通网络对流通基础设施的建设需求，加大科技投入，提升原有流通资源的科技含量，确保新增流通资源的现代化水平。到2025年左右，完成与高速交通网络相配套的现代化商品交易市场、仓储、配送中心以及运输工具等有形流通资源的合理化配置。

3. 适应世界级都市圈需求的流通网络与服务能力形成期

包含前两个阶段的10年时间，这一阶段共需约15年的时间，到2030年京津冀区域一体化将彻底实现，适应这一世界级都市圈需求的流通网络与服务能力也将最终形成，并成为都市圈经济发展的重要支撑力量。这一阶段的主要工作就是一体化流通网络软件资源的建设，包括各类信息平台的构建与互联，流通为生产和消费服务功能的延伸、拓展，供应链管理的全面应用等。

二、河北省推进一体化流通体系建设的对策建议

在京津冀协同发展战略下，三地要保持政策的同向引导，首先要克服的就是本位主义，任何助长地方保护主义、人为增加市场分隔的政策都要摒除。在推进一体化市场流通体系建设的过程中，河北省最重要的政策目标应该是“创造良好环境、补足发展差距”。

（一）全面清理流通相关政策，依法行政

1. 配合国家行政审批制度改革，明确行政“权利清单”

本届政府执政以来，在推进国家行政审批制度改革方面加大了力度。2012 年 8 月 22 日，取消和调整 314 项部门行政审批项目，其中取消 184 项；下放 117 项；合并 13 项。重点对投资领域、社会事业和非行政许可审批项目，特别是涉及实体经济、小微企业发展、民间投资等方面的审批项目进行了清理。2013 年 5 月 15 日，取消和下放 117 项行政审批项目等事项。其中，取消行政审批项目 71 项，下放管理层级行政审批项目 20 项，取消评比达标表彰项目 10 项，取消行政事业性收费项目 3 项；取消或下放管理层级的机关内部事项和涉密事项 13 项。河北省商务厅于 2015 年 1 月 14 日发布了权利清单，对有关流通业发展的行政权限进行了全面梳理，并对社会公布，有助于实现针对实施对象的阳光行政。但从其内容上看，很多条目都存在有依据无细则的情况，缺乏可执行性，造成可能的行政拖延或者过度作为。在推进京津冀商品流通协同发展的过程中，一是行政主管部门要尽可能对权利的运用提出明确的可执行方案，给实施对象以稳定的预期；二是要动态检查分析“权利清单”，尽量减少不必要的干预；三是对下放管理层级的项目，要明确管理权限，避免地方随意增加管理内容的繁琐性。

2. 施政重点放在对商品市场运行监管方面，加速推进营商环境法制化

在京津冀三省市签署的关于推进市场一体化进程合作框架协议中不难发现，在推动营商环境法制化中，首次提出建立京津冀打破行政壁垒工作对接小组，建立举报投诉优先处理和合作处理机制，能够及时交换需合作协调解决的举报投诉案件，采取措施推动问题解决。中国社会科学院工业布局与区域经济研究室主任、研究员陈耀指出：在京津冀一体化的大背景下，三地的营商环境共同步入"法制化"显得尤为重要。但在跨区域执法实现的过程中，建立协调的合作机制以及市场经营规则、执法标准是否一致是实现三地营商环境法制化中不可忽视的一系列关键问题。在共同实现营商环境法制化的进程中，可以极大地节省执法成本、提高执法效率，其中一个问题值得关注——跨区域执法存在一定的随意性。如果三地没有建立起一个很好的协调、合作、沟通机制，跨区域执法就会形同虚设。同时，区域执法有一个很重要的前提，那就是三地在法规上要有一个相同的法规和标准，如果各地法规不统一，例如交通法规、市场监管规定等，就很可能在流通市场监管中产生执法差异，甚至带来不必要的矛盾。此外，商贸市场以及营商规则要求必须统一，核心问题才能解决。如果三地的流通市场执法标准和规则统一，警力资源可以得到共享及充分利用。对于加强打击侵犯知识产权和制售假冒伪劣商品工作协调，开展跨地域执法协作方面，有部分涉及侵犯知识产权问题的假冒伪劣商品，由于一些未必涉及人身安全，所以各地区重视程度不一样。打击假冒伪劣要按照统一标准去执法，保持零容忍，特别是医药和食品监管方面，这样有利于提高京津冀地区产品质量，带动市场以及服务水平上升。① 在改善流通环境、整顿流通秩序方面，洪涛教授提出以下几个方面的做法值得借鉴：首先，要营造良好的法律、政策环境，建立可靠的监管、监督、诚信、自律支撑体系，建设市场经济新秩序。有关流通业法律政策的制定要结合区域流通业实际，要求能够推进流通业发展，积极引导消费。同时，政府部门还要完善

① 赵建中等：《京津冀市场一体化进程加速》，《中国经济时报》2014 年 10 月 17 日。

行政执法、行业自律、舆论监督、群众参与及市场调节相结合的监管机制，建立健全质量保障。其次，建立价格合理、标准规范的规章制度。打击遏制欺行霸市、造假冒牌、低价竞销、垄断经营、不正当竞争等行为，严格保护商标、专利、出版、著作等重点领域的知识产权，倡导品牌意识，发展品牌经济，保护创新者利益。再次，要加强流通领域标准体系建设，严格实施国家相关标准，在区域内实行统一规范的管理和服务。同时，还要建立健全公平公正的流通运行机制。最后，政府流通管理制度要透明，程序要规范，运转要协调，行为要廉洁，奖惩要公正，速度要高效，要提高协调与服务功能。①

（二）完善流通产业公共支撑体系，补足发展差距

流通业作为连接生产和消费的中间环节，位于市场的最前沿，是扩大内需、引导生产的先导性产业；同时，流通业作为第三产业的重要组成部分，在很多方面承担着满足人们基本生活需要的社会功能，可以说又是基础性产业。因此，流通业一方面属于竞争性行业，由市场自发进行资源配置和调节；另一方面又被赋予了多重功能，在一定程度上具有准公共物品属性，需要政府统一规划，或投资主导、或政策主导，给予各种优惠，为产业健康发展提供保障和支撑。而且，市场机制需要政府进行适当干预，通过“有形之手”提供良好的法治环境和竞争环境，从而规范市场秩序，更好地为产业发展创造有利条件。商品流通领域主要涵盖批发业、零售业和物流业。② 除私人产品之外，流通领域社会产品也存在公共产品和准公共产品之分，而且它们对于流通业的生存和发展至关重要。流通领域公共产品涉及产业安全、基础设施、食品安全、环境保护等方面。

---

① 洪涛：《中部地区流通业发展现状、问题与对策——兼对2010年中国零售百强分析》，《中国流通经济》2012年第1期。

② 荆林波：《促进流通公共支撑体系建设的对策建议》，《人民政协报》2014年1月14日。

1. 政府支持流通产业基础设施建设的必要性[①]

纵观发达国家流通业发展经验，大致分为两类：一是以美国为代表的市场主导型发展模式；二是以日本为代表的政府主导型发展模式。尽管两种模式的流通业发展政策导向不尽相同，但都是通过政府进行引导，使流通业实现现代化。其中，基础设施多由国家政府统一规划并进行政策安排和资金支持等。具体来看，美国发展流通产业是典型的市场主导型发展模式，由政府出台政策进行间接推动和引导，为了防止资源配置低效率或过度竞争，确保规模经济和提高经济效率，日本政府还制定了流通产业规制政策，对企业进入的数量、质量、期限以及经营范围进行规制。改革开放以来，政府不断加大对流通基础设施的投入力度，但是由于我国经济处于由计划经济向市场经济转型过程，大部分国有商业和供销合作社进行了全面的改制，政府对商贸流通基础设施的投入不断减少，同时也放松了对流通领域的监管，个体经济因为机制灵活、运营自由逐渐发展起来，原来具有公益职能的流通基础设施，多数转为由企业经营，具有盈利性属性，因此造成本该由国家负担的费用转嫁到流通企业负担，进而转嫁给最终消费者。而且由于市场秩序混乱、监管不到位等原因，很多问题逐渐凸显出来，如食品安全问题、社会责任问题、农产品流通成本居高不下等。尤其是近几年，流通体系不健全、流通组织化程度低、农产品价格波动等一系列问题成为社会关注的焦点，使大家认识到流通基础设施的建设也是公益性的项目，也是关乎老百姓生存、生活的公共基础设施，要加以重视。因此，流通基础设施回归公益化、政府要加大流通公共设施的投入成为关注的重点。在流通基础设施的建设方面，河北省落后于京津地区，不利于京津冀流通一体化的实现。

2. 河北省完善流通产业公共支撑体系的对策

流通产业基础设施主要涉及四个方面：一是交通基础设施，主要是道

① 荆林波等：《2013 商业经济理论观点综述　理论观点之三——流通产业公共支撑体系研究观点综述》，《商业时代》2014 年第 2 期。

路、港口；二是市场基础设施，主要包括各类商品交易市场；三是物流基础设施，主要是物流园区、配送中心和仓库；四是信息基础设施，主要是信息平台。这四个方面既相互关联，又相对独立。基础设施的建设关乎流通产业的发展空间，需要有计划有步骤地推进。科学的规划是流通产业基础设施建设的必备要素。一方面，要依据自身区位、交通、资源优势，科学规划，统筹交通设施建设，使交通网络在整个京津冀区域内四通八达；另一方面，根据市场辐射或经济地理区域的不同和物流设施层次发展的需要，打造物流产业园区、现代物流中心和企业配送中心；再一方面，大力发展加工配送、冷链运输、包装仓储、电子结算、检验检测和安全监控等设施建设。同时，加强区域内部协调，避免有可能出现的重复建设与资源浪费现象。

第一，要大力推动交通基础设施建设。作为全国路网密度最高、交通运输最繁忙的地区之一，京津冀也是最不均衡的地区之一。有关数据显示，河北的高速公路密度仅为北京的1/2、天津的1/3。各种因为“断头路”和“一公里壁垒”而形成的交通断崖十分普遍。虽然相对于其他领域，交通一体化是最为容易的一环，但仍是一个庞大的系统工程，面临畅通道路、完善网络、构筑枢纽、提升服务、强化管理等繁重任务。目前，交通一体化作为京津冀协同发展的先行领域，三地统一规划统一发展的态势已经形成，河北省在此基础上，一是要主动出击，二是要顺势引导，创造商机，对县、镇、村级的路网建设作出整体规划，力争在10年之内，村村之间四级公路全部贯通，彻底解除农产品进城、工业品下乡的后顾之忧。

第二，要科学推进市场、物流基础设施建设。商品交易市场的规划应参照科学依据，其中包括大型市场选址要考虑物流节点问题，根据地理位置、地域特点等实际情况来确定拟建或改扩建市场的规模大小，规划同类市场要注意距离及辐射范围，避免市场恶性竞争，从而保证良好的市场秩序。就仓储设施、物流园区、商品交易市场等流通基础设施而言，有无高效的流通网络可以从以下几个方面衡量：首先是流通资源的保有量与配置是否合理，具体来说就是市场资源和仓储、运输、配送中心等物流资源的规模和利用水平是否与经济发展相适应。目前，京津冀地区仓储条件不均衡，库场设施设备资源闲置与重复配置矛盾突出，还缺乏现代化的物流中心、配送中心，与周边地区相衔接的跨境流通条件还不健全。第二是物流运行与管理的科学化水平如何。京津冀区域内规模较大的物流企业主要在京津布局，河北省内的物流企业发展层次偏低，初级基础物流服务较多，高端物流发展滞后，高端增值物流服务较少，综合物流功能较弱，供应链管理水平较低，物流运行远未达到科学化水平。河北省要从有形流通资源的配置入手，加强资源的整合，逐渐建成高效的流通网络。规划农产品产地大型市场要结合农产品优势产区分布，建设一些特色的、专业型的农产品批发市场。物流园区具有基础性、公共性和服务性的特点，首先应该妥善解决用地问题，对纳入国家规划的物流园区土地征用给予特殊扶持政策。物流用地应该作为基础设施建设用地来对待，在用地上优先考虑，在地价上优惠。其次，加强物流园区及其周边地区基础设施的整合与建设，加大对交通、通信、电力、水资源、环保等方面的投资建设，提高物流园区服务能力。①

第三，要以科技投入、信息平台建设、电商营商环境建设为保障，以大力支持大型连锁零售集团、第三方物流企业为抓手，培育现代化流通组织。要支持流通企业跨区域兼并重组，做大做强，尽快形成若干家有较强竞争力的大型流通企业和企业集团；支持流通企业加快发展销售和物流网络，鼓励流通企业发展连锁经营和电子商务等现代流通方式，形成统一规范管理、批量集中采购和及时快速配货的经营优势，不断降低企业经营成本和销售价格，更好地让利于消费者，进一步促进居民消费；大力扶持和促进中小商贸企业发展，充分发挥其便利消费、稳定市场的作用。要加强银商合作，提升电子结算水平，改善电子支付环境，不断提高金融服务效

---

①　中国商业经济学会：《流通产业公共支撑体系亟需制定统一规划》，2014 年 1 月 3 日，见 http：//www. zgswcn. com/2014/0103/301593. shtml。

率；进一步促进和规范商业信用服务的发展，缓解企业资金周转压力。

第四，要执行严格的市场建设准入、退出机制。要明确审批单位、严格审批制度，对不符合条件的不予审批，一旦发现经营不善或转作他用的批发市场要严格执行退出制度。

（三）努力推动三地商务部门建立统筹协同工作机制

建立三地商务部门主要负责人定期会晤机制，统筹部署三地商务部门阶段性工作任务，协调三地商务合作重大问题；建立三地商务部门业务工作对接联系工作机制，加强日常业务工作联系及协调，推进各项工作任务顺利开展。在这项工作的开展上可以借鉴发展在先的长三角地区的理论研究与实践成果。由江苏、上海、浙江、山东、安徽、福建和江西商业经济学会组建的联合课题组研究完成的“长三角现代商贸流通业一体化发展战略研究”,[①] 从战略上来讲，对京津冀流通一体化的发展也有非常直接的指导意义。

1. 加强三地各级政府部门间的协调合作

通过一体化发展将河北省打造成现代商贸物流基地是一个系统工程，需要国家商务部、发改委等经济领导部门的大力指导和协调，也需要京津冀三地政府的通力合作。一是要制订区内商贸流通业整体发展规划，通过规划确定发展的目标、方法、阶段、策略。二是要制订互相协作、对等合作的政策，在地方税收、资金、土地、人才、物流、水电等环节上大力支持区内商贸流通企业的合作发展，避免用行政壁垒来人为地阻碍流通一体化的发展步伐。三是要建立协调机构，在一体化发展过程中沟通上下左右的联系。四是要推进区域内要素市场的发展，建立统一的要素市场，通过市场获取流通业发展所必要的资金、信息、人才、技术、市场份额和管理经验，减少人为的干预和阻碍。五是要创新驱动发展，达到党的十八大报

① 江苏商业经济学会:《长三角现代商贸流通业一体化发展战略研究——将长三角打造成为中国商贸流通业现代化“三区”》,《商业经济研究》2015 年第 2 期。

告所说的“着力构建以企业为主体、市场为导向、产学研相结合的技术创新体系”。特别是要通过创新发展，提高河北省流通业的技术含量。

2. 加快信息化建设，加强三地信息交流

信息化是现代产业经济特别是流通业发展关键动力，没有信息化，流通经济就不可能达到规模发展、集约发展、连锁发展和一体发展。因此，京津冀流通合作要高度重视信息化。一是根据《国务院关于深化流通体制改革加快流通产业发展的意见》，通过信息化建设，促进营销网、物流网、信息网三网融合，推动云计算、移动通信更大范围地应用于现代流通领域。二是建立高效率的信息化中心，整合京津冀地区的流通业发展信息。河北省要主导建设京津冀商业信息中心，达到信息共享、共用、共管的目的，各地即时将本地流通业发展的信息传递到中心，中心在整理后再对各地会员开放。三是发挥信息的导向作用，通过信息整合调度区域内流通业发展的方向、力度，调整资金、物流，发展电子商务，促进京津冀现代流通业整体发展。四是加强流通企业自身的信息化建设，装备现代化的信息工具，通过信息加强企业管理，提高企业效率，增强经济效益，将信息化建设与流通企业现代化建设相结合。

3. 加强与天津自贸区的对接

习近平总书记在上海考察时指出：“上海自由贸易试验区是块大试验田，要播下良种，精心耕作，精心管护，期待有好收成，并且把培育良种的经验推广开来。”习总书记希望“试验区按照先行先试、风险可控、分步推进、逐步完善的原则，把扩大开放同改革体制结合起来，把培育功能同政策创新结合起来，大胆闯、大胆试、自主改”。天津自贸区在京津冀区域的影响力就如同上海自贸区之于长三角。所以，河北省的流通企业要紧紧抓住天津自贸区发展的历史良机，积极对接天津自贸区。一是加强物流对接，通过物流对接扩大物流规模，提升物流技术，提高物流发展水平。二是加强商品流通对接，通过流通对接将本地区的商品自由地流出去，需要的商品流进来，扩大商品进出口规模，提高商品出口质量，大力度地走出去。三是通过对接天津自贸区，不断地提升本地区现代流通业发展水平、管理能力和技术含量。四是通过对接天津自贸区，推进本地区的流通政策创新，为京津冀现代流通业一体化发展奠定政策基础。

4. 大力加强流通体系建设

一是发展电子商务。在商务部“互联网 + 流通”总体规划下，各地区要加大发展电子商务的力度，采用 B2B、C2C、O2O、P2P 等方式提升电子商务在社会商品零售总额中的分量。特别是要推动电子商务下乡工程，打通“最后一公里”，利用电子商务发展推动农村流通体系的建设。二是推动连锁经营发展。各地区要进一步促进现有连锁经营企业加强自身建设，提高企业覆盖度，通过规模经营取得较好的经济效益。三是推动现代物流业发展，加强三地物流资源整合，加强河北省物流基础设施建设，完善商贸物流基地功能，降低物流费用，使物流业与商业业态建设互相促进。四是在城乡统筹视角下加强小城镇商业建设。重点在完善流通基础设施、合理化商业网点布局、提升商业网点现代化经营水平方面下工夫；另外，鼓励大型商贸流通企业到小城镇去发展，通过建立分店、连锁店等方式将先进的管理经验传授到小城镇商业，促进小城镇商业在购物环境、服务理念、商品质量等方面上台阶，为小城镇居民提供现代化的消费环境。从整体上推动农村地区商业上升到一个新水平，成为现代流通经济发展的后续动力。

5. 加强商业人才队伍建设

商业人才是京津冀加强现代商贸流通业一体化建设的核心竞争力之一。现代化的商贸流通业必须有现代化的商贸流通人才。一是发展商贸流通业人才培养的高等教育体系。党中央、国务院最近决定将 600 多所国民教育大学转为职业教育大学，这是培养现代商贸流通业人才的大好契机。商贸流通业职业技术学院要提升自己的办学质量、办学层次，特别要从过去只培养大专生转变为培养本科生、硕士生、博士生等高级人才，同时加强各相关院校之间的横向联系。二是现代商贸流通企业内部要强化在职教育和继续教育，从提高职工素质出发安排一定的时间邀请专家学者到企业授课或者将员工送到培训单位培训，并将这些学习计入职工考核、升迁范围。三是积极引进人才，应从跨国商贸流通企业或区外先进流通企业引进CEO、项目主持、高级买手等稀缺的现代商贸流通业人才，给予薪金、职称、教育等优惠，同时采取措施留住人才，创造机会发挥人才的积极性。

6. 加强区域内流通资源的整合

整合流通资源，从政府层面来看，主要是要从改变工作职能入手，打破地区封锁、市场垄断，废除乱收费、乱罚款、乱摊派，突破行政区划，在整个京津冀区域内，建立共同协商、互通有无、互利互惠、长期合作的施政机制。从企业层面来看，要在市场、信息、设施共享的基础上，开展多边、双边合作，鼓励生产要素在整个区域内流通互融，实行跨省的商业活动与资本运作。

具体来说，区域内资源整合主要注重以下几个方面：一是鼓励流通企业横向发展，《国务院关于深化流通体制改革加快流通产业发展的意见》要求消除地区封锁和行业垄断，严禁阻碍、限制外地商品、服务和经营者进入本地市场，严厉查处经营者通过垄断协议等方式排除、限制竞争的行为。二是资金整合，通过股票交易市场或企业协商互相参股，促进企业之间交流，推动相关联企业共同发展，从而形成整个行业和地区的一体化发展。三是人员整合，通过共管、托管、代管等方式加强人员交流，实现企业文化和理念的交融。四是商品整合，实施商品联购、联修、联换、联退业务，净化消费环境，强化消费秩序，减少消费者的后顾之忧。五是品牌整合，倡导输出品牌、输出管理，以先进带后进的方式整体提升京津冀商贸流通业的现代化发展水平。总之，通过区域内资源整合解决区域内各省市之间现代商贸流通经济发展的不平衡问题，提升京津冀现代商贸流通业的核心竞争力。

国务院在《关于深化流通体制改革加快流通产业发展的意见》中明确了全国现代商贸流通业发展的战略目标：到2020年，一是提高效率，降低成本。二是广泛应用信息技术，连锁化率达到22%左右，商品统一配送率达到75%左右。三是形成一批网络覆盖面广、主营业务突出、品牌知名度高、具有国际竞争力的大型流通企业。四是流通产业发展的政策、市场和法制环境更加优化，市场运行更加平稳规范，居民消费更加便捷安全，全国统一大市场基本形成。国务院的文件为京津冀地区现代商贸流通业一体化发展指明了前进的方向。

对于河北省来说，推动流通资源整合是一项重要工作，包含三个层面的含义：第一是在承接中整合，承接好京津地区特别是北京的一些流通产业的转移工作，发挥市场配置资源的主导作用，同时做好政策上的引导，提高承接效率；第二是在整合中提质，流通技术的发展和商业模式的变化日新月异，一定要紧紧跟随创新的步伐，提高流通产业发展规划的前瞻性，在资源的流动与再配置的过程中实现质量的提升；第三是在整合中实现功能的开发和扩展，河北省要发展成为京津冀地区现代商贸物流基地，流通功能还需要进一步的开发和完善，资源整合的过程必须伴随着功能的开发与扩展，这就需要流通产业一方面找准其在社会分工合作体系中的定位，另一方面加强产业内分工，延伸产业链条，大大加强流通服务能力。

公共服务篇

目前，京津冀协同发展的最大障碍是三地公共服务的差距过大，特别是河北省与京津的差距巨大。因此，缩小直至拉平京津冀公共服务的差距是实现京津冀协同发展的关键。公共服务包括公共设施、教育、医疗卫生等服务性产品，也涵盖社会保障制度、收入分配等。本篇分别从医疗卫生、社会保障和公共教育三个方面对京津冀公共服务均等化问题进行探讨。

第七章　京津冀协同发展与基本医疗卫生服务均等化

一、京津冀基本医疗卫生服务均等化的基本内涵

（一）京津冀协同发展的医疗卫生服务的内涵

所谓协同发展，就是指协调两个或者两个以上的不同资源或者个体，相互协作完成某一目标，达到共同发展的双赢效果。协同发展论已被当今世界许多国家和地区确定为实现社会可持续发展的基础。

京津冀医疗卫生服务协同发展则指协同北京、天津、河北三大区域各自的医疗卫生资源优势、劣势，发挥优势、弥补劣势，以达到增进三大区域医疗卫生资源高效率配置，提高医疗卫生福利水平的目标。其基本内涵包括以下三个方面：

1. 京津冀协同发展的公共卫生服务要注重以公平为导向

医疗卫生服务分为公共卫生服务和医疗服务，其中公共卫生服务包括卫生监督、健康教育、疾病监控、卫生研究等方面，具有非竞争性和非排他性的纯公共产品特征，主要由政府财政免费提供保障。但由于其传播的群体性，有时难以划分政府间的财政责任。比如公共卫生事件一旦爆发，相邻地区需要共担责任，共同出资，这就更需要相邻区域间的联防联控协作机制。要公平地为每个区域的公民提供保障，而不能互相推诿，贻误时机。京津冀地区由于地缘相接、人缘相亲，地域一体、文化一脉，在公共

卫生服务方面更应相互融合，协同发展，使公共卫生服务公平地普及每个区域居民。

2. 协同发展京津冀三大区域的医疗卫生服务资源，提高资源配置效率

京津冀地区由于历史的原因，功能定位不同，造成医疗卫生服务资源差距较大。尤其是河北地区和北京地区相比，医疗卫生资源多寡悬殊，而且由于二者相邻，北京地区外地看病的人中有20%以上来自河北。一方面，分流了河北的医疗卫生需求，造成河北省医疗卫生资源需求不足，医疗卫生资源闲置浪费；另一方面，北京地区则人满为患，出现“看病难”问题。其实质是整个医疗卫生资源的浪费，不符合帕累托最优配置原则。所以，要协同发展京津冀三大区域的医疗卫生服务资源，把一些医疗卫生资源迁移至河北地区，充分发挥北京的优质医疗卫生资源带动辐射作用，努力实现京津冀区域优质医疗卫生资源共享，提高医疗卫生资源的配置效率。

3. 实现京津冀协同发展基本医疗卫生服务均等化

中国过去三十多年持续快速的经济增长为人民带来巨大福利的同时，也面临很多新的挑战。其中之一就是城乡之间、东中西部之间、不同群体之间、不同行业之间的差距越来越大。而由于北京地区的特殊地位，北京和河北地区差距尤其大。基于此，2006年10月11日党的十六届六中全会通过的《中共中央关于构建社会主义和谐社会若干重大问题的决定》提出“逐步实现基本公共服务均等化，保障社会公平正义，促进和谐社会建设”的目标。尽管对于基本公共服务所涵盖的内容存在一定的争议，但基本上都把义务教育、公共卫生与基本医疗、基本社会保障等一系列保障人权的服务作为基本公共服务的重要内容之一。

在公共卫生和基本医疗方面，2009年4月6日，国务院审议并原则通过了《中共中央　国务院关于深化医药卫生体制改革的意见》①，明确提出了“促进城乡居民逐步享有均等化的基本公共卫生服务”的目标，提出了

① 俗称“新医改”。

“到 2011 年，促进基本公共卫生服务均等化的机制基本建立，公共卫生服务的城乡、地区和人群之间的差距逐步缩小”的近期目标和“到 2020 年，促进基本公共卫生服务均等化的机制趋于完善，基本公共卫生服务内容进一步增加，重大疾病和主要健康危险因素得到有效控制”的远期目标。在基本公共卫生服务方面，我们的目标是实现全国地区的均等化，当然也包括京津冀地区，其具体含义在后面论述。

（二）京津冀基本医疗卫生服务均等化含义

1. 京津冀基本医疗卫生服务的“均等化”并不等于“平均化”

基本医疗卫生服务均等化是指每位中华人民共和国的公民，无论其性别、年龄、种族、居住地、职业、收入，都能平等地获得基本医疗卫生服务。它是指基本医疗卫生服务的供给差别在可以度量的限度之内，也就是说其区域之间、人群之间的差异是比较小的。但这并不意味着绝对的均等或“平均化”，在实现均等化的目标时搞“一刀切”。由于我国现阶段先进与落后生产力并存，地区间巨大的经济差异必然带来居民公共服务偏好的差异。不同人群、不同地区的特定差异导致公共卫生服务的偏好也不一致，比如预防接种、妇幼保健、老年保健等是针对特定年龄和性别的人群，艾滋病的“四免一关怀”、结核病的 DOS 治疗、血吸虫病的防治等都是针对患该种疾病的患者，预防氟中毒等地方病的项目是针对疾病流行地区的人群，这些都是基本公共卫生服务，但是，具体到某个人，如果不属于这些人群，则不需得到这些服务。再比如，新医改中提出，2009 年人均基本公共卫生服务标准为 15 元。人均 15 元是财政部门安排经费的平均标准，财政部门按这个标准给承担公共卫生服务的医疗卫生机构安排补助资金，由基层医疗卫生服务机构统筹使用，人均 15 元并不意味着每个人只能得到 15 元的服务。从这个意义上讲，均等化并不意味着每个人都必须得到完全相同、没有任何差异的基本公共卫生服务。

2. 确定京津冀基本医疗卫生服务均等化的最低水平

基本医疗卫生服务的最低水平是由基本公共服务最低水平引申而来，

基本公共服务最低水平也称基本公共服务的最低供应，最早是1978年由英国的C. 布朗和P. 杰克逊在总结财政联邦主义经验时提出来的。该理论将政府间职能分工与经费保障结合起来，提出多样性、等价性、集中再分配、位置中性、集中稳定、溢出效应纠正、基本公共服务最低供应、财政地位平等八个原则。[①] 该理论将财政的公平与效率结合起来，解决了财政资金转移支付中的一些难题。

引申至基本医疗卫生服务方面，由于公共卫生服务包含内容广泛而复杂，如果要在各个方面实现均等化，会由于目标过于庞大而不知所措，找不到突破口。而如果有最低标、最低水平的规定，则会因为目标具体而简单易行。在这次新医改中就体现了这个特点，提出了“基本公共卫生服务均等化”[②] 的概念。在众多的公共卫生服务项目中，明确了最低要满足的基本公共卫生服务项目和重大公共卫生服务项目。基本公共卫生服务项目包括：2009年起，将逐步在全国统一建立居民健康档案并实施规范管理，定期为65岁以上老年人做健康检查，为3岁以下婴幼儿做生长发育检查，为孕产妇做产科检查和产后访视，为高血压、糖尿病、精神疾病、艾滋病、结核病等人群疾病防治提供指导服务，加强健康知识宣传教育等。重大公共卫生项目包括：国家免疫规划，结核病、艾滋病等重大疾病防控，农村妇女住院分娩补助，为15岁以下人群补种乙肝疫苗，消除燃煤型氟中毒危害，农村妇女孕前和孕早期补服叶酸预防出生缺陷，贫困白内障患者复明，农村改水改厕等项目。

3. 京津冀公共卫生服务均等化意味着人人享有基本卫生资源的机会均等

基本公共卫生服务均等化强调全体社会成员均等地享受基本医疗卫生服务的机会，即机会具有充分的开放性，不能通过设定任何限制条件，而把一部分人群排除在外。虽然人们的自然禀赋不同，占有资源也存在差

---

① ［英］C. 布朗、P. 杰克逊：《公共部门经济学》，中国人民大学出版社2000年版，第233页。

② 基本公共卫生服务均等化内容包括基本公共卫生服务项目和重大公共卫生服务项目。

异，但是每个人都有健康生存与发展的权利，而实现健康生存与发展的前提是拥有社会准入的同等机会，即每个人都有享受均等的基本医疗卫生服务机会，也就是指提供基本医疗卫生服务过程中的均等。只有实现过程的平等，才能更好地达到结果的均等。

二、京津冀医疗卫生服务的比较——基于层次分析法方法的分析

（一）评价方法介绍及测算原理

本书主要采用层次分析法和模糊综合评价法相结合，以完成最终评价体系的分值测算。层次分析法主要运用于确定各级指标的权重，模糊综合评价法主要用于将权重和三级指标标准化后的综合测评。

层次分析法（Analytic Hierarchy Process）是美国著名运筹学家匹兹堡大学萨蒂教授（T. L. Satty）于20世纪70年代创立的一种实用的多准则决策方法。它把一个复杂的问题表示为一个有序的递阶层次结构，通过人们的比较判断，计算各种方案在不同准则及总准则之下的相对重要性量度，从而对其优劣进行排序。

三级指标中，除第三级直接指标采用专家打分评议确定权重外，一级二级指标均采用专家相对性评价各级指标重要性分值的形式。通过专家对两两层次元素或指标的重要性赋值，进而采用AHP法赋权Expert Choice软件完成，软件生成的赋权结果将作为下一步综合评价分值的测算基础。

在确定各级权重及分项权重的基础上，运用模糊综合评价法将各级权重与相应三级指标结合，运用笔者设计开发的基本医疗卫生服务体系建设专用测评模板，最终完成基本医疗卫生服务体系建设竞争力测评结果。

（二）指标体系设计及简要说明

1. 指标体系的设计

基本医疗卫生服务均等化比较指标体系由三级指标构成。基本医疗卫生服务均等化比较指标体系由公共卫生服务提供能力指标、医疗服务提供能力指标、基本医疗卫生财政能力指标三个子系统共13个指标构成，其中公共卫生服务提供能力指标由基层卫生机构供给、农村公共卫生环境改善等方面的6个指标构成；医疗服务提供能力指标由医疗卫生机构供给、基本医疗卫生服务效果方面的4个指标构成；基本医疗卫生财政能力指标由总量财政能力、人均财政能力、医疗卫生财政能力方面的3个指标构成（见表7－1）。

表7－1 京津冀基本医疗卫生服务均等化比较指标体系

<table>
<tr><th>一级指标</th><th>二级指标</th><th>三级指标</th></tr>
<tr><td rowspan="6">公共卫生服务提供能力指标</td><td rowspan="4">基层卫生机构供给指标</td><td>基层医疗卫生机构病床使用率（%）</td></tr>
<tr><td>基层医疗卫生机构诊疗人次（万人次）</td></tr>
<tr><td>社区卫生服务中心和乡镇卫生院数量</td></tr>
<tr><td>专业公共卫生机构数</td></tr>
<tr><td rowspan="2">农村公共卫生环境改善指标</td><td>饮用自来水占农村人均比重</td></tr>
<tr><td>卫生厕所的普及率</td></tr>
<tr><td rowspan="4">医疗服务提供能力指标</td><td rowspan="2">医院卫生机构供给指标</td><td>医疗卫生机构入院人数</td></tr>
<tr><td>医疗卫生机构床位数（每千人口）</td></tr>
<tr><td rowspan="2">基本医疗卫生服务效果指标</td><td>各地区人口死亡率</td></tr>
<tr><td>各地区人口的平均预期寿命</td></tr>
<tr><td rowspan="3">基本医疗卫生财政能力指标</td><td>总量财政能力指标</td><td>财政收入占GDP的比重</td></tr>
<tr><td>人均财政能力指标</td><td>人均财政收入</td></tr>
<tr><td>医疗卫生财政能力指标</td><td>医疗卫生支出占财政支出的比重</td></tr>
</table>

2. 简要说明

京津冀基本医疗卫生服务均等化比较指标体系的相关数据，全部来源于各类统计年鉴以及公开资料，不使用内部研究资料或者主观评价数据，以保证研究数据的可靠性和研究结果的科学性。① 主要包括《中国卫生统计年鉴 2013 年》《中国财政年鉴 2013 年》《中国统计年鉴 2013》。

（三）指标权重的确定方法及步骤

将专家打分法嵌入到层次分析法对各级指标权重的测算中，在对京津冀基本医疗卫生服务体系建设竞争力指标合成赋权时，采用专家打分法和层次分析法相结合，即对京津冀基本医疗卫生服务体系建设竞争力指标体系的一级指标和二级指标的权重采用专家打分主观赋值，进而运用层次分析法软件自动生成权重。

层次分析法作为一种有用的综合评价方法，有简单、易理解、实用性高的特点。运用层次分析法，大体上分为以下四个步骤进行。

1. 分析系统中各因素间的关系，建立递阶层次结构

将评价体系分为三个层级。

最高层（目标层）：只有一个元素，一般是综合评价的目的，也就是我们要达到各省的基本医疗卫生服务竞争力分值，记为 A。

中间层（准则层）：包括了为实现评价目标而涉及的中间环节。这里主要是一级指标和二级指标。一级指标分别为基本公共卫生服务体系建设指标（A1）、基本医疗服务体系建设指标（A2）和基本医疗卫生财政能力指标（A3）；二级指标分别为基层卫生机构供给指标（U11）、农村公共卫生环境改善指标（U12）等。

最底层（方案层）：包括了为实现评价目标可供选择的各种具体指标。即三级指标，包括基层医疗卫生机构病床使用率、基层医疗卫生机构诊疗人次、社区卫生服务中心和乡镇卫生院数量等。

---

① 笔者本来计划采用《国家基本公共服务体系“十二五”规划》中关于基本医疗卫生服务提供标准的相关数据，但考虑到数据的可得性，进行了相应的替换，特此说明。

2. 对同一层次各元素关于上一层次中某一准则的重要性进行两两比较，构造两两比较的判断矩阵

记准则层元素一级指标所支配的元素为A1、A2、A3，比较其重要性，针对准则层一级指标，比较三个元素A1、A2、A3哪一个更重要，重要程度如何，并按下表定义的比例标度对重要性程度赋值，形成判断矩阵 $A = (a_{ij})_{n\times n}$，其中 a_{ij} 就是元素 A_i 和 A_j 相对于准则的重要性比例标度（见表7-2）。

表7-2 Satty比例九标度体系

a_{ij}取值	比较的含义
1	i 比 j 同等重要
3	i 比 j 稍微重要
5	i 比 j 明显重要
7	i 比 j 强烈重要
9	i 比 j 极端重要
2，4，6，8	i 与 j 的比较介于上述各等级程度之间
上述各数的倒数	j 与 i 的比较

这里的评分由专家打分，代入Expert Choice软件中，再经过系统测评最终确认。

3. 由判断矩阵计算被比较元素对与该准则的相对权重，并进行判断矩阵的一致性检验

通过两两比较得到的判断矩阵 A 不一定满足判断矩阵的互反性条件，AHP采用一个数量标准来衡量 A 的不一致程度。

如果判断矩阵不具有一致性，则 $\lambda_{max} > n$，此时的特征向量 w 就不能真实地反映各指标元素所占比重，定义衡量不一致程度的数量指标：

$$CI = \frac{\lambda_{max} - n}{n - 1}$$

对于具有一致性的正互反判断矩阵来说，$CI = 0$。由于客观事物的复杂性和人们认识可能产生的片面性，仅依靠 CI 值作为 A 是否具有满意一致性的标准是不够的。因此，引进了平均随机一致性指标 RI，对于 $n = 1$—11，

平均随机一致性指标 RI 的取值见表 7－3。

表 7－3　平均随机一致性指标

n	1	2	3	4	5	6	7	8	9	10	11
RI	0	0	0.58	0.90	1.12	1.24	1.32	1.41	1.45	1.49	1.51

定义 CR 为一致性比例，$CR=\frac{CI}{RI}$，当 $CR \leqslant 0.1$ 时，则称判断矩阵具有满意的一致性，否则就不具有满意一致性。

4. 计算各层次对于系统的总排序权重，并进行排序

最后，得到各方案对于总目标的总排序。在确定权重之后，模板将标准化的原始数据与相应权重拟合，得到相应的最终评价分值和分项评价分值，并自动排序，生成相应的基本医疗卫生服务体系建设竞争力测评结果。

（四）京津冀基本医疗卫生服务均等化比较分析

根据上述层次分析法方法，笔者计算得到如下结果（表 7－4、表 7－5、表 7－6、表 7－7）。

表 7－4　京津冀基本医疗卫生服务均等化综合能力比较

排序	省市	综合能力
1	北京	0.711
2	天津	0.457
3	河北	0.426

表 7－5　京津冀基本公共卫生服务提供能力比较

排序	省市	基本公共卫生服务提供能力
1	北京	0.568
2	河北	0.533
3	天津	0.477

表 7－6 京津冀基本医疗服务提供能力比较

排序	省市	基本医疗服务提供能力
1	北京	0.761
2	天津	0.473
3	河北	0.385

表 7－7 京津冀医疗卫生财政投入能力比较

排序	省市	基本医疗卫生财政投入能力
1	北京	0.645
2	河北	0.330
3	天津	0.329

基本结论：

1. 京津冀医疗卫生资源配置中北京处于绝对优势

由表 7－4、表 7－5、表 7－6、表 7－7 可以看出，无论是在京津冀基本医疗卫生服务均等化综合能力、京津冀基本公共卫生服务提供能力、京津冀基本医疗服务提供能力，还是京津冀医疗卫生财政投入能力方面，北京地区都处于绝对的优势，远远高于河北、天津地区。以京津冀基本医疗卫生服务均等化综合能力这一指标为例，北京、天津、河北分别为 0.711、0.457、0.426，其中北京是天津的 1.56 倍，是河北的 1.67 倍；而天津和河北相差较小。

2. 京津冀基本医疗卫生服务均等化综合能力和地区的 GDP 呈正相关关系

北京、天津、河北三大区域的基本医疗卫生服务均等化综合能力排名依次为北京、天津、河北，其 2011 年的人均 GDP 分别为 80494 元、83448 元、33856 元，河北省人均 GDP 最弱，在三类地区中排名最后，相对应，河北的基本医疗卫生服务均等化综合能力指标在三类地区中排名也在最后。而北京、天津地区则出现相反趋势，天津的人均 GDP 高于北京的人均

GDP，但是其基本医疗卫生服务均等化综合能力指标却落后于北京地区。

3. 河北地区虽然地区经济、财政收入较北京、天津落后，但在基本公共卫生服务提供能力和医疗卫生财政投入能力方面却高于天津

在三个分指标中，河北省在京津冀基本公共卫生服务提供能力和京津冀医疗卫生财政投入能力指标中，分别为0.533、0.330，虽低于北京但是略高于天津的0.477、0.329。说明实施新医改以来，河北省财政加大了对基本公共卫生服务的投入力度，由医疗卫生支出占财政支出比重也可以说明这一点，2011年北京、天津、河北医疗卫生支出占财政支出的比重分别为6.9%、5.0%、8.6%，三大区域中河北省所占比重最高。这一做法是值得肯定的，也为京津冀协同发展基本医疗卫生服务均等化打下了坚实的基础。

4. 天津地区无论是GDP还是财政收入方面都处于京津冀地区的中间区域，但是其对于基本公共卫生服务的财政投入能力还有待提高

天津和河北相比，其人均财政收入和人均GDP均远远高于河北，以2011年为例，天津的人均财政收入和人均GDP分别为10739元和83448元，而河北省人均财政收入和人均GDP仅为2399.9元和33856元，远低于天津。但是，天津的基本公共卫生服务提供能力指标和医疗卫生财政投入能力指标却低于河北，虽然是略低一点儿，说明在其客观投入能力较强的条件下，其投入意愿较低，今后需要加大对基本公共卫生服务的投入力度。

三、京津冀医疗卫生服务现状及存在的问题

（一）现状描述

1. 优质医疗资源集中于京津

北京作为首都，作为优质医疗卫生资源高度聚集地，汇聚了全国优秀的医院及研究机构等公共服务资源，长期以来吸引大量外地病患前来就

医。北京成为“全国看病中心”由来已久。据卫生部门统计，2013年北京市医疗机构年就诊人次达到2.19亿人次，其中外地患者近6800万人次，相当于北京市户籍人口的5.1倍，是常住人口的3.2倍。在三甲医院就诊的外地患者则更为集中，部分医院的占比甚至超过70%。作为全国尤其是北方的“看病中心”，北京的“看病难”问题显得更为突出，同时外来就医流动人口也加大了北京城市人口和环境资源的承载压力。

2. 和京津相邻的河北省某些区域的医疗卫生资源闲置浪费

和京津相比，河北医疗资源特别是基层农村医疗资源薄弱，很多病人不愿在基层医院看病，涌入大城市、大医院，造成了京津两地大医院人满为患，出现看病难。国家卫计委数据显示，2013年，北京市外来就医流动人口日均70万人左右，其中23%的就医人员是河北人，流失的河北患者直接造成了河北医院的青壮年医师的流失。

和北京医疗卫生资源的“一床难求”、天天人满为患、不堪重负相比，紧邻北京的河北省燕郊地区医院则是另一番景象。燕达国际医院是河北省唯一一家民营三级甲等综合性医院，也是燕郊镇唯一的三甲医院。燕郊三甲医院虽然设施齐全，但始终缺乏患者资源，长期处于亏损状态。燕达国际医院曾经跟首都医科大学和北京朝阳医院洽谈合作，希望将需要做检查的患者用大巴车拉到燕郊来做检查，但面对行政区划和医保政策阻隔难题，这一双赢的设想很难顺畅实施。医保关系都在北京，在燕郊医院看病无法顺利报销，一般只有急诊才去，大病、慢性病都选择在北京治疗。同时，由于缺乏患者资源，不少年富力强的医生都流失了，每年都会产生巨额亏损，只能苦苦支撑，等待政策调整。

3. 实施了初步的京津冀医疗卫生协同发展战略

（1）北京市

北京市卫生计生委日前印发的《2014年北京市医政医管工作要点》提出，研判京津冀医疗协同发展的重点任务，北京将根据互补、共同发展的要求，采取多种形式推动医疗资源在津冀的合作和疏解。北京正和国家有关部门一起研究制定京津冀一体化医疗规划，更多关注医疗机构的功能疏解和功能定位。

（2）河北省

根据河北省医疗卫生事业发展现状，河北省初步拟定了京冀医疗卫生协同发展的总思路，明确了四项主要任务：一是坚持规划引领与市场主导相结合，推进卫生计生资源结构调整，编制实施《河北省卫生计生资源配置标准（2016—2020）》，推进以北京为聚集点的卫生资源结构调整。合理划分功能疏解区域，科学谋划首都医疗卫生功能承接平台等。二是坚持服务京津与发展河北相结合，打造互利共赢的协同发展格局。三是坚持整体谋划和重点突破相结合，疏堵并行，组建技术交流、医疗项目、公卫项目和产业项目等四个业务模块。编制区域医疗中心建设、特色专科打造和拔尖人才培养等专项规划。四是坚持长远布局与项目先行相结合，持续提升整体医疗卫生服务能力。

（3）天津市

天津市肿瘤医院与河北省沧州中西医结合医院签订合作协议，天津市肿瘤医院与沧州市社会保障事业管理局、卫生局分别制订了医保、新农合协议，广大患者将享京津冀一体化医疗资源服务。将通过合作、共建等方式实现更广泛、更深层的医疗资源共享和政策对接，为充分利用彼此优势资源，方便两地患者异地就医转诊，促进双方肿瘤防治建设与人才队伍培养，促进双方医疗合作共赢，进一步加强津冀两地医疗合作，推进两地公共卫生资源均等化，切实提高肿瘤防治能力和保障群众健康水平，形成积极影响，同时对实现京津冀一体化医疗卫生协同发展起到积极的推动作用。

4. 探索多种合作模式，开启京津冀医疗卫生协同发展“破冰”之旅

河北省提出了六种发展模式：[①] 一是可实施整体搬迁，将优质资源直接输出到河北省环京地区，直接将外地患者分流在首都以外。二是可开展合作办医，发挥各自比较优势，实现互惠双赢。据不完全统计，2013 年，

① 张淑会：《京津冀一体化医疗大战略　河北提出六种模式》，《河北日报》2014 年 4 月 12 日。

北京301医院派专家到涿州市医院出专家门诊512人次，会诊8人次，手术18人次。另外，涿州市中医院与北京中医药大学东直门医院也有合作。2013年，东直门医院选派36名专家在涿州市中医院长期出诊，共接诊35320人次。三是可帮扶建强专科，加强对口帮扶，延伸北京优势技术资源，提高河北省服务水平。四是可实行远程诊疗，逐步实现三级医院和市县两级医院全覆盖。五是可加强科技交流，通过科研协作、人才交流、人才培养等方式，逐步解决河北省看病难、吸附力差的问题。如北京儿童医院联合河北儿童医院成立了国内最大规模的儿科医院联盟，希望能实现患者不动，医生动的就医模式。六是可深化联防联控，在重大事件、重大考验面前，同舟共济、合力攻坚。

5. 构建了京津冀在公共卫生服务领域的合作新机制

（1）建立了京津冀协同发展疾病预防控制合作框架

京津冀三地的疾病预防防疫控制中心签订了“京津冀协同发展疾病预防控制工作合作框架协议”，根据协议，三方将共建京津冀“疾病防控一体化”合作平台，重大疫情将联防联控。由三方轮流担任组长的京津冀“疾病防控一体化”协调发展领导小组每半年召开一次会议，研究确定年度合作重点领域，具体督促、推进合作重点工作等。针对京津冀地区目前面临的重大公共卫生问题，如大气污染$PM_{2.5}$对人群健康的威胁等，三地将联合申报国家级或省级科研项目，共同研究、共同攻关，共享研究成果。

（2）构建了京津冀区域突发公共卫生应急协作机制

三地将建立突发事件信息通报制度，共享信息，定期互通各地公共卫生安全形势。任一方接到涉及或有可能影响其他方的突发事件信息，或所涉突发事件情况紧急、需要请求合作方支援时，第一时间会将信息通报另外两方。

此前，京津冀曾在防控甲型H1N1流感、人感染H7N9禽流感等突发公共卫生事件时进行过类似的合作，而本次协议的签署将继续强化跨区域联防联控机制，协作也将更加紧密。此外，对于涉及跨区域重特大突发事件，或发生跨区传播或扩散的重大突发公共卫生事件、传染病疫情时，各方立即开展协调处置，加强排查和控制传染源，共享临床、流行病学及实验室等资料。在应急资源互通共享方面，协议提出，遇突发事件，根据事发一方需求，合作方在应急药械、相关设备、应急队伍、专业技术、专家资源等方面给予相互支援。必要时，可紧急向受灾方调拨应急物资。

（二）京津冀基本医疗卫生服务协同发展中存在的问题

1. 医疗卫生资源分布不均衡造成“看病难”问题

京冀两地优质医疗资源不平衡，无论是地区诊疗人次、人均基层卫生机构数、人均医疗卫生机构床位数还是三甲医院的数量，三地的优质医疗资源均呈不均衡分布，为了便于京津冀医疗卫生指标对比，主要选取了每千人口指标，见表7－8。

表7－8　2011年京津冀几个医疗卫生资源配置指标

指标 地区	三甲医院数	每千人口医疗卫生机构床位数	每千人口地区卫生人员数	
			执业医师	注册护士
北京	51	7.4	5.45	5.68
天津	34	4.94	2.98	2.58
河北	44	3.63	1.86	1.27

资料来源：表中数据根据中国卫生部编：《中国卫生统计年鉴2012》，中国协和医科大学出版社整理得来。

由表7－8可以看出，三甲医院的数量主要集中于北京地区，北京地区常住人口2019万人，而三甲医院数高达51家，而河北常住人口7241万人，三甲医院数仅为44家，天津地区常住人口1355万人，三甲医院数为34家，由这一指标可明显看出优质医疗卫生资源集中于京津地区。再看每千人口医疗卫生机构床位数和每千人口地区卫生人员数这两个直观指标，可以发现北京每千人口医疗卫生机构床位数是河北的2倍、天津的1.5倍，而每千人口执业医师是河北的2.93倍、天津的1.8倍，每千人口注册护士是河北的 4. 47 倍、天津的 2. 2 倍。

巨大的医疗卫生资源的差异直接导致三区域的居民“用脚投票”，河北的患者纷纷到北京、天津看病，以北京为例，最新资料显示目前北京市 72 家三级医院中有 35 家在三环以内，接近全市总量的一半；有 54 家在五环以内，占全市总量的 75%。也就是说每天约有 40 万— 60 万（含患者家属）外来人口要涌入北京市主城区，这一庞大的人流、车流无疑给北京的交通、环保、资源消耗、社会治安带来了不可估量的压力。医疗卫生资源分布的非均衡，造成大城市医疗卫生资源过度被使用，出现“看病难”问题，而基层医疗卫生资源闲置浪费，整个社会医疗卫生资源难以达到帕累托最优状态。

究其原因，经过统计分析，全国 31 个省市的人均卫生事业费和其人均财政收入高度相关，其相关系数高达 0. 99。一般而言，东部地区省内的财力差异程度一般高于中西部地区，省会城市、沿海开放城市、开发区的财力水平普遍较高，计划单列市与所在省其他地区的财力差距更为悬殊。而京津地区为我国最早的直辖市，其财力和河北省地区相比差距较大。虽然各地区的公共卫生支出水平并非与经济发展完全吻合，但基本规律是一致的。尤其是在财政分级包干的大格局下，中国卫生事业费主要来自地方财政预算，中央调剂的比重很小。随着地方经济发展差距和地方财政能力差距的扩大，地方之间的政府卫生支出差距也在不断扩大。通常情况下，经济发达地区，财政能力强，政府有能力提供较多的公共卫生经费，该地区的公共卫生水平就较高。经济不发达地区，尤其是农村地区，财政能力弱，政府投入经费少，该地区的公共卫生水平就较低，这造成了区域间公共卫生支出水平的巨大差异，非均衡状态明显。

2. 协同发展的“碎片化”特征明显，缺乏统一的制度对接安排

京津冀协同发展已上升为国家战略，但京津冀区域在经济发展水平、产业结构、基本公共服务、社会保障体系等方面的异质性也是我们必须要面对的一个客观现实。尽快推动产业加快转移，加强大气污染治理合作，同步推进交通一体化，加快基本公共服务共建共享，已成为京津冀协同发

展的共识，而其中公共政策先行又成为关键问题。

京津冀医疗卫生协同发展的关键就是很多制度问题没有对接安排，现有实施的一些政策带有“零敲碎打”的特征，不能从根本上解决问题，导致京津冀医疗卫生服务协同发展难以深化。如京津冀三地医保对接不畅，异地就医有“保”难“报”的现实，新型农村合作医疗制度规定，越是在基层医疗卫生机构看病，报销比例越高，跨越本地区去外地就医报销比例低，其本意是鼓励农民去基层医疗机构就医。但是对于在京津打工的农民流动人群是不利的，难道感冒生病也要回河北看病吗？城镇医疗保险也存在类似的问题，诸如此类的问题，需要京津冀医疗卫生部门制定统一的政策协调解决。

3. 京津冀医疗卫生协同发展缺乏顶层设计

从上面现状分析可以看出，京津冀医疗卫生协同发展已经迈出了第一步，京冀地区、京津地区已经在医疗卫生的区域规划、突发公共卫生应急机制、优势医疗卫资源互补等方面展开了合作，如天津市肿瘤医院利用自身优势与沧州医院签署合作协议；北京朝阳医院主动联合河北燕达民营医院；等等。但是作为市场主体，京津冀在医疗卫生资源共享、协同发展方面也是一个单独的利益主体，是地方利益的代表者，三者合作的本质是一种利益博弈，如何实现共赢局面。恐怕还需要一个超脱三者利益关系的上层机构来构建统一的协调机制，通俗讲需要顶层设计，打破“一亩三分地”的思维定式，从全局视觉出发，对项目的各个层次、要素进行统筹考虑。

4. 京津冀地区之间公共卫生财政的横向转移支付不健全

京津冀差异的本质在于经济发展水平、财力的差异，而转移支付是解决这一问题的主要措施，当前更多地使用了纵向转移支付手段，而较少使用政府间的横向转移支付。横向转移支付体现的是地方政府之间平行的横向财政关系，地方政府间横向转移支付目的是通过帮助落后地区解决财力不足问题，促进落后地区和发达地区的交流和共同发展。从政治学的角度看，地方政府间的横向关系不论是平行的，还是斜交的，都不存在明确的权力关系和财政关系，它们不存在指导与被指导的关系，更不存在领导与被领导的关系，它们之间的关系比较自由。① 而在我国目前的公共卫生领域还不存在规范的、公式化的和法制化的地方政府间横向转移支付制度。根据公共卫生学的特点，尤其是一些流行病的跟踪、调查，是需要多地区合作的，因此地方政府间尤其是相邻区域（京津冀）的规范的横向转移支付制度，不仅有利于地区之间财力的平衡，而且有利于公共卫生事业的发展。

四、实现京津冀基本医疗卫生服务均等化的政策建议

（一）实现京津冀基本医疗卫生服务均等化需遵循的原则

1. 机会均等原则

在公共卫生领域，公共卫生支出均等与否是衡量一个卫生系统完善和发达程度的重要尺度。从本质上说，公共卫生服务均等化是同卫生资源的享受联系在一起的。卫生资源是指卫生活动中投入的一切人力、物力和财力的总和，同其他资源一样，卫生资源是稀缺的，有人享受了这部分资源，有人则没有；有人享受得多，有人则享受得少。在卫生领域，均等化就是指社会上的每个人不论其获得资源的能力如何，都具有平等享受卫生资源合理或公平分配的权利，而且对卫生资源的使用和分配，也具有参与决定的权利。当然，卫生资源的均等分配并不是平均主义，平均主义无法满足每个个体的卫生服务需求，从而导致卫生服务利用过量和不足并存。卫生服务的均等性很多情况下则是要求不平均的利用卫生资源，即是保证每个社会成员获得卫生服务的机会相等，尤其是保证人们都能得到基本的公共卫生服务。

美国著名的伦理学家和政治哲学家罗尔斯提出：正义即公平，进而提

① 丛树海：《财政支出学》，中国人民大学出版社2002年版，第382—383页。

出了社会正义分配理论，它是基于一种社会道义理论或正义原则，通过社会的正义制度安排和规范调节来实现的分配理论。罗尔斯认为社会制度安排本身就是一个社会财富和价值的实现，因为适度规范的性质和方式决定了社会财富和利益的流向和分配。正义制度安排实际上就是通过一种社会规范化的方式实现资源的公平分配。为了说明社会正义原则，罗尔斯首先提出了原始状态学说，认为“正义的原则是在一种无知之幕（veil of ignorance）[①] 后被选择的。这可以保证任何人在原则的选择中都不会因自然的机遇或社会环境中的偶然因素得益或受害”。[②] 在他看来，处于无知之幕后的原始状态的人们将选择两个正义原则：“第一个原则要求平等地分配基本的权利和义务；第二个原则认为社会和经济的不平等只要其结果能给每一个人，尤其是那些最少受惠的社会成员带来补偿利益，他们就是正义的。”[③] 在这两个原则中，第一个原则又称平等自由原则，它是首要的，是第二个原则的基础；第二个原则包括两个子原则；机会平等原则和差别原则，是第一个原则的延伸和发展。从上面分析可以看出，第一原则是强调公民的政治权力问题，它优先于第二原则；第二原则是调节社会和经济利益的不平等问题，使之合乎“最少受惠者的最大利益”，其中机会平等原则优先于差别原则。尽管有着两个优先原则，但罗尔斯正义理论的核心是差别原则，在于他强调要从最少受惠者的利益出发调节和处理社会和经济利益的分配，社会必须更多地关注那些天赋较低或处于不利社会地位的人们，按平等的要求补偿因偶然因素造成的社会资源分配的倾斜。依照罗尔斯的正义原则，本书认为要达到公共卫生支出领域的均等化，机会均等原则可以分解为两个基本准则——平等性原则和差别性原则。

---

① 罗尔斯的“无知之幕”思想实验是这样的：我们评价一个社会中的道德准则时，可以站在社会之外，透过“无知之幕”来对道德或社会结构的优劣进行观察和评价。我们可以知道社会的一切详尽信息，唯一“无知”的是“我”在这个社会中所处的位置。或者说，我要假定“我”以等概率成为被考察社会中的任何一个人，这样的“无知”导致完全的公正无偏。

② 罗尔斯:《正义论》，中国社会科学出版社 1988 年版，第 10 页。

③ 罗尔斯:《正义论》，中国社会科学出版社 1988 年版，第 12 页。

2. 财政公平原则

基本公共卫生服务属于公共产品，是由公共财政免费或收取少量费用提供的，所以享受公共卫生资源的多寡，就表现为公共卫生支出的多少。公共卫生支出流向农村多，则农村的卫生资源就比较丰富；反之，就比较贫乏。在我国当前的经济发展水平下，政府的公共卫生资源不足将是一个长期存在的问题，面临这种资源短缺的约束，如何才能达到公共卫生支出的均等化呢？我们提出了公共财政公平原则的具体标准：

（1）财政中立原则

其基本含义是每个社会成员的公共卫生经费开支上的差异不能与本地区的富裕程度相关。它的实际内涵是，尽管每个地区的富裕程度有差别，但是不能以此为由使不同地区的社会成员的公共卫生经费不等。“财政中立”原则旨在通过上一级政府对下级政府的不均等的卫生拨款，克服不同地区、城市与农村地区的社会成员享有的公共卫生经费的差异，保证每个社会成员获得均等的机会。

（2）调整特殊需要的原则

即对边远地区、贫困地区、农村地区的人群以及对城市地区的贫困人群要给予更多的关注和卫生财政拨款。

（3）成本分担与补偿原则

这两项原则是相互联系的，前者要求获益者应当负担相应的卫生成本，后者则要求在确认社会成员本人是主要的和直接的受益者的前提下，根据公共卫生的公益性特征，要求社会成员补偿国家为他们所支付的部分卫生成本。这两个原则主要针对的是准公共卫生产品，如计划免疫、妇幼保健和一些基本的医疗保健等，所以对这类准公共产品，政府是收取少量费用的，属于有偿服务项目。

（4）资源从富裕地区流向贫困地区的原则

这是判断卫生财政拨款是否均等的标准，卫生资源要在农村与城市、经济贫困地区和经济发达地区之间公平配置，就应使卫生资源流向前者，而不是从资源的直接经济效益的角度，使资源流向后者。这个原则实际上是要求在成本分担和公共资源的分配上体现富者多付，穷者多得的原则。

3. 结果均等原则

所谓“结果”，就是最终享有的基本公共卫生服务的“量”，也就是说城乡居民、不同区域之间的居民享受基本公共卫生服务在机会均等的前提下，享受的数量也要大致相等。目前，从总量上来看，尤其是农村居民所享受的基本公共卫生服务的数量明显低于城市居民，城市不少公共卫生服务项目在农村是没有的。由于我国农村占多数，农民占国家总人口的70%左右，如果按人均占有量比较差距更大。这一点尤其要注意，结果均等化应该以人均标准来计算，不应该以总量平衡，这样有利于缩小城乡基本公共服务在结果上的差距。

4. 协同性原则

竞争不以优胜劣汰置对方于死地为目的，而是促使双方发挥各自特长，或继续发挥优势，或及时转轨创新，以求得双方的共同发展和社会共同繁荣。京津冀一体化发展，只有克服三地之间协调发展中的各种障碍，补齐河北发展中的短板实现超越，才能降低北京的“吸入”功能，强化“输出”功能。河北不是北京的后花园，河北是与北京、天津一样的发展主体。京津冀要协同发展，让河北崛起是关键的一步。

（二）实现京津冀基本医疗卫生服务均等化的政策建议

在京津冀医疗卫生协同发展格局中，河北总体上排在末端，处于功能承接和加快提升的地位。因此，河北的总体定位为变“被动输出”为“主动疏解”，主动出击积极引入京津优质医疗卫生资源。具体政策如下：

1. 加强顶层设计、建立区域协调发展机制，加快规划协调

如前面分析，京津冀医疗卫生协同发展中“碎片化”特征明显、缺乏统一的制度衔接，需要一个超脱三者利益关系的上级部门统一协调。可以由国务院相关领导牵头，组织国务院有关部委联合京津冀三地政府共同成立国家层面的“京津冀协同发展领导小组”，建立区域协同发展协调机制，负责全面规划、协调、统筹京津冀协同发展一揽子事宜。在医院资源互

补、公共卫生服务合作、应急机制互动等方面，按照三地“优势互补、互利共赢、共建共享”的原则，结合三地客观条件，尽快启动京津冀都市圈公共卫生规划。

2. 河北省应加大公共卫生经费投入保障，主动缩小与京津的差距

为了实现基本公共卫生服务均等化的目标，保证城乡居民无差别地享受基本公共卫生服务，有效地缩小城乡差距、地区差距，京津冀各地的公共财政应当建立均等化的公共卫生经费保障机制，具体措施为：一是完善公共卫生服务提供机构的经费保障机制。对于提供基本公共卫生服务的防疫机构、妇幼保健机构等所需的人员经费、发展建设支出、公用经费以及业务经费等由政府预算全额拨款，服务性收入要缴入财政专户或纳入预算管理。二是完善政府对城乡基层医疗卫生机构的投入机制。政府负责其举办的乡镇卫生院、城市社区卫生服务中心和服务站按国家规定核定的基本建设经费、设备购置经费、人员经费和其承担公共卫生服务的业务经费，使其正常运行。三是建立和完善城乡基本公共卫生经费保障机制。按项目为城乡居民免费提供基本公共卫生服务。2013 年人均基本公共卫生服务经费标准 30 元，这也是保证京津冀医疗卫生服务协调发展的基本底线条件。

3. 加快信息平台建设，尽快实现京津冀医保、新农合系统互通互联

京津医疗资源富集，而河北优质医疗资源相对稀缺，不均衡分布是导致京、津等特大城市出现看病难的主要原因。要想解决这种供求矛盾，缓解看病难问题，就必须把京津的医疗资源向河北转移。而医疗资源转移的技术支撑是必须尽快实现信息资源的共享。目前河北省省、县两级平台已经建成，市级平台部分建成，而且 2013 年河北省新农合信息系统已于 2013 年度接入国家卫计委信息平台。下一步只要北京、天津分别接入国家新农合信息平台，就可实现三地全面互联互通，实现异地就医即时结算。①

4. 加快建立公共卫生医疗的横向转移支付制度

从历史传统上看，河北地区为北京、天津的发展作出了不少贡献，无

① 这部分主要参阅了河北省卫计委的《京津冀医疗协同发展规划》。

论是生态环境保护、清洁的水资源等方面，还是工业项目的取舍等，河北都作出了巨大的牺牲，仅在潮白河流域砍掉的工业项目就达 800 多项，砍掉这 800 多项的工业项目什么概念呢？就是承德每年承担着近十个亿的利税损失。正如温家宝同志所言“京津的发展离不开河北的支持，京津的环境保护离不开河北的支持，京津的稳定也离不开河北的支持”。其实质是河北对京津地区的横向转移支付，河北损失的直接的或者是间接的利税损失相当于对京津地区的横向转移支付，所以现在到了京津反哺河北的时候了，建立京津地区对河北的横向的公共卫生资源转移支付制度，这种资源转移既可以是直接的以医疗卫生项目为载体，也可以是无形的提供免费的公共卫生服务。

5. 构建京津冀医疗卫生协同发展合作机制

（1）建立京津冀医疗联合体，实现三地医疗资源无缝对接

建立京津冀医疗联合体，实现医联体内合作单位之间跨地区转诊，着力加强医联体内各合作医院双向转诊和单向转诊。如北京的医疗单位可以将其部分患者转诊到河北，这样既可以节省资源，又能为患者提供更好的就医环境，使“进京就医”变为“出京治病”。同时，作为京津知名三级医院，还需放下架子，利用自身的技术优势、人才优势、管理优势、品牌优势、科研优势，帮助医联体内驻冀医院培养人才，提高医疗水平，共同发展。

（2）消除政策壁垒，打破传统观念，坚定不移推进医改

近些年来，河北省一直在积极对接京津谋求发展，但效果一直不理想。如涿州市医院（三级综合医院）和北京 301 医院虽签署了合作协议，但很多具体工作仍停留在文件上、口头上，执行难、推不动。究其原因：一是跨行政区划合作的政策性、体制性藩篱较多。二是受传统观念影响，未能打破自家“一亩三分地”的思维定式。

要解决这种效能低下的运转模式，就必须打通政策阻碍，通过修改或制定法律，整合现行“新型农村合作医疗”“城镇居民基本医疗保险”“城镇职工基本医疗保险”三项基本医疗保险制度，让医保在区域间能够

流动。可以运用财政杠杆，缩小地区间报销水平差异；改变现有思维模式，跳出自家“一亩三分地”的思维，真正从思想上实现相互融合、协同发展。

（3）尽快实现医生跨省市的“多点执业”制度

进一步为医生多点执业创造便利条件，允许医生团体化、跨省市多点执业。“多点执业”是国际上通行的做法，也是未来的发展方向。但在现行制度下，医师多点执业面临很大阻力：一是医师多点执业，需要第一执业地点书面同意，执业地点在同一行政区内，且不超过3个；二是医院本身对医师多点执业不积极；三是医师本身有思想顾虑，担心多点执业会影响前途。此外，医疗工作是一项科学技术性很强的工作，需要协同合作、相互配合，医师多点执业，到一个新的环境单打独斗，对其专业技能本身也是一种挑战，无形中增加了医疗事故的发生率，这也是医师对多点执业不热衷的原因之一。因此，要想实现京津冀医疗行业协同发展，就必须率先打破这些障碍，同时，积极探索医师团体化、跨省市多点执业的办法，真正实现医师在京津冀地区的“自由择业”。[①]

① 《加快京津冀都市圈医疗、养老产业相互融合、协同发展》，《河北日报》2014年3月10日。

第八章　京津冀协同发展与社会保障均等化

社会保障是指一个社会通过正式的和非正式的制度为它的国民在失业、疾病、生育等情况下提供的安全保障，是人类20世纪创造最伟大的制度之一。① 社会保障体系则是指社会保障中的各个部分有机地结合而形成的一种相互联系、互相补充的整体。从统筹的角度看，社会保障体系包含社会救济、社会保险、社会福利、社会优抚四个范畴。其中，社会救济是最为基础的保障；社会保险是基本的社会保障，也是目前大部分社会公民可以享受到的保障；社会福利是较为高层次的社会保障，旨在改善公民的生活水平，主要受制于社会体制和经济发展状况；社会优抚是专门为特殊人员及其家属所提供的保障，只有那些在国家安全、国家发展等方面作出突出贡献的人及其家属才可以享受的特殊的社会保障。顺应市场经济发展的基本要求，通过多年的实践，我国基本形成了以养老、医疗、失业、工伤、生育以及最低生活保障制度为主要内容的社会保障框架体系。由于上一章专门讨论了医疗问题，考虑到城乡差异以及各项目在我国发展程度及重要性，本章将养老和最低生活保障作为研究的主要内容。

一、京津冀社会保障的现状及存在问题

（一）社会养老保障

社会养老保障又称社会养老保险，是为了保障劳动人员在退休后，即

① 李珍：《社会保障理论》，中国劳动社会保障出版社2001年版。

达到法定解除劳动义务的年龄或因为年老丧失劳动能力时，能够依照法律得到相应的经济收入、生活服务以及物质性的帮助的社会保险制度。中国在工业化的过程中尤其是改革开放三十多年来，逐步建立了多种类型的养老保险制度：机关事业单位退休金制度、职工基本养老保险制度、农民工养老保险制度、新型农村养老保险制度等。目前，除机关事业单位外，中国城镇正规就业人员几乎都纳入职工基本养老保险制度体系之中。事业单位养老保险制度的改革也于2009年启动，具体方案与企业职工基本养老保险制度基本相同，2014年事业单位养老保险与企业职工养老保险的“双轨合并”规定正式出台。与此同时，全国各省市也开展了各具特色的农村社会养老保险制度建设。2009年、2011年分别开展新型农村居民养老保险和城镇居民养老保险试点工作，2014年全国城乡居民养老保险合并。京津冀在社会养老保障制度方面的差异主要集中于城乡居民养老保险，城镇职工养老保险在制度方面无太大差异，其保障水平主要受地区经济差距、平均工资收入差异的影响。

1. 京津冀城乡居民养老保险政策差异

表8－1 京津冀城乡居民养老保险政策差异

	北京	天津	河北
缴费额度	城乡居民养老保险个人年缴费额度为1000元至7420元，不分缴费档次	城乡居民养老保险共设10个缴费档次，即每人每年600元、900元、1200元、1500元、1800元、2100元、2400元、2700元、3000元、3300元	河北省城乡居民社会养老保险缴费档次统一设为每人每年100元、200元、300元、400元、500元、600元、700元、800元、900元、1000元、1500元、2000元、3000元13个档次

续表

	北京	天津	河北
财政补贴缴费	对个人缴费1000元至2000元之间的人员，每人每年补贴60元；个人缴费标准2000元及以上的每人每年补贴90元。为增加基金筹资渠道，根据国家统一规定，北京市还鼓励有条件的村集体经济组织和其他社会经济组织、公益慈善组织、个人为参保人缴费提供资助，资助额度不超过最高缴费标准，并计入参保人的个人账户	天津市政府对于参加了城乡居民养老保险的人员，无论是参保缴费阶段，还是领取养老保险待遇期间，政府从始至终都给予补贴，即“个人一次参保、政府补贴终身”。城乡居民养老保险各档次缴费补贴标准为：一档60元、二档70元、三档80元、四档90元、五档100元、六档110元、七档120元、八档130元、九档140元、十档150元。个人账户养老金由市和区县财政全额补贴	按年缴费，多缴多得，为高收入城乡参保群体提供更多选择。为鼓励居民选择更高档次的缴费标准，政府对参保人缴费给予不同的财政补贴，对选择100—400元档次标准缴费的，补贴标准为每人每年30元；对选择500元及以上档次标准缴费的，补贴标准为每人每年60元
基础养老金待遇	领取北京市城乡居民养老保险待遇人员的基础养老金每人每月430元。享受老年保障人员的福利养老金每人每月350元	基础养老金月计发标准为220元。参保人累计缴费年限超过15年的，缴费年限每超过1年，基础养老金每月增发4元。基础养老金由市和区县财政全额补贴，为使广大居民能够分享天津市经济社会发展成果，不断提高他们的晚年生活水平，政府将建立基础养老金标准正常调整机制	基础养老金计发标准为55元。政府对缴费超过15年且符合领取条件的参保人，每多缴费1年，其月基础养老金增加1元。在中央基础养老金每人每月55元的基础上，为符合领取条件的参保人每人每月增加5元，涨至60元，由省级财政全部负担。鼓励各设区市、县（市、区）政府根据本地实际增加地方基础养老金，所需资金由当地财政承担

续表

	北京	天津	河北
领取年龄	2015年前，城乡居民养老保险的参保人，领取待遇年龄男为60周岁，女为55周岁。从2015年起，新参加城乡居民养老保险的参保人，领取待遇年龄从以前的男性60周岁、女性55周岁统一为60周岁	参保人年满60周岁、累计缴费年限满15年，且未领取国家和本市规定的基本养老保障待遇的，按月领取城乡居民养老保险	参保人年满60周岁、累计缴费年限满15年，且未领取国家和本市规定的基本养老保障待遇的，按月领取城乡居民养老保险
缴费年限及异地养老保险续接规定	对于本市居民在2009年1月1日未达到45周岁、外省进京落户人员2013年1月1日没达到45周岁的，应按年缴费，累计缴费不少于15年。此外，2015年1月1日起新参保的人员，因个人原因间断缴费，到年满60周岁时缴费还不足15年，须延期并逐年缴费，直到满足按月领取待遇条件为止。若居民养老保险想变更为职工养老保险，其缴费年限最多可按1:1比例将城乡居民保险费折算为职工基本养老保险	距规定领取待遇年龄不足15年的参保人，应当逐年缴纳养老保险费。达到领取年龄累计缴费年限不满15年的，应当一次性补足所差年限养老保险费；距规定领取年龄超过15年的参保人，应当按年缴纳养老保险费，累计缴费年限不得少于15年。参保人缴费期间户籍在本市行政区域内迁移的，不转移城乡居民养老保险关系和个人账户储存额，继续在户籍迁入地参保缴费，缴费年限累计计算。参保人缴费期间户籍跨省市迁移的，应当在户籍迁入地申请转移城乡居民养老保险关系，一次性转移个人账户	距规定领取待遇年龄不足15年的参保人，要逐年缴纳养老保险费。达到领取年龄累计缴费年限不满15年的，要一次性补足所差年限养老保险费；距规定领取年龄超过15年的参保人，要按年缴纳养老保险费，累计缴费年限不得少于15年。参保人在缴费期间户籍迁移、需要跨地区转移城乡居民基本养老保险关系的，可在迁入地申请转移养老保险关系，一次性转移个人账户全部储存额，并按迁入地规定继续参保缴费，缴费年限累计计算。已按规定领取城乡居民

续表

	北京	天津	河北
		储存额，并按照户籍迁入地规定继续参保缴费，缴费年限累计计算。已经领取城乡居民养老保险待遇的人员，领取待遇期间户籍跨省市迁移的，其城乡居民养老保险关系和个人账户储存额不转移，仍由户籍迁出地按规定继续发放养老保险待遇	基本养老保险待遇的，无论户籍是否迁移，其养老保险关系不转移，其生存认证由待遇发放地社会保险经办机构负责

资料来源：京津冀三地的人力资源和社会保障局网页以及最新发布的政策文件。

2. 京津冀养老保障现状

表8－2　京津冀社会养老保障制度执行现状

地区	城镇职工基本养老保险基金				城乡居民养老保险基金				
	参保人数（万人）	基金收入（亿元）	人均基金收入（元）	基金支出（亿元）	参保人数（万人）	基金收入（亿元）	人均基金收入（元）	基金支出（亿元）	人均基金支出（元）
北京	1311.3	1181.3	90086.17	734.8	180.1	29.9	16598.64	17.1	54179.95
天津	520.7	466.0	89494.91	426.3	95.5	50.0	52370.35	16.7	23519.31
河北	1194.7	891.1	74587.76	833.1	3354.2	99.9	2977.69	60.6	7208.02

资料来源：《中国统计年鉴2014》整理得出。

从表8－2可以看出，北京市的城镇职工基本养老保险基金收入远大于基金支出，天津市和河北省的城镇职工基本养老保险基金收入只是略大于基金支出。说明天津市和河北省的城镇职工基本养老保险实为养老保障中的现收现付制度，存在较大缺口风险。若按人均基金收入来看，河北省是三者中最低的，北京是河北的1.21倍，天津是河北的1.20倍。这是因为城镇职工养老保险是与所在地区平均工资紧密挂钩，而平均工资水平与所在地区的经济发展程度是紧密相连的。论经济发展程度以及政策倾斜，北京和天津都要优于河北省，自然城镇职工养老保险执行中，河北省的职工养老保障水平是最低的。从上述城乡居民养老保险制度来看，北京市和天津市在此项改革进程中一直处于领先地位，丰厚的财政收入为城乡居民养老保险改革提供了坚强的后盾。从表 8 -2 可以看出，就城乡居民养老保险来看，河北省的参保人数最多，天津市的参保人数最少，北京居中；而就人均基金收入来看，河北省最少，天津最多，北京是河北的 5. 57 倍，天津是河北的 17. 58 倍。这是因为基金收入主要由个人缴费和地方财政补贴组成，北京市和天津市的个人缴费标准以及政府的财政补贴大大高于河北省。而就人均基金支出来看，河北省最低，北京最高，天津次之。北京是河北的 7. 52 倍，天津是河北的 3. 26 倍。这就是说，北京市的基础养老金水平最高，天津次之，河北最低。

3. 京津冀养老保障存在的问题

从表 8 -1 和表 8 -2 可以看出，京津冀三地的居民养老保险待遇在个人缴费标准、政府补贴额度以及基础养老金待遇方面存在很大差距。河北居民缴费最低标准是北京的 1/10，是天津的 1/6。河北财政补贴缴费最低 30 元，是北京、天津的 1/2；最高 60 元，是北京的 2/3，是天津的 40%。河北省年满 60 周岁领取的基础养老金是北京的 14%，是天津的 27%。明显可判断出，北京居民的养老保障水平高于天津，天津高于河北。在这种情况下，一个人一旦在北京缴纳居民养老保险就会持续缴纳下去，而如果在居民养老保障水平最低的河北就未必了。显然，京津冀三地间养老保障水平的巨大差异，加上养老保障转移、续接制度的缺失，即不利于京津冀三地养老保障均等化的实现，不利于劳动人口流动，也不利于经济发展较为落后的河北吸引、保留优秀的人才。

（二）社会救助

社会救助是针对那些因为各种原因而无法维持最低生活的公民，由国家给予补助的一种社会保障制度。它是社会保障的最低、最底层面，是社会保障的最后一道防线。作为最基本的社会保障手段，社会救助是政府责无旁贷的义务，公共财政主导着社会救助资金筹集、资金应用、资金监管等各个环节。旨在保障社会弱势群体的最低生活水平的社会救助，与其他社会保障手段有着互补和交叉的作用，共同构成了完整的社会保障体系。目前，中国的社会救助主要包括三部分，即城镇居民最低生活保障、农村居民最低生活保障以及医疗救助。其中，1997 年城镇居民最低生活保障制度在全国范围内建立，2007 年农村居民最低生活保障制度在全国范围内建立；2003 年、2005 年民政部、卫生部、劳动保障部和财政部联合颁布《关于实施农村医疗救助的意见》和《关于建立城市医疗救助制度试点工作的意见》，标志着农村医疗救助制度和城市医疗救助制度在中国的建立。

1. 京津冀社会救助政策差异

表 8－3　京津冀社会救助政策差异

	北京	天津	河北
救助标准	农村低保标准提高为家庭月人均 560 元，农村低保标准达到城市低保标准的 86%。低保标准的调整，主要以统计部门提供的全市居民基本食品费用支出和其他生活必需品费用支出为基础进行测算，并综合考虑了物价上涨等因素，加大对低收入家庭的救助力度，并根据家庭困难程度实行分类救助	目前，天津市城乡最低生活保障标准分别为 640 元、440 元；城乡特困救助标准每户每月分别为 192 元、132 元；农村五保供养标准为 6960 元。继续实施基本生活必需品价格上涨与困难群众生活补助联动机制，为低保对象、特困救助家庭和低收入居民等人员发放生活补助。并按照农村低保和城市低保	分类制定全省相对统一的保障标准。最低生活保障标准要与经济社会发展水平相适应，健全低保标准动态调整机制，健全救助标准与物价上涨挂钩的联动机制，健全低保标准与全国平均水平同步增长机制。2013 年河北省民政厅和相关部门下发《关于最低生活保障、农村五保供养、孤儿养育

续表

	北京	天津	河北
		的比例关系，对照城市困难群众物价补助标准，确定农村重点优抚对象、低保户、特困户、低收入户和五保供养对象的物价补助标准	三项社会救助标准制定和调整的指导意见》，最低生活保障标准城镇为450元/月，农村为2500元/年，农村五保最低供养标准调整为5000元
标准确认	根据家庭困难程度实行分类救助。在低保申请上，提出“收入核减”的分类救助方式：申请家庭中有罹患重大疾病或重度残疾人的，家庭收入按照城乡低保标准的100%进行收入核减；法定抚养人达到60周岁的，家庭收入还可按照城乡低保标准的50%再次进行收入核减；单亲家庭中法定抚养人单独抚养16周岁及以下未成年人或16周岁以上全日制在校学生的，家庭收入按照城乡低保标准的100%进行收入核减	本市最低生活保障金采取差额补助的方式，保障金额＝低保标准×家庭人口数－家庭收入。区县民政局批准享受低保待遇的，发给低保证，并从批准之日的次月开始发放低保金。低保金按月通过银行、信用社等代理金融机构，直接支付到低保家庭账户。并实施低保分类救助政策	以户籍状况、家庭收入和家庭财产是认定最低生活保障对象的三个基本条件。申请最低生活保障以家庭为单位，原则上向户籍所在地提出申请，家庭人均收入低于当地城乡最低生活保障标准，且家庭财产符合当地认定标准的，认定为最低生活保障家庭
特殊人群规定	六类特殊困难群体实施救助标准上浮：第一类城市特困人员和农村五保供养对象，按城乡低保标准的40%上浮救助标准，按月发放生活费；第二类罹患重大疾病人员，按城市低保标准的35%上浮救助标准；第三类享受低保或生活困难补助的重度残疾人，按城市低保标准的30%上浮救助标准；第	对重病、重残、老年人和单亲家庭，以及被征地农民、精减退职老职工、原工商业者配偶、短期无法就业且生活困难的高校毕业生、刑满释放及劳教解	

续表

	北京	天津	河北
	四类民政部门管理的因公（病）致残返城知青、精减退职人员、原国民党人员、生活困难的“老归侨”等传统民政救济对象，以及经户籍所在地区县政府侨务部门认定的归国华侨和侨眷，按城市低保标准的25%上浮救助标准；第五类60周岁（含）以上老年人、16周岁及以下未成年人和16周岁以上全日制在校学生，按城市低保标准的20%上浮救助标准；第六类60周岁以下达到退休年龄人员，以及完全丧失或大部分丧失劳动能力人员，按城市低保标准的15%上浮救助标准（同时符合两种及以上条件的，按上浮标准高的执行）。对低保就业人员在核算家庭收入时，先扣除必要的就业奖励再计算家庭月人均收入。有固定工作岗位的在职职工或享受灵活就业社会保险补贴的就业人员，优惠政策申请低保时可按户籍类别，从收入中扣除本市当年城乡低保标准的80%再计算家庭月人均收入；从事弹性就业的人员，申请低保时收入达到或超过本市当年城乡低保标准180%的，先从其收入中扣除本市当年城乡低保标准的80%作为就业奖励，再计算家庭收入；收入高于本市当年城乡低保标准、低于本市城乡低保标准180%的，可按照本市当年城乡低保标准核定其收入	教人员等10类特殊群体，提高这类人员的保障标准，切实解决这部分特殊群众的生活困难	无

续表

	北京	天津	河北
医疗救助制度	此外，对于实现就业的低保人员，符合条件的可享受6个月的救助渐退。 城乡特困人员门诊救助和住院救助比例为70%；重大疾病救助比例为75%，且重大疾病救助病种有15类、134种，住院押金减免比例为70%，门诊救助封顶线为4000元；住院救助封顶线为40000元。医疗救助资助范围为城乡低收入人员；同时鼓励区县将因灾难性卫生支出造成家庭生活困难的人员纳入医疗救助范围。医疗救助受理审批时限由按季度办理调整为按月办理。社会救助对象需要住院救治的，在定点医疗机构可以享受押金减免服务；同时对于发生的医疗费用由定点医疗机构按比例先行垫付，社会救助对象只需负担个人自付部分，且为"事前救助"。社会救助对象在享受基本医疗保险和医疗救助后，符合条件的还可享受大病保险和慈善医疗救助。区县财政部门根据上年度末享受城乡低保和低收入的人数，按照上年城市低保年保障标准的15%单独安排医疗救助资金。对于资助参保参合的资金和定点医疗机构垫付的资金，由民政部门审核确认后统一拨付	将城乡重度残疾人以及月人均收入低于城乡低保标准150%的低收入家庭成员纳入医疗救助制度。提高医疗救助标准，医疗救助对象发生的住院和门诊特定病种医疗费用，在基本医保报销后，政策范围内个人负担2万元以下部分报销比例由50%提高到60%，2万元（含）以上部分报销比例由55%提高到80%。通过实施分段救助进一步提高医疗费用支出较高救助对象的保障水平。在完善医疗救助政策的基础上，充分发挥临时救助制度的作用，对低收入家庭低、残、退、幼、学等情况聚集的家庭成员，加大临时救助力度	不断提高城乡医疗救助水平，城乡医疗救助政策不断完善，救助方式进一步拓展。各地不断提高政策范围内住院救助比例，提高封顶线，把医疗救助对象从城乡低保、五保对象逐步扩大到低收入家庭重病患者和重度残疾对象。同时，推广"一站式"即时结算服务。2013年，河北省进一步完善重特大疾病救助服务内容，扩大救助病种，对低收入群众降低起付线，提高救助封顶线，提高政策范围内自付医疗费用的救助比例

资料来源：京津冀三地的人力资源和社会保障局网页以及最新发布的政策文件。

2. 京津冀社会救助现状

表 8－4　京津冀社会救助制度执行现状

地区	城镇居民最低生活保障制度			农村居民最低生活保障制度			医疗救助		
	支出金额（万元）	保障人数（万人）	人均保障金额（元）	支出金额（万元）	保障人数（万人）	人均保障金额（元）	救助金额（万元）	救助人数（万人次）	每人次救助金额（元）
北京	65215.1	10.4	6270.68	26416.3	6.0	4402.72	11660.2	14.3	814.2825
天津	96840.4	16.0	6052.53	34880.7	10.7	4038.91	15798.2	21.4	739.1559
河北	183701.9	72.8	2523.38	286332.3	221.9	1633.70	50498.9	55.1	917.1313

资料来源：由国家民政部网站公布数据整理得出。

从表 8－4 可以看出，就保障支出金额来看，河北省最多，天津次之，北京最少，原因是河北省总人口最多，需保障的人数最多，自然支出金额最大。按人均保障金额来看，三地的人均农村最低生活保障皆小于城镇居民最低生活保障，且无论是城镇居民最低生活保障还是农村居民最低生活保障支出，河北省最少，天津和北京相近。其中，城镇居民最低生活人均保障金额，北京是河北的 2.49 倍，天津是河北的 2.40 倍；农村居民最低生活保障，北京是河北的 2.69 倍，天津是河北的 2.47 倍。说明北京和天津居民的最低生活保障水平相近，河北省最低，这与当地的经济发展水平、消费水平、地方财政收入水平是紧密相关的。若按医疗救助来看，会发现河北省的每人次的医疗救助金额最高，北京市次之，天津市最低。

3. 京津冀社会救助存在的问题

从表 8－3 和表 8－4 可知，北京的农村低保标准是城市的 86%。天津的农村低保标准为城市的 69%。河北的农村低保标准为城市的 46%。结合经济发展水平、消费水平来看，京津冀三地间城市低保标准差异不大，但农村低保标准差异过大，城乡标准差异过大。而且，与京津相比，河北省在低保分类救助的制度设计上，略显粗糙，不细化，忽视了特殊人群对低保的特殊需求，削弱了低保制度的保障效果，不利于京津冀三地社会保障中底线保障均等化的实现。

二、京津冀社会保障协同发展存在问题的原因分析

协同发展是指区域内部不同地区之间以及不同区域之间，为了共赢发展而开展的地方政府合作行为。在区域合作过程中，政府的作用主要是促进要素资源合理流动，纠正市场失灵，以实现区域协同发展。京津冀有着特殊的历史渊源，经济社会发展具有梯次性、互补性和共生性等特征，具备区域合作的良好基础。所谓梯次性是指不同地区之间由于存在经济社会发展差距而形成的阶段性特征；所谓互补性是指各地区基于比较优势而从交易中获益的可能性；所谓共生性是指区域内部各地区之间所具有的相互依赖的特性。① 京津冀社会保障协同发展同样具有梯次性、互补性和共生性三个特征。由于京津冀三地社会保障所呈现的巨大“梯度差”，已加剧了社会保障供需的“紧平衡”状态，表现为河北省培养出的拔尖人才，常被京津虹吸。当然，协同发展绝不是拉平差距，而是要让梯度合理。河北省社会保障水平提高了，不仅有利于自身发展，也可为京津提供新的发展空间和飞地。

社会保障具有公共性，社会保障产品不完全是纯公共产品。医疗保障、养老保障属于“俱乐部产品”，而社会救助则是纯公共产品。所以就整体来说，社会保障是一种混合品，亦是准公共品。而准公共品的提供是属于公共支出范畴的，财政应在这些准公共产品供给中承担责任。正如温克勒（Winkler）在研究欧盟国家农民养老金财政状况时所说：“没有一个社会保障机构能光依靠所缴费用来承担农民养老金的支出，它们都需要依赖政府补助和其他方式来补贴。”因此，京津冀社会保障问题是个财政经济问题。研究京津冀社会保障协同发展，需要从经济生活发展中找问题的症结和解决的思路。

---

① 邢华：《推进京津冀协同发展的理论思考》，《前线》2014 年第 3 期。

（一）京津冀经济发展不均衡

京津冀三地间的经济发展长期存在着不协调、不均衡，北京、天津较为发达，河北较为落后的现状近几年更为常态化。这种区域间经济发展的失衡引发了诸多问题，其中包括社会保障支出在政府间的横向失衡问题。当前，我国的社会保障支出由地方政府和个人共同承担，地方政府的财政收入情况及个人的可支配收入水平决定着整个地区的社会保障支出水平。然而，区域间经济发展的失衡会导致地区间在同等的税收努力程度下获得的财政收入不同，可支配收入水平不同。经济越发达，地方政府就越能够获得较多的财政收入用于社会保障等公共事业发展；个人的可支配收入水平越高，越愿意选择更高的缴费标准且延长缴费年限。而经济落后地区则呈现出相反的情况，即政府间财力的横向失衡，导致个人收入水平的横向差距拉大，社会保障水平亦日渐区别。目前，京津冀三地经济发展尤其是人均收入水平差距较为明显。根据《中国统计年鉴 2014》，2013 年北京人均 GDP 为 93213 元，城镇居民人均可支配年收入为 40321 元，农村居民人均可支配收入为 18337. 5 元；天津人均 GDP 为 99607. 0 元，城镇居民人均可支配年收入为 40321 元，农村居民人均可支配收入为 18337. 5 元；河北人均 GDP 为 36584. 0 元，是北京的 39. 2%，天津的 36. 7%，城镇居民人均可支配年收入为 22580. 3 元，是北京的 56%，是天津的 69. 9%，农村居民人均可支配收入为 9101. 9 元，是北京的 49. 6%，是天津的 57. 5%。京津冀三地间的经济发展失衡，致使三地的财政能力差异以及个人收入差异拉大，从而造成了三地间社会保障非均衡的长期存在。

（二）转移支付制度缺陷

社会保障支出由财政性社会保障支出和社会保险基金支出两大部分构成，其中财政性社会保障支出作为公共财政支出中的重要组成部分，主要通过中央政府财政转移支付制度来实现。根据亚行支援项目《河北省发展战略研究》中关于“消除环京贫困带，促进京津冀区域协调发展”的研究表明，环京贫困带24个县，共有国家和省级扶贫工作重点县（区）21个，扶贫工作重点村2730个，贫困人口180.4万人。贫困带的存在客观上既制约着京津两市的发展，也制约着京津冀协同发展。由于区域内经济发展水平严重失衡，导致京津对河北形成一种“虹吸效应”，进一步加大了中心城市与周边中小城市的不均衡发展，进一步拉大河北与京津的财政收入差距，进而影响到河北与京津的社会保障支出差距，以至于基层政府更加依赖上级政府的转移支付。中国现行的财政转移支付制度存在着制度上的缺陷，如：形式过多（税收返还、财力性转移支付、专项转移支付和其他转移支付），结构不合理，均等化功能缺失等问题，具体表现为：①转移支付制度中的税收返还规模与经济发展水平呈正相关关系，这就意味着经济发达地区通过税收返还获得的财政转移支付要高于经济落后地区。相比于经济发达地区，经济落后地区的社会保障等公共事业的发展落后，更需要国家对这些地区给予更多的财政支持。但现行的税收返还制度却不具备平衡地区间公共财政支出非均等化的功能。②具有均等化功能的一般性转移支付和专项转移支付在整个转移支付中所占的比重较小，导致平衡地区间公共财政支出非均等化的功能弱化。长期以来，中央政府针对地方政府的社会保障财政转移支付出现了好的越来越好，坏的越来越坏的“马太效应”，区域间在财政性社会保障支出上的非均等化问题进一步恶化。

（三）养老保险、医疗保险统筹层次差距大

京津冀三地的医疗保障、养老保障统筹层次差距较大，对于统筹层次较低的河北省来说，不仅严重地削弱了保险基金的抗风险能力，还制约着保险基金在地区间的合理调配流动和调剂功能的有效发挥。目前，河北省的城镇职工养老保险为省级统筹，城乡居民养老保险只是市级统筹；医疗保险中城镇职工医疗保险达到市级统筹，但城乡居民医疗保险截至2014年还未实现市级统筹。以至于京津冀三地间各社会保障项目基金统筹的平台无从实现。在养老保险基金的支出方面，京津冀三地负担苦乐不均，保障水平差异巨大。同时，还面临着统筹资金保值、增值的压力。这就是说，

保险基金的统筹层次过低，不仅不能实现在全国范围内基金的合理流动和调配，造成保险基金互助调剂功能和均等化功能弱化，而且进一步恶化了保险基金短缺地区的支出情况，拉大与基金富余地区间在支出上存在的非均等化问题。

（四）中央政府与地方政府财权与事权的失衡

自分税制以来，中央政府与地方政府间的财权与事权不匹配问题凸显，财力与事权的不对称导致了政府间财力的纵向失衡，财权不断地层层地上移，而事权却在层层下移，社会保障的财政支出责任更多地落到了地方政府的肩上。从京津冀三地来看，与京津相比河北省经济发展较为落后，财权上移和事权下移，不仅会增大河北省境内基层政府的财政负担，还会产生“挤出效应”，减少河北省境内落后地区用于经济建设的财政投入，从而进一步恶化其财政状况，导致恶性循环，进一步扩大河北省与京津在社会保障等公共财政支出上的非均等化程度。从河北省自身来看，河北省境内各地区间存在较大的经济差距，但各地区基层政府就社会保障各项目与上级政府间的出资比例相同，没有任何差别，且基层财政与市级财政、省级财政在社会保障各项目的出资比例最多是1∶1∶1（若为省直管县，财政出资为基层财政与省级财政，比例为1∶1），更多是基层财政负担更大比例的支出，比如社会救助，以至于落后地区社会保障水平不高拉低了整个省的社会保障水平，加大了河北与京津的社会保障差距。

三、京津冀社会保障均等化的目标和实现路径

社会保障的基本特性在于对社会和经济具有“安全网”和“稳定器”的功能。由于社会保障具有公共产品的特征，政府理应承担社会保障的供给责任。政府可以根据国家经济周期的变化，在各级政府财政间合理划分社会保障的供给责任。利用社会保障支出的增加或减少，对社会经济进行调节。如果让地方政府自行解决社会保障问题，假定在地方政府之间具有

较高流动性的情况下，容易导致人们流向社会保障负担较轻，而社会保障水平较高的地区。这就难以实现收入分配公平的目标。鉴于此，根据传统的财政分权理论，低级政府对收入再分配和稳定职能的能力有限，原则上应主要由中央政府承担责任。

从社会保障受益范围的空间层次性和社会保障体系构成来看，社会保险是社会保障体制的核心，社会救济属于最低层次、最基本的社会保障。其中，养老保险属于全国性的公共产品，应实现在全国范围内统筹。一般情况下其给付水平有较为客观的统一标准。中央政府应统一制定基本养老保险计划，包括征税（费）、给付的年龄和标准等。养老保险的资金筹集来源于雇主和雇员的养老保险税或费，应由中央政府统一征收、支配和管理，各项政策全国统一。同时，中央财政从一般税收中还要给予适当的补助。

就医疗保险来说，需由中央政府和地方政府共同提供。其风险分担和互济的水平取决于所覆盖的人群规模大小，全国统一的保险计划拥有有效的风险分散和互济机制。因此，医疗保险的提供需要中央政府发挥积极作用。但由于医疗保险计划的实施非常复杂，在信息不对称的情况下，单凭中央集中机制难以保障广大民众医疗卫生服务需求的满足及社会公平的实现。在中央政府主要负责相关宏观政策的制定和监督作用的同时，具体事务的管理应由地方政府负责，且应主要由省级政府或层次较高的地方政府筹集和统筹，不足部分由中央政府给予适当的补助。

社会救济具有一定的地域性，具有地方公共产品的特征。每个地区经济发展、收入和消费水平有着很大的不同，每个地区制定贫困线的标准存在着很大差异。因此，如果由中央政府统一提供社会救济，很难满足各地千差万别的需求，从效率角度来说，应以具有信息优势的地方政府分散管理为主。但是，社会救济是政府为低收入者提供的现金或实物的补助，其资金来源是国家财政拨款，是国家对每个公民基本生存权的一种保障。和社会保险相比，对促进收入分配的公平具有更为直接的作用，具有很强的效益外溢性，因此，它的资金筹集应主要依靠中央政府和地方政府的财政拨款，资金来源于政府的一般税收。在地方财政发生困难的情况下，中央政府要及时增加财政转移支付，为社会救济筹资发挥兜底作用。

（一）建立合理的转移支付制度，提高财政性社会保障支出的均等化

我国京津冀三地的财政性社会保障支出非均等化程度较为严重，社会保障财政支出的非均等化是诱发京津冀社会保障支出非均等化的重要因素。所以，缩小京津冀三地的社会保障财政支出上的不均等，有利于加快实现三地社会保障均等化的目标。要想短期内在经济发展差距依然巨大的情况下，实现京津冀三地社会保障支出均等化的目标，可以从政府的社会保障财政预算入手，即建立科学、合理的社会保障支出转移支付制度。以京津冀为试点，加大中央政府对经济发展较为落后的河北省政府的财政转移支付力度，强化转移支付制度在社会保障支出均等化过程中的作用，以实现京津冀三地大致均等的财政性社会保障支出能力。建立中央对地方转移支付制度的实质，是通过财力调节的方式来理顺中央政府和地方政府在社会保障支出上的财政关系，使政府间社会保障支出权责对等，增加落后地区的财政收入，从而提高区域间在财政性社会保障支出项目上均等化程度，最终实现社会保障均等化的目标。

（二）分项目、分步实施京津冀的社会保障转移、续接

京津冀协同发展首要面临的就是因人口流动所带来的社会保障转移、续接的问题，其实质在于经济利益的分割。结合京津冀社会保障制度差异分析可看出，京津的社会保障水平明显高于河北，且社会保障各项目的制度设计之间又存在着巨大差异。在此情况下，要一步实现社会保障项目的转移、续接是不可能的，而养老、医疗是影响社会保障水平高低的主要项目。因此，就这两个项目提出设想。

养老保障分为城镇职工社会养老保险和城乡居民社会养老保险。其中，京津冀在城镇职工社会养老保险的制度设计上是一致的，无太大差

异，都已实现省级统筹。而城乡居民社会养老保险的制度设计存在很大差异，故养老保障的续接应分三步走：第一步，在京津冀三地间建立养老保障的结算平台，实现京津冀三地养老保障的数据共享。第二步，实现京津冀三地职工社会养老保险的转移、续接。将就业人口根据是否存在异地缴费分成两种：存在异地缴费的，在劳动力流动后，将流动前社会统筹账户和个人基金账户都转移到流入地。退休后根据在异地间的缴费年限比例作为计算基础养老金的权重，即缴费年限地区的权重乘以相应的缴费地区的基础养老金，然后求和，计算退休后的基础养老金部分。没有存在异地缴费的，根据缴费地的养老保障制度执行即可。第三步，实现京津冀城乡居民社会养老保险的转移、续接。由于京津冀三地制度差异较大，个人缴费标准不同，地方政府财政补贴缴费不同，基础养老金待遇不同，它的转移、续接最难，会涉及地方财政的收支。因此，要在形成一个有效的以京津冀协同发展为目的的财政制度的前提下才有可能实现。

医疗保障分为城镇职工医疗保险、城镇居民医疗保险和农民居民医疗保险，统筹层次最高为市级，要实现省内跨区域享用医疗保障较难。其中，京津冀三地在城镇职工医疗保险的制度设计上无太大差异，但城镇居民医疗保险和农村医疗保险的制度设计上存在巨大差异，且京津冀三地所具有医疗资源相差甚远，北京的医疗资源尤为丰富，基本是津冀患者赴京就医。因此，医疗保障要实现京津冀三地的转移、续接要比养老保障困难很多。医疗保障的转移、续接考虑可分为以下几步走：第一步，统筹调整京津冀三地的医疗资源，着力调整北京医疗资源在京津冀的布局，采取有效方式让京津冀三地共享有限的、优质的医疗资源。第二步，在京津冀三地间建立医疗保障的结算平台，实现参保者就医结算的顺畅。第三步，设立互联京津冀三地的医保目录、报销标准、结算体系等相应的接口。

（三）建立京津冀协同发展的财税制度

京津冀协同发展中，京津冀具有不同比较优势：北京是政治中心、经济中心、国际交往中心、创新中心等绝对优势集合，天津在工业经济和现代制造业具有比较的整体优势，而河北拥有便利的交通、特色资源禀赋的整体优势。根据三地的比较优势，整合三地资源，形成具有核心竞争力的先导产业和产品集群。但是，仅依靠市场的力量是无从实现的，在京津冀三地间产业转移、公共服务共享的过程中，势必要依靠政府这只"有形的手"，以政府投资、转移支付和税收优惠等财税杠杆来实现。而因此产生的财权、财力、事权的分配皆需要建立一个凌驾于京津冀三地的财税框架下才可实现。所以，要在比较分析京津冀三地的财政收入结构、财政支出结构、税收制度等方面差异的基础上，最终形成一套有利于京津冀三地协同发展的财税制度安排，增强京津冀财政协同合作，缩小人均公共财力差距。①建立京津冀跨区域投资的税收分享机制。按照尊重地域管辖权优先征税原则，借鉴跨境投资税收分配的国际经验，落实跨区域投资经营过程中税源地政府的税收征管权，建立起标准统一、方法一致，能够在全国推广复制的跨区域投资的税收分配模式和税收分享机制。②探索建立京津冀省市间的横向转移支付机制。在京津冀税源、财源分享的基础上，针对河北省对京津冀发展提供水源和绿色屏障作出的贡献，按照"谁受益、谁出资"的合作补偿原则，由资源和环境受益区给予资源和环境提供区相应的资源和环境补偿，建立横向转移支付制度，为全国建立资源和环境补偿机制探索和积累经验。③设立和使用好京津冀区域协同发展基金，通过优化京津冀公共资源配置，推进区域基本公共服务均等化。由中央和京津冀三地政府共同出资，主要用于京津冀交通设施一体化服务投资，环境保护一体化投资，公共教育、公共卫生医疗等跨省市服务合作体系建设投资，以及引导产业转移和产业升级改造投资等。④完善京津冀财政投融资机制。⑤建立和健全以政府出资为主的政府性融资担保机构体系，经营和管理政府性担保基金，促进融资担保机构健康发展。

（四）改革户籍福利差异化现状，推进户籍附加福利均等化

现有户籍制度造成的户籍附加福利不平等也是造成京津冀社会福利差

距的重要因素。京津冀协同发展目标之一就是实现人才和人力的自由迁移，资金、技术、信息等要素的优化配置和产业的随心转移。而这种自由迁徙的最大牵绊或动力是户籍附着的福利能不能享有。因此，必须推进户籍附加福利均等化。①实现户口一元化，拉平城乡居民各种福利待遇，实现福利供给的普惠制。由于京津户籍福利的黏附性和改革阻力较大，对外来人口隐形政策是在脏乱差工作上吸纳，在高大上社会福利上排斥。京津的集聚经济效应越来越小于拥挤效应，所以改革顺序应该从改革河北省中小城镇开始，再逐步过渡到河北省大城市和北京天津。②部属高校不要再按照地区分配招生名额，改为按照人口或者高考人数分配，实现分数面前人人平等。③依靠市场化改革把户籍福利逐步转化为非户籍福利。尽快将那些需要付费才能获得的五险一金福利与户籍脱钩，不管有无城市户口，只要参加各种社会保险系统、符合相关缴费和年限要求，就应该享受相同的福利保障，把大统筹的医疗与养老保险改为新加坡式的个人账户积累模式。在招生就业、购买保障房、公共卫生等方面，对存量居民和增量居民提供基本相同的资格和机会。逐步向外来人口开放城市各种社会资源和公共服务。中央转移支付不要再按照户籍所在地拨付而要按照流动人口常住地和工作地拨付，以解决支付投向和人口流向不一致问题。④提高冀自身非户籍福利。通过国家层面的发展规划和财政支持，加大京津周围的河北省中小城镇和美丽乡村的基础设施投资，实现公共设施的全覆盖，丰富中小城市文体娱乐活动内容，改善中小城市生态环境，在空气质量、饮水食品安全和宜居宜业上下大力气，用青山绿水蓝天、交通便利快捷、物美价廉丰富等非户籍福利吸引人财物信息和“三高六新”企业聚集，减少城市户籍吸引力，降低京津居民的天然优越感，吸引京津居民和农村居民到河北省中小城镇安居乐业，构建京津和河北省中小城市产品要素的双向流动机制，居民在京津冀任何地方购房居住，都可以享受当地所有福利。京津出现城市病，河北省中小城镇郊区相对发达后就会出现真正的“逆城市化”，进而带动人才、资金、技术、市场、信息主动转移河北省和京津再城市化。

四、河北省社会保障均等化与京津冀协同发展

（一）缓解河北省境内各区域财政能力的悬殊差距

河北省长期以来存在的区域经济发展不均衡，以至于各地区社会保障财政支出水平不均等、社会保障水平差异大。目前，中国的社会保障财政支出主要来源于中央政府和地方政府，且主要由地方的基层政府承担。所以地方政府的财政收入在很大程度上就决定着社会保障财政支出水平。而地方政府的财政收入的多少，主要取决于当地的经济发展水平。但河北省境内各区域经济长期非均衡发展的直接后果就是在相同的税收努力程度下导致地区间财政收入的差异，经济发达的地区可以获得更多的财政收入，可以为当地居民提供更为充足的和高水平的社会保障；相反，经济落后的地区因财力有限，无法满足居民对社会保障的需求，所以，要想从根本上解决河北省境内区域间社会保障支出非均等化的问题就要想办法解决区域经济发展失衡的问题，培育壮大一批特色优势产业，加强生态建设和环境保护，着力解决制约发展的瓶颈问题，逐步缩小区域间发展的经济差距，加大省级财政对基层财政的转移支付力度，从而提高落后地区对公共服务的保障能力，并尽量降低基层政府供给公共服务过程中的资金配套比例。通过提高落后地区财政能力，增强落后地区的社会保障能力，进而提高河北省整体的社会保障水平，缩小京津冀间的社会保障差距。

在此基础上，应尽快完善新农保制度，鼓励农民多参保、不退保，制定一系列奖励政策，鼓励农民选择更高水平的缴费标准，并愿意缴纳更长期限的养老保险费，确保新农保的可持续性，真正实现农民“养老不犯愁”，尽可能让所有人都能够享受到社会保障各项目所带来的好处。

（二）提高社会保障的统筹层次

河北省的城镇职工养老保险为省级统筹，城乡居民养老保险只是停留

在市级统筹甚至为县级统筹，职工医疗保险为市级统筹，而城乡居民医疗保险的市级统筹工作则刚开始，更多是停留在县级统筹。由于养老、医疗统筹层次较低，不仅严重削弱了医疗、养老保险的抗风险能力，还制约着保险基金在河北省境内的合理调配和流动，不利于基金互助调剂功能的发挥，这就使河北省近些年来的保险基金支出出现了两极分化问题，即有的地区出现了保险基金（以养老保险基金为代表）收不抵支，严重短缺的情况，而有的地区又承受着解决富余保险基金保值增值的压力。这一矛盾的存在，将会导致河北省社会保险基金支出的差距扩大。首先，在城乡居民养老保险合并的基础上，提高河北省城乡居民养老保险的统筹层次；其次，借鉴天津城乡居民医疗保险合并的成功经验，将城镇居民医疗保险和新型农村居民医疗保险合并，然后再提高城乡居民医疗保险的统筹层次。值得注意的是，新农合与城镇居民医疗保险合并不同于城乡居民养老保险合并，后者统一由人力社会保障部门管理，而前者皆分属于不同的部门，涉及卫生、民政、人社等多个部门，以至于出现资金使用效率低下及资金违规使用现象。所以，在城乡居民医疗保险合并前要先梳理所涉及部门的权利事项并有效整合，实现城乡居民医疗保障在管理上的无缝对接。通过提高养老、医疗保险基金的统筹层次，实现省内跨区域的统筹，将能增强养老、医疗保险基金的流动性，可以对其在各地区间进行合理调配，充分发挥它的互助调剂功能。

（三）加强社会保障管理机构的建设

河北省社会保障的现状是条块分割，多头管理，各自为政。条块之间既无统一的管理机构，也无统一的管理办法。如养老保险属社会保障部门管理，救灾救济和优抚优待则由民政部门管理，合作医疗目前暂由农业部门、卫生部门管理，农村社会保障基金的预算决算由财政部门负责。为了使社会保障高效率地运转，同时防止管理漏洞，应吸取国外有益经验和中国城镇社会保障中“多龙治水”的教训，设立由民政、劳动、卫生、财政、人事、银行等有关部门共同参加的社会保障委员会，负责制定建立完善社会保障制度的规划、收费标准、支付比例、实施方法；监督检查社会保障基金的征收权威机构组成社会保障委员会领导机构，负责制定社会保障制度、规划、收支标准、实施办法，指导地方组织实施具体保障项目，监督社会保障基金的征缴、管理和发放。建立“社会保障行政组织、社会保障基金运作、社会保障业务机构”三位一体运作模式，使社会保障的政权、财权、事权相分离，消除有关职能部门受经济利益驱使争管社会保障项目的倾向，建立起专业管理队伍，以更好负责保障基金的筹集、管理、使用、发放等各项具体事务。

（四）建设先进的信息技术支撑系统

在“十二五”规划中，明确提出要争取在“十二五”期末全国发卡8亿张，并争取早日实现“一卡通”。其中一个阻碍就是信息技术问题。信息化建设是社会保障管理和服务的基础工作。尽快建立完善的社会保障管理及服务标准体系，确保各地信息标准与管理标准统一。社会保障资金的缴纳、记录、核算、支付以及查询服务等，都要纳入计算机管理系统，并且要做到京津冀三地记录数据口径的统一性。社会保障计算机网络的建设要统筹规划，统一安排，做到软件统一、硬件设置要求统一、网络之间接口标准统一、数据传递方式统一。实现京津冀范围内的信息共享，为劳动力自由流动和真正实现社会保障“一卡通”提供条件，并有效避免重复参保现象的发生。同时，加快电子政务建设，全面推行政务公开，增强政府工作的透明度，以提高其行政效率，降低行政成本，改进行政质量，加强政府行政能力建设，自觉接受广大人民群众的监督，从而更好地推进社会保障工作，为京津冀社会保障均等化打下坚实的技术基础。

第九章 京津冀协同发展与公共教育服务

根据社会公共服务具有的公益性程度不同，笔者将教育公共服务分成纯公共服务（提供义务教育等法律法规规定的公共教育服务）和准公共服务（提供学前教育、普通高中教育、中等职业教育、高等教育等需要政府支持的教育服务）。鉴于我国的国情和特殊的教育管理体制，人们对高等教育包括高等本科教育和高等职业教育的关注也很多。所以，这部分的分析不仅包括义务教育、高中和中等职业教育和学前教育等纯公共服务，也包括高等教育等准公共服务。现阶段，义务教育主要工作是巩固九年义务教育普及成果，全面提高义务教育的质量和水平，着力推进义务教育均衡发展。高中和中等职业教育工作主要是加强政府统筹，促进普通高中和中等职业教育协调发展。推动普通高中多样化发展，促进办学体制多元化，扩大优质资源。学前教育工作主要是建立政府主导、社会参与、公办民办并举的办园体制，构建覆盖城乡、布局合理的学前教育公共服务体系。高等教育工作主要是全面提高高等教育质量，提高人才培养质量，提升科学研究水平，增强社会服务能力，优化结构办出特色。适应国家和区域经济社会发展需要，建立动态调整机制，不断优化高等教育结构。

一、京津冀公共教育现状

根据公共教育服务标准，选取每万人口教育机构数、生师比例数和人均教育经费作为衡量指标，反映各地区之间教育资源的分配。

（一）京津冀公共教育的指标差异

1. 九年义务教育的指标差异

由于学龄人口的逐年减少，小学校数、在校生数继续减少。2012 年全国共有小学 22.8585 万所，比 2001 年减少 26.2688 万所；招生 1714.664 万人，比 2001 年减少 229.536 万人；在校生 9695.9 万人，比 2001 年减少 2847.6 万人；小学毕业生 1641.56 万人，比 2001 年减少 755.04 万人。与之对应的每万人拥有的小学数为 1.69 所，比 2001 年减少 2.16 所，北京为 0.52 所，比 2001 年减少 0.89 所，天津为 0.60 所，比 2001 年减少 0.71 所，河北为 1.77 所，比 2001 年减少 2.94 所，见表 9－1、表 9－2 和图 9－1。

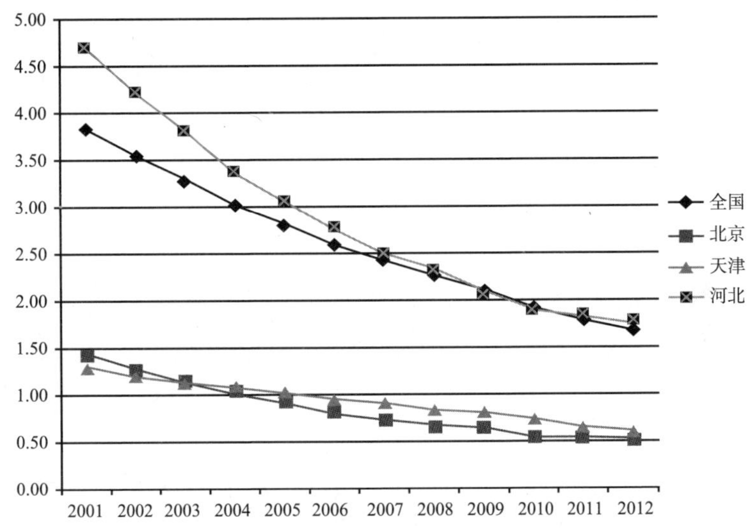

图 9－1　京津冀每万人拥有的小学趋势图

表 9－1　京津冀每万人拥有的小学数

单位：所

	2001	2002	2003	2004	2005	2006	2007	2008	2009	2010	2011	2012
全国	3.85	3.56	3.30	3.03	2.80	2.60	2.42	2.27	2.10	1.92	1.79	1.69
北京	1.42	1.28	1.13	1.01	0.91	0.82	0.74	0.68	0.62	0.56	0.54	0.52
天津	1.30	1.20	1.12	1.07	1.02	0.95	0.90	0.84	0.80	0.74	0.65	0.60
河北	4.71	4.22	3.80	3.37	3.05	2.78	2.50	2.32	2.05	1.89	1.83	1.77

注：根据中宏数据库数据计算所得。

表 9－2　京津冀九年义务教育基本情况表

			2001	2002	2003	2004	2005	2006	2007	2008	2009	2010	2011	2012
普通初中基本情况	学校数（万所）	全国	6.55	–	6.37	6.31	6.19	6.06	5.91	5.77	5.62	5.48	5.41	5.32
		北京	0.04	–	0.04	0.04	0.04	0.04	0.04	0.03	0.03	0.03	0.03	0.03
		天津	0.05	–	0.04	0.04	0.04	0.04	0.04	0.04	0.04	0.03	0.03	0.03
		河北	0.40	–	0.39	0.41	0.39	0.37	0.34	0.32	0.29	0.26	0.25	0.24
	招生数（万人）	全国	2258	2252	2195	2078	1977	1924	1864	1856	1786	1715	1635	1571
		北京	16.62	15.60	12.37	10.05	9.30	9.07	11.18	10.75	10.59	10.24	10.06	10.81
		天津	14.37	12.94	12.84	11.25	9.98	10.43	9.69	8.42	8.71	8.39	8.26	8.38
		河北	149.8	147.7	142.9	126.0	115.2	107.5	93.37	80.08	73.36	72.16	72.72	77.77
	在校学生（万人）	全国	6431	6604	6618	6475	6172	5937	5721	5574	5434	5276	5067	4763
		北京	52.58	51.01	45.34	38.65	32.16	28.83	33.30	32.51	31.89	30.99	30.23	30.55
		天津	45.09	44.73	43.25	40.06	35.91	33.58	32.08	30.35	28.70	27.34	26.20	25.65
		河北	421.4	433.3	429.5	403.5	370.4	336.8	306.2	274.2	241.9	221.2	215.0	217.4
	毕业生数（万人）	全国	1707	1880	1996	2070	2107	2062	1957	1863	1795	1749	1737	1661
		北京	14.94	16.88	17.76	16.64	15.64	12.43	10.87	10.47	10.18	10.10	9.76	9.58
		天津	12.98	12.80	13.93	13.91	13.68	12.43	10.83	9.85	9.69	9.35	9.05	8.41
		河北	115.8	124.1	136.6	141.2	138.4	133.0	115.3	105.3	99.07	87.68	75.25	70.31
	毕业生数（万人）	全国	334.8	343.0	346.7	347.7	347.2	346.3	346.4	346.9	351.3	352.3	352.5	350.4
		北京	3.63	3.59	3.43	3.24	3.11	3.00	2.98	3.00	3.04	3.03	3.05	3.11
		天津	3.00	2.98	2.94	2.83	2.73	2.65	2.63	2.63	2.65	2.59	2.59	2.61
		河北	22.10	22.37	22.46	22.25	21.66	20.89	20.14	19.36	18.62	17.77	17.25	16.78

续表

			2001	2002	2003	2004	2005	2006	2007	2008	2009	2010	2011	2012
普通小学基本情况	学校数（万所）	全国	49. 13	45. 69	42. 58	39. 42	36. 62	34. 16	32. 01	30. 09	28. 02	25. 74	24. 12	22. 86
		北京	0. 20	0. 18	0. 17	0. 15	0. 14	0. 13	0. 12	0. 12	0. 12	0. 11	0. 11	0. 11
		天津	0. 13	0. 12	0. 11	0. 11	0. 11	0. 10	0. 10	0. 10	0. 10	0. 10	0. 09	0. 08
		河北	3. 15	2. 84	2. 57	2. 30	2. 09	1. 92	1. 73	1. 62	1. 44	1. 36	1. 33	1. 29
	招生数（万人）	全国	1944	1953	1829	1747	1672	1729	1736	1696	1638	1692	1737	1715
		北京	9. 12	8. 64	8. 26	7. 36	7. 10	7. 31	10. 92	11. 04	10. 24	11. 37	13. 27	14. 17
		天津	9. 55	9. 30	8. 50	8. 16	7. 84	8. 21	8. 64	8. 90	8. 13	8. 26	10. 01	10. 25
		河北	93. 34	78. 96	72. 74	71. 50	72. 00	80. 07	88. 52	91. 44	87. 58	95. 60	103. 9	106. 3
	在校学生（万人）	全国	12544	12157	11690	11246	10864	10711	10564	10332	10071	9941	9926	9696
		北京	66. 44	59. 42	54. 65	51. 60	49. 45	47. 33	66. 66	65. 95	64. 71	65. 33	68. 05	71. 87
		天津	66. 55	62. 72	58. 54	55. 48	53. 30	51. 68	51. 43	52. 10	50. 74	50. 59	51. 85	53. 23
		河北	747. 7	674. 6	606. 6	547. 0	500. 4	470. 3	465. 4	475. 7	488. 7	511. 6	541. 1	562. 2
	毕业生数（万人）	全国	2397	2352	2268	2135	2020	1929	1870	1865	1805	1740	1663	1642
		北京	16. 71	15. 67	12. 36	10. 01	9. 35	9. 08	11. 23	11. 23	11. 07	10. 30	10. 17	10. 95
		天津	14. 76	13. 33	13. 20	11. 48	10. 64	10. 61	10. 53	8. 82	9. 15	8. 72	8. 46	8. 65
		河北	153. 8	152. 7	145. 9	128. 1	117. 5	108. 6	93. 54	80. 20	73. 39	72. 18	73. 28	79. 61
	专任教师（万人）	全国	579. 8	577. 9	570. 3	562. 9	559. 2	558. 8	561. 3	562. 2	563. 3	561. 7	560. 5	558. 6
		北京	5. 48	5. 28	4. 98	4. 88	4. 79	4. 82	4. 82	4. 87	4. 93	4. 95	5. 09	5. 25
		天津	4. 57	4. 49	4. 38	4. 21	4. 11	4. 00	3. 87	3. 85	3. 79	3. 73	3. 75	3. 78
		河北	33. 28	33. 22	32. 92	32. 48	32. 01	31. 53	31. 60	31. 67	32. 12	31. 90	31. 65	31. 70

注：根据中宏数据库数据计算所得。

小学专任教师略有减少。全国小学专任教师 558.55 万人，比 2001 年减少 21.25 万人，小学生师比 17.36∶1，比 2001 年的 21.63∶1 降低了 4.27。北京为 13.7∶1，比 2001 年的 11.25∶1 上升了 2.45，天津为 14.09∶1，比 2001 年的 14.58∶1 下降了 0.49，河北为 17.74∶1，比 2001 年的 22.47∶1 下降了 4.73。见表 9－3 和图 9－2。

表 9－3　京津冀小学生师比

	2001	2002	2003	2004	2005	2006	2007	2008	2009	2010	2011	2012
全国	21.63	21.04	20.50	19.98	19.43	19.17	18.82	18.38	17.88	17.70	17.71	17.36
北京	12.13	11.25	10.97	10.58	10.31	9.82	13.83	13.54	13.14	13.20	13.38	13.70
天津	14.58	13.96	13.36	13.17	12.98	12.94	13.28	13.54	13.37	13.56	13.84	14.09
河北	22.47	20.31	18.43	16.84	15.63	14.92	14.73	15.02	15.21	16.04	17.09	17.74

注：根据中宏数据库数据计算所得。

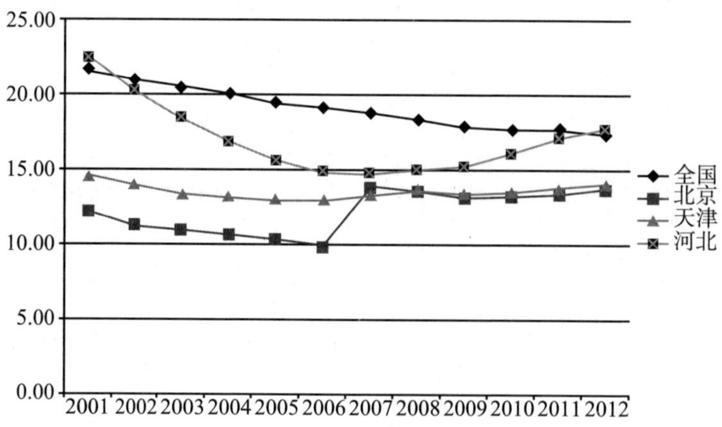

图 9－2　京津冀小学生师比趋势图

生均教育经费逐年上升。2011 年，全国小学生均教育经费 0.54 万元，比 2005 年的 0.18 万元增加了 0.36 万元，北京为 2.02 万元，比 2005 年的 0.92 万元增加了 1.09 万元，天津为 1.33 万元，比 2005 年的 0.42 万元增加了 0.91 万元，河北为 0.43 万元，与天津 2005 年水平相当，不及 2005 年的北京，低于全国水平，比 2005 年的 0.17 万元增加了 0.26 万元。见表 9－4。

由于学龄人口的逐年减少，初中校数、招生数、在校生数和毕业生数略有减少，初中阶段毛入学率和初中毕业生升学率继续提高。2012 年，全国共有初中学校 5.32 万所，比 2001 年减少 1.23 万所；招生 1570.77 万人，比 2001 年减少 687.13 万人；在校生 4763.06 万人，比 2001 年减少 1668.04 万人；毕业生 217.37 万人，比 2001 年减少 204 万人。与之对应的每万人拥有的初中为 0.39 所，比 2001 年减少 0.12 所，北京为 0.16 所，比 2001 年减少 0.16 所，天津为 0.22 所，比 2001 年减少 0.25 所，河北为 0.33 所，比 2001 年减少 0.27 所，见表 9－5。

表 9－4　京津冀小学生均教育经费

单位：万元

	2005	2006	2007	2008	2009	2010	2011
全国	0.18	0.20	0.24	0.30	0.37	0.44	0.54
北京	0.92	1.08	0.96	1.13	1.36	1.63	2.02
天津	0.42	0.47	0.52	0.70	0.93	1.18	1.33
河北	0.17	0.20	0.24	0.31	0.35	0.40	0.43

注：根据中宏数据库、国研网数据库数据计算所得。

表 9－5　京津冀初中每万人拥有的学校数

	2001	2002	2003	2004	2005	2006	2007	2008	2009	2010	2011	2012
全国	0.51	–	0.49	0.49	0.47	0.46	0.45	0.43	0.42	0.41	0.40	0.39
北京	0.32	–	0.28	0.28	0.26	0.23	0.22	0.20	0.18	0.18	0.17	0.16
天津	0.47	–	0.41	0.40	0.39	0.35	0.33	0.31	0.29	0.26	0.23	0.22
河北	0.60	–	0.57	0.60	0.57	0.53	0.49	0.45	0.41	0.37	0.35	0.33

注：根据中宏数据库数据计算所得。

初中专任教师略有减少。全国初中专任教师 350.44 万人，比 2001 年减少 15.64 万人，初中学生师比 13.59∶1，比 2001 年的 19.21∶1 降低了 5.62。北京为 9.83∶1，比 2001 年的 14.49∶1 降低了 4.66，天津为 9.85∶1，比 2001 年的 15.01∶1 下降了 5.16，河北为 12.95∶1，比 2001 年的 19.07∶1 下降了 6.11，见表 9－6。

生均教育经费逐年上升。2011 年，全国初中生均教育经费 1.26 万元，比2007年的0.55万元增加了0.71万元，北京为5.01万元，比2007年的2.33万元增加了2.68万元，天津为3.17万元，比2007年的0.96万元增加了2.22万元，河北为1.15万元，与天津2007年水平相当，不及2007年的北京，低于全国水平，比2007的0.46万元增加了0.69万元。见表9－7。

表9－6 京津冀初中生师比

	2001	2002	2003	2004	2005	2006	2007	2008	2009	2010	2011	2012
全国	19.21	19.25	19.09	18.62	17.78	17.15	16.52	16.07	15.47	14.97	14.38	13.59
北京	14.49	14.21	13.23	11.91	10.34	9.62	11.18	10.83	10.48	10.24	9.90	9.83
天津	15.01	15.01	14.71	14.16	13.14	12.66	12.21	11.54	10.84	10.56	10.13	9.85
河北	19.07	19.36	19.12	18.13	17.10	16.12	15.21	14.16	12.99	12.45	12.47	12.95

注：根据中宏数据库数据计算所得。

表9－7 京津冀初中生均教育经费

单位：万元

	2007	2008	2009	2010	2011
全国	0.55	0.71	0.87	1.01	1.26
北京	2.33	2.59	3.10	4.03	5.01
天津	0.96	1.31	1.90	2.50	3.17
河北	0.46	0.67	0.82	1.00	1.15

注：根据中宏数据库、国研网数据库数据计算所得。

2. 高中和中等职业教育的指标差异

高中校数、招生数、在校生数和毕业生数略有减少。2012年，全国共有高中学校1.35万所，比2001年减少0.14万所；招生845万人，比2001年增加287万人；在校生2467万人，比2001年增加1062万人；毕业生791.5万人，比2001年增加451万人，见表9－9。与之对应的每万人拥有的高中为0.10所，比2001年减少0.02所，北京为0.14所，比2001年减少0.07所，天津为0.14所，比2001年减少0.07所，河北为0.08所，比2001年减少0.03所，见表9－8。

表 9－8　京津冀高中每万人拥有的学校数

	2001	2002	2003	2004	2005	2006	2007	2008	2009	2010	2011	2012
全国	0.12	0.12	0.12	0.12	0.12	0.12	0.12	0.11	0.11	0.10	0.10	0.10
北京	0.21	0.23	0.23	0.23	0.22	0.21	0.20	0.18	0.16	0.15	0.14	0.14
天津	0.22	0.22	0.22	0.22	0.22	0.21	0.20	0.19	0.18	0.16	0.15	0.14
河北	0.11	0.12	0.12	0.12	0.12	0.12	0.11	0.10	0.09	0.09	0.08	0.08

注：根据中宏数据库数据计算所得。

表 9－9　京津冀高中和中等职业教育基本情况表

			2001	2002	2003	2004	2005	2006	2007	2008	2009	2010	2011	2012
高中基本情况	学校数（万所）	全国	1.49	1.54	1.58	1.60	1.61	1.62	1.57	1.52	1.46	1.41	1.37	1.35
		北京	0.03	0.03	0.03	0.03	0.03	0.03	0.03	0.03	0.03	0.03	0.03	0.03
		天津	0.02	0.02	0.02	0.02	0.02	0.02	0.02	0.02	0.02	0.02	0.02	0.02
		河北	0.08	0.08	0.08	0.08	0.08	0.08	0.08	0.07	0.07	0.06	0.06	0.06
	招生数（万人）	全国	558	677	752	822	878	871	840	837	830	836	851	845
		北京	6.92	8.47	9.49	9.35	8.86	7.64	7.16	6.84	6.60	6.56	6.41	6.34
		天津	5.41	5.89	6.99	7.23	7.44	6.80	6.39	5.89	6.09	6.21	6.07	5.80
		河北	31.20	37.96	44.93	46.41	49.47	49.70	45.25	44.85	44.72	42.02	39.78	38.41
	在校学生（万人）	全国	1405	1684	1965	2220	2409	2515	2522	2476	2434	2427	2455	2467
		北京	19.43	22.07	25.10	27.48	27.84	25.94	24.38	21.92	20.35	19.84	19.51	19.35
		天津	14.15	15.79	18.25	19.85	21.72	21.63	20.93	19.50	18.76	18.52	18.55	18.12
		河北	80.39	94.8	114.2	129.4	139.1	143.8	140.9	135.1	130.9	127.5	123.3	117.7
	毕业生数（万人）	全国	340.5	383.8	458.1	546.9	661.6	727.1	788.3	836.1	823.7	794.4	787.7	791.5
		北京	5.13	5.12	5.66	6.66	7.33	7.80	7.84	7.85	7.01	6.23	5.83	5.57
		天津	3.68	4.15	4.50	5.26	5.73	6.99	7.22	7.52	7.06	6.60	6.02	6.23
		河北	21.28	23.48	26.49	31.87	39.63	45.06	47.22	48.23	46.90	42.66	42.79	42.37
	专任教师（万人）	全国	84.0	94.6	107.1	119.1	129.9	138.7	144.3	147.6	149.3	151.8	155.7	159.5
		北京	1.42	1.55	1.72	1.87	1.99	2.06	2.03	1.98	1.98	1.96	2.03	2.06
		天津	0.99	1.08	1.20	1.31	1.42	1.51	1.54	1.53	1.50	1.48	1.52	1.54
		河北	4.82	5.35	6.13	6.75	7.34	7.82	8.12	8.07	8.18	8.30	8.35	8.29

续表

			2001	2002	2003	2004	2005	2006	2007	2008	2009	2010	2011	2012
中等职业学校基本情况	学校数（万所）	全国	0.78	0.74	1.17	1.16	1.16	1.18	1.18	1.17	1.13	1.09	1.02	0.98
		北京	–	–	0.02	0.01	0.01	0.01	0.01	0.01	0.01	0.01	0.01	0.01
		天津	–	–	0.02	0.02	0.01	0.01	0.01	0.01	0.01	0.01	0.01	0.01
		河北	–	–	0.06	0.06	0.07	0.07	0.08	0.08	0.08	0.08	0.07	0.07
	招生数（万人）	全国	–	–	392.8	425.4	509.0	580.3	607.8	596.3	627.9	627.3	650	597.1
		北京	–	–	6.17	6.09	6.15	5.13	4.30	3.88	4.74	4.17	6.15	6.41
		天津	–	–	4.37	4.56	4.34	4.01	3.94	3.48	3.80	3.32	3.50	3.48
		河北	–	–	20.57	22.33	33.12	35.59	36.97	36.48	37.92	34.77	35.69	29.95
	在校学生（万人）	全国	458	456	502	1175	1325	1489	1620	1688	1780	1816	1775	1690
		北京	11.78	11.39	11.67	20.80	20.86	19.91	18.78	17.46	16.16	16.18	16.90	18.97
		天津	8.11	7.47	7.33	13.52	13.54	13.68	13.86	14.65	13.05	11.61	10.81	10.57
		河北	22.69	21.38	24.70	63.07	81.05	90.40	102.0	105.6	110.4	112.1	106.6	93.40
	毕业生数（万人）	全国	–	–	303.0	348.2	479.8	435.8	479.8	521.8	561.0	563.2	573.5	566.4
		北京	–	–	6.89	6.34	6.08	6.26	6.08	6.07	5.46	5.40	5.79	7.00
		天津	–	–	5.29	4.07	4.86	4.78	4.86	5.98	5.53	4.30	3.86	4.06
		河北	–	–	18.53	19.43	31.70	26.93	31.70	35.32	35.96	35.65	39.22	34.19
	专任教师（万人）	全国	23.00	20.78	19.86	57.10	58.87	107.6	65.46	67.42	68.22	68.10	68.94	68.41
		北京	0.41	0.40	0.38	1.10	1.06	0.98	0.94	0.89	0.87	0.84	0.78	0.73
		天津	0.47	0.44	0.36	0.84	0.77	0.74	0.73	0.81	0.82	0.79	0.74	0.74
		河北	1.35	1.17	0.78	3.60	3.97	4.36	4.65	4.82	4.80	4.91	4.83	4.57

注：根据中宏数据库、国研网数据库数据计算所得。

高中专任教师略有减少。全国高中专任教师159.5万人，比2001年增加75.5万人，高中学生师比15.47:1，比2001年的16.73:1降低了1.26。北京为9.38:1，比2001年的13.66:1降低了4.28，天津为11.74:1，比2001年的14.32:1下降了2.58，河北为14.19:1，比2001年的16.66:1下降了2.47，见表9－10。

生均教育经费逐年上升。2011年，全国高中生均教育经费1.1万元，比2007年的0.60万元增加了0.50万元，北京为4.53万元，比2007年的2.01万元增加了2.52万元，天津为2.66万元，比2007年的1.07万元增加了1.59万元，河北为

0.83 万元，比天津、北京 2007 年水平低得多，而且低于全国平均水平，比 2007 的 0.45 万元增加了 0.38 万元。见表 9－11。

表 9－10　京津冀高中生师比

	2001	2002	2003	2004	2005	2006	2007	2008	2009	2010	2011	2012
全国	19.21	19.25	19.09	18.62	17.78	17.15	16.52	16.07	15.47	14.97	14.38	13.59
北京	14.49	14.21	13.23	11.91	10.34	9.62	11.18	10.83	10.48	10.24	9.90	9.83
天津	15.01	15.01	14.71	14.16	13.14	12.66	12.21	11.54	10.84	10.56	10.13	9.85
河北	19.07	19.36	19.12	18.13	17.10	16.12	15.21	14.16	12.99	12.45	12.47	12.95

注：根据中宏数据库数据计算所得。

表 9－11　京津冀高中生均教育经费

单位：万元

	2007	2008	2009	2010	2011
全国	0.61	0.70	0.79	0.90	1.10
北京	2.01	2.56	2.93	3.64	4.53
天津	1.07	1.42	1.75	2.01	2.66
河北	0.45	0.54	0.59	0.69	0.83

注：根据中宏数据库、国研网数据库数据计算所得。

中等职业教育学校数、招生数、在校生数和毕业生数略有减少。2012 年，全国共有中等职业教育学校 0.98 万所，比 2003 年减少 0.2 万所；招生数为 597.1 万人，比 2003 年增加 204.29 万人；在校生 1690 万人，比 2001 年增加 1232 万人；毕业生 566.4 万人，比 2003 年增加 263.4 万人。与之对应的每万人拥有的中等职业教育学校为 0.07 所，比 2003 年减少 0.02 所，北京为 0.05 所，比 2003 年减少 0.08 所，天津为 0.06 所，比 2003 年减少 0.12 所，河北为 0.09 所，与 2003 年持平，见表 9－12。

表9-12 京津冀中等职业教育每万人拥有的学校数

	2003	2004	2005	2006	2007	2008	2009	2010	2011	2012
全国	0.09	0.09	0.09	0.09	0.09	0.09	0.08	0.08	0.08	0.07
北京	0.12	0.10	0.09	0.08	0.08	0.07	0.06	0.05	0.05	0.05
天津	0.18	0.16	0.12	0.10	0.08	0.09	0.08	0.07	0.07	0.06
河北	0.09	0.09	0.10	0.10	0.11	0.11	0.11	0.10	0.10	0.09

注：根据中宏数据库、国研网数据库数据计算所得。

中等职业教育专任教师略有增加。全国中等职业教育专任教师68.41万人，比2001年增加45.41万人，中等职业教育学生师比24.7∶1，比2001年的19.91∶1上升了4.79。北京为26.16∶1，比2001年的28.74∶1降低了2.58，天津为14.36∶1，比2001年的17.35∶1下降了2.99，河北为20.44∶1，比2001年的16.78∶1上升了3.66，见表9-13。

表9-13 京津冀中等职业教育生师比

	2001	2002	2003	2004	2005	2006	2007	2008	2009	2010	2011	2012
全国	19.91	21.96	25.30	20.57	22.50	13.84	24.75	25.04	26.09	26.67	25.75	24.70
北京	28.74	28.42	30.92	18.93	19.64	20.34	20.08	19.72	18.64	19.29	21.70	26.16
天津	17.35	17.05	20.35	16.18	17.59	18.36	18.95	18.17	15.83	14.71	14.53	14.36
河北	16.78	18.30	31.60	17.51	20.40	20.74	21.92	21.90	23.01	22.83	22.06	20.44

注：根据中宏数据库数据计算所得。

生均教育经费逐年上升。2011年，全国中等职业教育生均教育经费0.89万元，比2007年的0.52万元增加了0.37万元，北京为2.76万元，比2007年的1.94万元增加了0.82万元，天津为2.09万元，比2007年的0.84万元增加了1.25万元，河北为0.65万元，比天津、北京2007年水平低得多，而且低于全国平均水平，比2007的0.42万元增加了0.23万元，见表9-14。

表9－14　京津冀中等职业教育生均教育经费

单位：万元

	2007	2008	2009	2010	2011
全国	0.52	0.62	0.67	0.73	0.89
北京	1.94	2.17	2.48	2.42	2.76
天津	0.84	1.06	1.35	1.89	2.09
河北	0.42	0.53	0.51	0.57	0.65

注：根据中宏数据库、国研网数据库数据计算所得。

3. 学前教育的指标差异

学前教育学校数、招生数、在校生数和毕业生数略有增加。2012年，全国共有幼儿园18.13万所，比2003年增加6.49万所；入园数为1911.92万人，比2003年增加595.13万人；在园3685.76万人，比2003年增加1681.86万人；离园1433.57万人，比2003年增加361.58万人，见表9－15。与之对应的每万人拥有的幼儿园为1.34所，比2003年增加0.44所，北京为0.61所，比2003年减少0.37所，天津为1.03所，比2003年减少0.73所，河北为1.28所，比2003年增加0.72所，见表9－16。

表9－15　京津冀学前教育基本情况表

		2003	2004	2005	2006	2007	2008	2009	2010	2011	2012
学校数（万所）	全国	11.64	-	12.44	13.05	12.91	13.37	13.82	15.04	16.68	18.13
	北京	0.14	-	0.14	0.14	0.13	0.13	0.13	0.12	0.13	0.13
	天津	0.18	-	0.17	0.16	0.16	0.16	0.16	0.16	0.15	0.15
	河北	0.38	-	0.40	0.56	0.64	0.64	0.64	0.74	0.82	0.93
招生数（万人）	全国	1316.8	-	1356.2	1391.3	1433.6	1482.7	1546.9	1700.4	1827.3	1911.92
	北京	8.65	-	8.35	6.83	8.40	8.59	8.98	10.50	11.55	11.52
	天津	6.58	-	8.85	7.47	7.47	8.49	8.51	8.59	9.11	10.17
	河北	65.34	-	77.61	83.40	88.17	99.65	102.42	106.58	97.63	101.01

续表

		2003	2004	2005	2006	2007	2008	2009	2010	2011	2012
在校学生（万人）	全国	2003.9	–	2179.0	2263.9	2348.8	2474.9	2657.8	2976.7	3424.5	3685.76
	北京	19.94	–	20.23	19.75	21.44	22.67	24.78	27.70	31.14	33.17
	天津	19.96	–	20.47	19.38	19.07	19.29	20.64	21.79	22.61	22.85
	河北	92.61	–	121.97	133.62	135.56	139.12	151.29	168.03	183.46	196.22
毕业生数（万人）	全国	1072	–	1025.4	1045.1	1049.1	1040.5	1040.6	1057.6	1184.7	1433.57
	北京	7.69	–	7.19	7.04	7.07	7.21	6.57	6.81	7.68	7.91
	天津	7.96	–	7.92	7.39	7.30	7.75	7.24	6.87	7.57	7.68
	河北	45.81	–	46.56	50.73	51.75	53.26	51.81	48.93	78.60	79.70
专任教师（万人）	全国	97.32	104.73	115.20	123.86	131.72	143.42	157.08	184.93	220.44	249.00
	北京	2.63	2.83	2.80	2.90	3.05	3.25	3.50	3.72	4.45	4.81
	天津	1.53	1.54	1.57	1.47	1.46	1.50	1.57	1.66	1.74	1.86
	河北	3.28	3.47	4.22	5.33	5.86	6.18	6.69	7.63	8.86	9.98

注：根据国研网数据库数据计算所得。

表 9－16 京津冀每万人拥有的幼儿园数

	2003	2004	2005	2006	2007	2008	2009	2010	2011	2012
全国	0.90	–	0.95	0.99	0.98	1.01	1.04	1.12	1.24	1.34
北京	0.98	–	0.88	0.85	0.78	0.71	0.67	0.63	0.65	0.61
天津	1.76	–	1.59	1.50	1.41	1.37	1.32	1.24	1.07	1.03
河北	0.56	–	0.59	0.81	0.93	0.91	0.91	1.02	1.13	1.28

注：根据国研网数据库数据计算所得。

幼儿园专任教师略有增加。全国学前教育专任教师 249 万人，比 2003 年增加 151.68 万人，学前教育学生师比 14.8:1，比 2003 年的 20.59:1 下降了 5.79。北京为 6.9:1，比 2003 年的 7.22:1 降低了 0.32，天津为 12.31:1，比 2003 年的 13.03:1 下降了 0.72，河北 19.67:1，比 2003 年的 28.22:1 降低了 8.55，见表 9－17。

表 9－17 京津冀学前教育生师比

	2003	2004	2005	2006	2007	2008	2009	2010	2011	2012
全国	20.59	–	18.91	18.28	17.83	17.26	16.92	16.10	15.53	14.80
北京	7.57	–	7.22	6.82	7.04	6.97	7.08	7.44	7.00	6.90
天津	13.03	–	13.05	13.17	13.03	12.86	13.19	13.14	13.01	12.31
河北	28.22	–	28.88	25.06	23.12	22.51	22.61	22.01	20.70	19.67

注：根据国研网数据库数据计算所得。

生均教育经费逐年上升。2011 年，全国学前教育生均教育经费平均 0.29 万元，比 2005 年的 0.05 万元增加了 0.24 万元，北京为 1.23 万元，比 2005 年的 0.27 万元增加了 0.96 万元，天津为 0.86 万元，比 2005 年的 0.15 万元增加了 0.71 万元，河北为 0.23 万元，比天津、北京 2007 年水平低得多，而且低于全国平均水平，比 2005 的 0.03 万元增加了 0.20 万元。见表 9－18。

表 9－18 京津冀学前教育生均教育经费

单位：万元

	2005	2006	2007	2008	2009	2010	2011
全国	0.05	0.05	0.07	0.08	0.09	0.24	0.29
北京	0.27	0.31	0.33	0.43	0.42	1.09	1.23
天津	0.15	0.18	0.23	0.29	0.33	0.49	0.86
河北	0.03	0.04	0.05	0.07	0.12	0.20	0.23

注：根据中宏数据库、国研网数据库数据计算所得。

4. 高等教育的指标差异

我国高等学校数、招生数、在校生数和毕业生数逐步增加。2014 年，全国各类高等教育在学总规模达到 3559 万人，高等教育毛入学率[①]达到

① 高等教育毛入学率是指高等教育在学人数与适龄人口之比。适龄人口是指 18—22 岁年龄段的人口数。国际上通常认为，高等教育毛入学率在 15% 以下时属于精英教育阶段，15%—50% 为高等教育大众化阶段，50% 以上为高等教育普及化阶段。

37.5%，比1999年的10.5%增加27个百分点（高等教育扩招），比统计的2005年增加16.5%，见表9－19。

表9－19 京津冀高等学校毛入学率（%）

	2005	2006	2007	2008	2009	2010	2011	2012	2013	2014
毛入学率（%）	21	22	23	23.3	24.2	26.5	26.9	30	34.5	37.5

注：根据中华人民共和国教育部公布的各年《全国教育事业发展统计公报》整理。

2013年，全国共有普通高校2491所，比2005年增加699所；招生699.83万人，比2005年增加195.37万人，其中本科招生381.43万人，比2005年增加145.07万人，专科招生318.40万人，比2005年增加50.31万人；在校生2468.07万人，比2005年增加906.3万人，其中本科1494.44万人，比2005年增加645.62万人，专科973.64万人，比2005年增加260.68万人；毕业生673.75万人，比2005年增加285.64万人，其中本科349.75万人，比2005年增加171.18万人，专科324万人，比2005年增加114.47万人，见表9－21。与之对应的每万人拥有的普通高校为0.0178所，比2005年增加0.0047所，北京为0.0478所，比2005年减少0.0078所，天津为0.0448所，比2005年增加0.003所，河北为0.0168所，比2005年增加0.004所，由此可见，京津冀三地高校的差距还是比较大的，见表9－20。

表9－20 京津冀高等学校每万人拥有的学校数

	2005	2006	2007	2008	2009	2010	2011	2012	2013
全国	0.0140	0.0145	0.0148	0.0173	0.0176	0.0179	0.0188	0.0184	0.0187
北京	0.0556	0.0562	0.0543	0.0569	0.0559	0.0543	0.0519	0.0503	0.0478
天津	0.0418	0.0447	0.0455	0.0537	0.0528	0.0512	0.0502	0.0468	0.0448
河北	0.0128	0.0131	0.0130	0.0154	0.0159	0.0159	0.0171	0.0162	0.0168

注：根据中宏数据库数据计算所得。

表9－21　京津冀高等学校基本情况表

		2005	2006	2007	2008	2009	2010	2011	2012	2013
学校数（所）	全国	1792	1867	1908	2252	2305	2358	2483	2442	2491
	北京	77	80	79	85	86	87	87	89	89
	天津	42	45	46	55	55	55	56	55	55
	河北	86	88	88	105	109	110	119	113	118
本科招生数（万人）	全国	236.36	253.09	282.10	297.06	326.11	351.26	356.64	374.06	381.43
	北京	11.15	11.14	11.40	11.37	11.85	11.98	12.04	12.27	12.53
	天津	5.30	5.64	6.05	6.40	7.09	7.64	7.82	8.13	8.19
	河北	9.35	10.15	12.05	12.57	14.92	15.64	15.19	15.61	16.08
专科招生数（万人）	全国	268.09	292.97	283.82	310.60	313.39	310.50	324.86	314.78	318.40
	北京	4.74	4.27	4.34	4.24	4.13	3.53	3.65	3.60	3.45
	天津	5.06	4.61	4.56	4.70	4.79	5.22	5.30	5.59	5.67
	河北	15.68	18.42	17.41	18.49	18.01	18.28	19.71	16.53	16.51
本科在校生（万人）	全国	848.82	943.34	1024.3	1104.2	1179.9	1265.6	1349.7	1427.1	1494.44
	北京	41.95	43.56	44.75	45.90	46.14	46.80	47.55	48.29	49.18
	天津	19.06	21.25	22.71	24.05	25.56	27.36	29.35	31.06	32.32
	河北	35.16	39.54	42.73	45.80	50.50	55.22	59.20	62.26	64.54
专科在校生（万人）	全国	712.96	795.50	860.59	916.80	964.81	966.18	958.85	964.23	973.64
	北京	12.87	13.02	13.07	12.66	12.53	11.91	11.24	10.83	10.71
	天津	14.09	14.49	14.41	14.59	15.03	15.56	15.62	16.25	16.67
	河北	42.24	46.72	50.32	54.20	55.55	55.29	55.73	54.62	52.90
本科毕业生（万人）	全国	178.57	205.68	232.49	252.85	266.30	286.82	311.31	323.11	349.75
	北京	9.84	10.30	10.88	11.64	11.50	11.60	11.82	3.79	12.01
	天津	4.15	4.60	5.27	5.59	5.83	6.01	6.49	5.46	7.65
	河北	8.24	8.92	10.46	10.16	10.96	12.25	13.54	18.83	15.56
专科毕业生（万人）	全国	209.53	253.09	291.03	288.96	321.12	332.25	324.81	328.65	324.00
	北京	4.29	4.48	4.75	4.39	4.32	4.31	4.23	11.91	3.55
	天津	4.31	4.89	5.27	4.85	5.02	5.20	5.15	7.05	5.17
	河北	14.21	15.76	16.68	18.27	19.02	19.15	18.35	14.78	19.34

续表

		2005	2006	2007	2008	2009	2010	2011	2012	2013
正高级教师（万人）	全国	9.66	10.89	11.97	12.90	13.82	14.86	15.97	16.94	18.15
	北京	0.89	0.96	1.05	1.08	1.14	1.19	1.23	1.31	1.66
	天津	0.28	0.33	0.34	0.35	0.39	0.40	0.43	0.44	0.45
	河北	0.42	0.49	0.57	0.62	0.68	0.74	0.79	0.86	0.91
副高级教师（万人）	全国	27.82	30.48	32.63	34.27	36.07	37.72	39.47	41.27	43.24
	北京	1.64	1.71	1.78	1.83	1.91	1.97	2.02	2.11	2.33
	天津	0.71	0.80	0.81	0.83	0.88	0.92	0.94	0.97	0.99
	河北	1.25	1.35	1.49	1.52	1.61	1.70	1.75	1.84	1.95
中级教师（万人）	全国	31.20	35.22	39.44	43.56	47.75	51.69	54.99	57.60	59.70
	北京	1.62	1.73	1.90	2.02	2.15	2.22	2.22	2.21	2.24
	天津	0.65	0.75	0.79	0.86	0.94	1.01	1.07	1.16	1.21
	河北	1.28	1.40	1.61	1.80	2.02	2.23	2.43	2.55	2.62

注：根据中宏数据库、国研网数据库数据计算所得。

在39所“985”工程[①]高校中，北京包括了清华大学、北京大学、中国人民大学、北京师范大学、北京理工大学、北京航空航天大学、中国农业大学、中央民族大学等8所，天津包括天津大学、南开大学2所，河北省没有。在114所“211”工程[②]大学中，北京包括清华大学、北京大学在内的有25所，天津包括天津大学、南开大学、天津医科大学等3所，河北省只有河北工业大学1所。在拥有博士点的高校中，北京包括清华大学、北京大学在内的有85所，天津包括天津大学、南开大学、天津医科大学、天津科技大学、天津工业大学、天津中医药大学、天津师范大学、天津财经大学等8所，河北省包括河北工业大学、河北大学、河北农业大学、河

① “985”工程，是指为创建世界一流大学和高水平大学而实施的工程，即“世界一流大学建设项目”。名称源自1998年5月4日，时任国家主席江泽民在北京大学百年校庆上建设世界一流大学的讲话。

② “211”工程，是为了面向21世纪，迎接世界新技术革命的挑战，中国政府集中中央、地方各方面的力量，重点建设100所左右的高等学校和一批重点学科、专业使其达到世界一流大学的水平的建设工程。

北医科大学、河北师范大学、燕山大学、石家庄陆军指挥学院、军械工业学院等 8 所，这里包括两所军队院校。从这三方面来看，京津冀三地的高等教育完全不在一个水平上。

专任教师略有减少。全国普通高等学校专任教师 121.08 万人，比 2005 年增加 52.41 万人，其中，正高级 18.15 万人，比 2005 年增加 8.49 万人，副高级 43.24 万人，比 2005 年增加 15.42 万人，中级 59.7 万人，比 2005 年增加 28.5 万人。生师比 20.38∶1，比 2005 年的 22.74∶1 降低了 2.36。北京为 9.62∶1，比 2005 年的 13.22∶1 降低了 3.6；天津为 18.51∶1，比 2005 年的 20.15∶1 下降了 1.64；河北 21.43∶1，比 2005 年的 26.27∶1 下降了 4.84，虽然河北省比全国下降的幅度较大，但是生师比远高于全国同期水平，远高于北京、天津 2005 年的水平，见表 9－22。

表 9－22　京津冀高等学校生师比

	2005	2006	2007	2008	2009	2010	2011	2012	2013
全国	22.74	22.70	22.43	22.28	21.97	21.40	20.90	20.65	20.38
北京	13.22	12.86	12.24	11.88	11.27	10.94	10.74	10.51	9.62
天津	20.15	19.08	19.20	18.92	18.38	18.42	18.41	18.43	18.51
河北	26.27	26.61	25.34	25.41	24.63	23.68	23.15	22.28	21.43

注：根据中宏数据库数据计算所得。

生均教育经费逐年上升。2011 年，全国普通高校生均教育经费 24753.14 元，比 2005 年的 15025.47 元增加了 9727.67 元；北京为 65806.78 元，比 2005 年的 33591.5 元增加了 32215.28 元；天津为 31782.78 元，比 2005 年的 16994.76 元增加了 14788.02 元，河北为 15906.57 元，虽然比 2005 的 10238.73 元增加了 5667.84 元，但比全国同期水平低近 1 万元，比天津、北京 2005 年水平低得多。由此可见，京津冀变通高校生均教育经费之间的差距之大，如果考虑价格指数，相差在 10 年以上。见表 9－23。

表 9－23　京津冀普通高校生均教育经费

单位：元

	2005	2006	2007	2008	2009	2010	2011
全国	15025. 47	15332. 80	16319. 95	17972. 13	18646. 97	20497. 92	24753. 14
北京	33591. 50	34151. 39	34656. 19	42052. 15	41695. 66	50070. 41	65806. 78
天津	16994. 76	14162. 36	16869. 91	19801. 24	20987. 36	25653. 80	31782. 78
河北	10238. 73	10152. 30	11166. 45	13507. 74	12726. 08	13960. 62	15906. 57

注：来源于 EPS 全球统计数据/分析平台。

（二）京津冀公共教育指标的比较分析

1. 教育经费支出情况分析

2013 年，全国教育经费总投入为 30364. 72 亿元，比上年的 27695. 97 亿元增长 9. 64%。其中，国家财政性教育经费（主要包括公共财政预算教育经费、各级政府征收用于教育的税费、企业办学中的企业拨款、校办产业和社会服务收入用于教育的经费等）为 24488. 22 亿元，比上年的 22236. 23 亿元增长 10. 13%，见表 9－24。其中，北京为 699. 14 亿元，比上年增长 14. 25%；天津为 461. 51 亿元，比上年增长 21. 85%；河北为 769. 33 亿元，比上年增长－3. 33%。

2013 年，全国公共财政教育支出占公共财政支出 140212. 1 亿元的比例为 15. 27%，比上年的 16. 13% 降低了 0. 86 个百分点。其中，北京为 16. 75%，天津为 18. 1%，河北为 17. 45%。

2013 年全国国内生产总值为 568845. 2 亿元，国家财政性教育经费占国内生产总值比例为 4. 30%，比上年的 4. 28% 增加了 0. 02 个百分点。

全国公共财政教育支出（包括教育事业费、基建经费和教育费附加）为 21405. 67 亿元，比上年的 20314. 17 亿元增长 5. 37%。其中，中央财政教育支出 3883. 92 亿元，比上年增长 2. 7%。

表 9－24　2013 年公共财政教育支出增长情况

地区	公共财政教育支出（亿元）	公共财政教育支出占公共财政支出比例（%）	公共财政教育支出本年比上年增长（%）	财政经常性收入本年比上年增长（%）	公共财政教育支出与财政经常性收入增长幅度比较（%）
北京市	699.14	16.75	14.25	6.61	7.64
天津市	461.51	18.10	21.85	15.30	6.55
河北省	769.33	17.45	－3.33	9.91	－13.24
山西省	511.37	16.88	4.30	8.77	－4.47
内蒙古自治区	438.14	11.88	4.26	9.95	－5.69
辽宁省	671.01	12.91	－7.14	7.99	－15.13
吉林省	422.25	15.38	－6.39	12.76	－19.15
黑龙江省	485.63	14.41	－9.66	6.57	－16.23
上海市	667.73	14.74	9.33	9.58	－0.25
江苏省	1368.86	17.55	8.35	12.43	－4.08
浙江省	918.96	19.43	9.22	9.17	0.05
安徽省	731.51	16.82	2.25	8.01	－5.76
福建省	566.56	18.46	6.36	16.23	－9.87
江西省	652.24	18.79	5.83	9.80	－3.97
山东省	1397.67	20.90	6.60	10.10	－3.50
河南省	1102.47	19.75	4.88	10.45	－5.57
湖北省	591.90	13.54	7.45	15.28	－7.83
湖南省	800.72	17.07	12.39	14.41	－2.02
广东省	1617.48	19.23	14.27	13.21	1.06
广西壮族自治区	611.85	19.07	3.74	12.70	－8.96
海南省	154.16	15.25	3.27	15.88	－12.61
重庆市	406.85	13.29	－2.55	11.21	－13.76

续表

地区	公共财政教育支出（亿元）	公共财政教育支出占公共财政支出比例（%）	公共财政教育支出本年比上年增长（%）	财政经常性收入本年比上年增长（%）	公共财政教育支出与财政经常性收入增长幅度比较（%）
四川省	1031.33	16.58	4.87	10.92	-6.05
贵州省	553.48	17.95	10.49	15.33	-4.84
云南省	670.87	16.38	1.02	12.72	-11.70
西藏自治区	110.37	10.88	20.85	20.81	0.04
陕西省	680.91	18.58	4.72	8.96	-4.24
甘肃省	376.17	16.29	3.86	14.07	-10.21
青海省	123.16	10.03	-26.29	10.13	-36.42
宁夏回族自治区	111.74	12.11	8.60	18.24	-9.64
新疆维吾尔自治区	520.50	16.97	12.49	12.12	0.37

注：公共财政教育支出包括教育事业费、基建经费和教育费附加。

资料来源：《中国教育报》2014年11月6日。

各级教育生均公共财政预算教育事业费支出增长情况。2013年全国普通小学、普通初中、普通高中、中等职业学校、普通高等学校生均公共财政预算教育事业费支出情况，如表9-25、表9-26、表9-27所示。

全国普通小学为6901.77元，比上年的6128.99元增长12.61%。其中，农村为6854.96元，比上年的6017.58元增长13.92%。普通小学增长最快的是云南省（23.41%）。北京为21727.88元，比上年增长6.47%；天津为15447.39元，比上年增长4.96%；河北为4936.80元，比上年增长3.15%。

全国普通初中为9258.37元，比上年的8137.00元增长13.78%。其中，农村为9195.77元，比上年的7906.61元增长16.3%。普通初中增长最快的是广东省（22.76%）。北京为32544.37元，比上年增长12.91%；天津为22840.57元，比上年增长9.83%；河北为7470.83元，比上年增长3.02%。

全国普通高中为8448.14元，比上年的7775.94元增长8.64%。增长最快的是甘肃省（24.5%）。北京为36763.03元，比上年增长15.3%；天津为21103.92元，比上年增长19.46%；河北为7105.34元，比上年增长0.92%。

全国中等职业学校为8784.64元，比上年的7563.95元增长16.14%。增长最快的是宁夏回族自治区（43.07%）。北京为23635.72元，比上年增长8.92%；天津为19901.89元，比上年增长15.88%；河北为6890.12元，比上年增长15.95%。

全国普通高等学校为15591.72元，比上年的16367.21元下降4.74%。增长最快的是贵州省（24.58%）。

表9－25 各级教育生均公共财政预算教育事业费增长情况（一）

单位：元

地区	普通小学			普通初中			普通高中		
	2012年	2013年	增长率（%）	2012年	2013年	增长率（%）	2012年	2013年	增长率（%）
全国	6128.99	6901.77	12.61	8137.00	9258.37	13.78	7775.94	8448.14	8.64
北京市	20407.62	21727.88	6.47	28822.01	32544.37	12.91	31883.79	36763.03	15.30
天津市	14718.04	15447.39	4.96	20796.76	22840.57	9.83	17666.55	21103.92	19.46
河北省	4785.98	4936.80	3.15	7252.09	7470.83	3.02	7040.76	7105.34	0.92
山西省	5815.94	6517.16	12.06	6638.19	7765.15	16.98	7358.44	7121.26	-3.22
内蒙古自治区	8896.05	9837.99	10.59	10207.12	11414.81	11.83	10068.71	10670.59	5.98
辽宁省	8067.13	8304.58	2.94	11489.26	11462.64	-0.23	8979.98	8960.43	-0.22
吉林省	8694.48	9174.47	5.52	10515.17	11451.44	8.90	7582.79	7882.03	3.95
黑龙江省	7893.87	8895.02	12.68	8689.44	10334.05	18.93	7518.25	8217.32	9.30
上海市	18543.78	19518.03	5.25	23771.86	25445.47	7.04	27271.01	30593.83	12.18
江苏省	9548.08	10584.64	10.86	12479.57	15140.80	21.32	10793.22	12788.19	18.48

续表

地区	普通小学			普通初中			普通高中		
	2012 年	2013 年	增长率（%）	2012 年	2013 年	增长率（%）	2012 年	2013 年	增长率（%）
浙江省	8197.65	8874.54	8.26	11500.02	12617.07	9.71	9869.79	12192.62	23.53
安徽省	5587.19	6437.96	15.23	7457.25	8830.00	18.41	6685.41	7039.90	5.30
福建省	6747.47	7522.51	11.49	9231.83	10510.97	13.86	7617.38	8718.26	14.45
江西省	4848.60	5817.11	19.98	6536.06	7882.12	20.59	7269.71	8587.12	18.12
山东省	6094.82	6642.19	8.98	9308.07	10171.24	9.27	8726.34	8972.57	2.82
河南省	3458.02	3913.95	13.18	5761.78	6453.79	12.01	5312.60	5617.66	5.74
湖北省	4817.88	5408.12	12.25	7328.46	8543.48	16.58	5275.12	6277.74	19.01
湖南省	4892.59	5721.18	16.94	8145.90	8835.38	8.46	6142.89	6543.86	6.53
广东省	5681.33	6742.84	18.68	6116.61	7508.99	22.76	7253.20	8027.72	10.68
广西壮族自治区	4863.70	5472.39	12.51	6361.27	6750.79	6.12	6030.98	6712.68	11.30
海南省	7358.93	8347.48	13.43	8850.70	10076.82	13.85	10901.61	10305.92	-5.46
重庆市	6378.25	6308.70	-1.09	7422.55	7606.65	2.48	6980.82	7418.09	6.26
四川省	6107.61	6822.64	11.71	7024.97	8336.83	18.67	5882.14	6252.92	6.30
贵州省	5038.12	5975.72	18.61	5403.22	6140.45	13.64	6184.97	6312.89	2.07
云南省	4979.84	6145.38	23.41	6131.55	7189.98	17.26	6474.77	6802.99	5.07
西藏自治区	11727.54	12820.24	9.32	10632.87	12783.54	20.23	13513.53	15315.65	13.34
陕西省	8747.40	9633.06	10.12	10502.62	11358.64	8.15	8303.28	8577.17	3.30
甘肃省	5371.52	6191.50	15.27	6411.44	7494.27	16.89	5868.51	7306.10	24.50
青海省	8037.07	8200.50	2.03	10062.21	10494.92	4.30	10634.95	11673.77	9.77
宁夏回族自治区	5312.20	6011.26	13.16	7886.81	8479.07	7.51	7771.25	8408.39	8.20
新疆维吾尔自治区	9094.62	10463.21	15.05	12022.20	14549.15	21.02	10852.88	11771.52	8.46

资料来源：《中国教育报》2014 年 11 月 6 日。

表 9－26　各级教育生均公共财政预算教育事业费增长情况（二）

单位：元

地区	中等职业学校			普通高等学校		
	2012 年	2013 年	增长率（%）	2012 年	2013 年	增长率（%）
全国	7563.95	8784.64	16.14	16367.21	15591.72	－4.74
北京市	21700.90	23635.72	8.92	47623.53	47629.14	0.01
天津市	17175.20	19901.89	15.88	21873.01	23046.92	5.37
河北省	5942.47	6890.12	15.95	16374.54	12904.36	－21.19
山西省	8019.75	8383.91	4.54	14196.77	10941.96	－22.93
内蒙古自治区	11784.04	11943.86	1.36	14678.16	15356.47	4.62
辽宁省	8027.38	9859.91	22.83	13145.78	12493.59	－4.96
吉林省	11103.10	14641.32	31.87	16992.46	12852.09	－24.37
黑龙江省	9411.16	9780.26	3.92	12958.10	11594.71	－10.52
上海市	17879.89	20702.80	15.79	30116.56	30186.34	0.23
江苏省	8522.50	9736.64	14.25	14835.94	14836.89	0.01
浙江省	9555.28	12712.68	33.04	12938.29	13765.91	6.40
安徽省	6420.71	7414.91	15.48	12152.91	10102.66	－16.87
福建省	7205.94	9759.55	35.44	13426.34	11201.53	－16.57
江西省	5861.06	7218.22	23.16	17991.99	12638.40	－29.76
山东省	9493.04	9886.38	4.14	13437.80	11545.88	－14.08
河南省	5562.02	5847.00	5.12	11007.33	10681.49	－2.96
湖北省	5072.43	6483.74	27.82	11254.58	12528.95	11.32
湖南省	7493.77	8769.85	17.03	13384.89	12995.41	－2.91
广东省	5886.86	7111.91	20.81	13225.21	14186.45	7.27
广西壮族自治区	5722.84	6528.29	14.07	12450.49	13382.09	7.48
海南省	7613.22	8473.26	11.30	12176.44	15164.70	24.54
重庆市	6332.86	7560.24	19.38	13976.43	12358.08	－11.58
四川省	7198.93	8146.44	13.16	12622.00	12012.40	－4.83
贵州省	6960.62	9060.32	30.17	12005.79	14957.26	24.58

续表

地区	中等职业学校			普通高等学校		
	2012 年	2013 年	增长率（%）	2012 年	2013 年	增长率（%）
云南省	5922. 11	8105. 25	36. 86	22653. 06	12825. 88	-43. 38
西藏自治区	13427. 89	15822. 99	17. 84	25106. 51	27378. 79	9. 05
陕西省	7405. 40	8478. 92	14. 50	12811. 57	12934. 96	0. 96
甘肃省	6152. 75	6838. 57	11. 15	11235. 89	10497. 46	-6. 57
青海省	8031. 31	7674. 27	-4. 45	19702. 95	16504. 51	-16. 23
宁夏回族自治区	6338. 02	9067. 61	43. 07	20698. 16	17665. 66	-14. 65
新疆维吾尔自治区	11932. 11	12741. 22	6. 78	14557. 47	15372. 47	5. 60

资料来源：《中国教育报》2014 年 11 月 6 日。

表 9-27　各级教育生均公共财政预算公用经费增长情况（一）

单位：元

地区	普通小学			普通初中			普通高中		
	2012 年	2013 年	增长率（%）	2012 年	2013 年	增长率（%）	2012 年	2013 年	增长率（%）
全国	1829. 14	2068. 47	13. 08	2691. 76	2983. 75	10. 85	2593. 15	2742. 01	5. 74
北京市	8731. 79	9938. 97	13. 83	11268. 46	13747. 01	22. 00	13660. 11	16644. 28	21. 85
天津市	3353. 70	3788. 90	12. 98	4477. 88	5379. 93	20. 14	3748. 96	5562. 89	48. 38
河北省	1362. 87	1390. 81	2. 05	2049. 95	2083. 65	1. 64	2193. 12	2074. 95	-5. 39
山西省	1570. 29	1639. 27	4. 39	2176. 08	2402. 84	10. 42	2677. 24	2128. 11	-20. 51
内蒙古自治区	2099. 11	2298. 51	9. 50	3014. 58	3168. 45	5. 10	3669. 76	3812. 12	3. 88
辽宁省	2638. 00	2846. 53	7. 90	4211. 94	3937. 15	-6. 52	3551. 91	3228. 12	-9. 12
吉林省	2317. 97	2294. 01	-1. 03	3109. 61	2974. 98	-4. 33	2764. 13	2365. 27	-14. 43
黑龙江省	2442. 87	2650. 21	8. 49	3427. 29	3564. 01	3. 99	3058. 82	3210. 58	4. 96
上海市	6021. 19	6417. 43	6. 58	7795. 08	8333. 24	6. 90	8958. 97	9154. 50	2. 18
江苏省	1964. 23	2664. 10	35. 63	2274. 23	3367. 92	48. 09	2023. 48	2792. 11	37. 99
浙江省	1333. 16	1492. 81	11. 98	1981. 05	2132. 93	7. 67	1990. 31	2717. 11	36. 52

续表

地区	普通小学			普通初中			普通高中		
	2012 年	2013 年	增长率（%）	2012 年	2013 年	增长率（%）	2012 年	2013 年	增长率（%）
安徽省	2123.60	2451.32	15.43	3097.05	3618.20	16.83	3068.11	3104.81	1.20
福建省	1625.04	1849.43	13.81	2342.52	2581.42	10.20	1374.86	1658.92	20.66
江西省	1895.81	2536.23	33.78	2795.00	3769.52	34.87	3397.67	4754.64	39.94
山东省	1837.41	2019.30	9.90	3162.28	3332.70	5.39	2963.56	3000.47	1.25
河南省	1605.39	1806.61	12.53	2821.16	3046.85	8.00	2521.28	2574.33	2.10
湖北省	1451.44	1581.18	8.94	2089.54	2320.33	11.05	1574.66	1698.87	7.89
湖南省	2032.48	2221.84	9.32	3481.31	3264.91	-6.22	2292.01	1970.91	-14.01
广东省	1264.24	1481.56	17.19	1638.59	1866.58	13.91	1915.62	2050.91	7.06
广西壮族自治区	1339.14	1439.85	7.52	2222.64	2238.77	0.73	2170.94	2066.20	-4.82
海南省	2398.93	3233.94	34.81	3903.29	4702.49	20.48	5765.19	5142.78	-10.80
重庆市	2219.34	2309.65	4.07	2684.50	2887.39	7.56	2739.88	3243.28	18.37
四川省	1716.83	1771.71	3.20	2125.02	2508.43	18.04	1627.82	1617.61	-0.63
贵州省	1235.95	1400.32	13.30	1739.74	1887.40	8.49	1651.06	1608.22	-2.59
云南省	1460.56	1670.26	14.36	1929.46	2119.78	9.86	2157.69	2032.22	-5.82
西藏自治区	3257.80	3434.75	5.43	2575.82	3727.30	44.70	3529.71	4373.18	23.90
陕西省	2934.22	3343.90	13.96	3989.34	4081.73	2.32	3451.69	3423.53	-0.82
甘肃省	1394.72	1585.10	13.65	1997.89	2271.73	13.71	1666.13	2513.14	50.84
青海省	3033.09	2741.16	-9.62	4211.74	3914.69	-7.05	4577.76	4861.56	6.20
宁夏回族自治区	1960.89	2034.80	3.77	3611.17	3181.74	-11.89	2904.07	2962.96	2.03
新疆维吾尔自治区	2071.50	2475.17	19.49	4069.48	5293.35	30.07	3146.80	3083.87	-2.00

资料来源：《中国教育报》2014 年 11 月 6 日。

各级教育生均公共财政预算公用经费支出增长情况。2013 年，全国普通小学、普通初中、普通高中、中等职业学校、普通高等学校生均公共财政预算公用经费支出情况，见表 9－28。

全国普通小学为 2068.47 元，比上年的 1829.14 元增长 13.08%。其中，农村为 1973.53 元，比上年的 1743.41 元增长 13.2%。普通小学增长最快的是江苏省（35.63%）。北京为 9938.97 元，比上年增长 13.83%；天津为 3788.90 元，比上年增长 12.98%；河北为 1390.81 元，比上年增长 2.05%。

全国普通初中为 2983.75 元，比上年的 2691.76 元增长 10.85%。其中，农村为 2968.37 元，比上年的 2602.13 元增长 14.07%。普通初中增长最快的是江苏省（48.09%）。北京为 13747.01 元，比上年增长 22%；天津为 5379.93 元，比上年增长 20.14%；河北为 2083.65 元，比上年增长 1.64%。

全国普通高中为 2742.01 元，比上年的 2593.15 元增长 5.74%。增长最快的是甘肃省（50.84%）。北京为 16644.28 元，比上年增长 21.85%；天津为 5562.89 元，比上年增长 48.38%；河北为 2074.95 元，比上年增长 －5.39%。

全国中等职业学校为 3578.25 元，比上年的 2977.45 元增长 20.18%。增长最快的是贵州省（74.16%）。北京为 11108.66 元，比上年增长 21.41%；天津为 5797.35 元，比上年增长 42.99%；河北为 2047.38 元，比上年增长 33.03%。

全国普通高等学校为 7899.07 元，比上年的 9040.02 元下降 12.62%。增长最快的是贵州省（59.81%）。

表 9－28 各级教育生均公共财政预算公用经费增长情况（二）

单位：元

地区	中等职业学校			普通高等学校		
	2012 年	2013 年	增长率（%）	2012 年	2013 年	增长率（%）
全国	2977.45	3578.25	20.18	9040.02	7899.07	－12.62
北京市	9149.75	11108.66	21.41	26618.30	27058.65	1.65
天津市	4054.30	5797.35	42.99	13264.04	15135.72	14.11
河北省	1539.01	2047.38	33.03	11211.86	7431.32	－33.72
山西省	2915.80	3172.49	8.80	7136.47	5123.86	－28.20

续表

地区	中等职业学校			普通高等学校		
	2012 年	2013 年	增长率（%）	2012 年	2013 年	增长率（%）
内蒙古自治区	4773. 80	4202. 41	-11. 97	6929. 95	6759. 06	-2. 47
辽宁省	3315. 51	4359. 81	31. 50	7100. 87	6615. 02	-6. 84
吉林省	3413. 93	4667. 33	36. 71	9630. 00	5123. 42	-46. 80
黑龙江省	3957. 57	3356. 87	-15. 18	6346. 79	5186. 78	-18. 28
上海市	7051. 29	7912. 46	12. 21	23539. 75	23857. 38	1. 35
江苏省	2698. 15	3179. 97	17. 86	7891. 87	8500. 99	7. 72
浙江省	2758. 64	4246. 30	53. 93	5501. 66	6006. 52	9. 18
安徽省	3486. 04	4244. 24	21. 75	7974. 84	5940. 13	-25. 51
福建省	1902. 10	3066. 43	61. 21	8177. 45	5111. 43	-37. 49
江西省	2877. 39	3390. 77	17. 84	12465. 36	6608. 62	-46. 98
山东省	4070. 44	4249. 90	4. 41	7416. 75	4826. 51	-34. 92
河南省	2380. 14	2900. 90	21. 88	6571. 27	5802. 23	-11. 70
湖北省	1590. 12	1960. 47	23. 29	6017. 02	6226. 56	3. 48
湖南省	3610. 80	4222. 49	16. 94	8439. 79	6798. 33	-19. 45
广东省	2320. 70	2773. 78	19. 52	5231. 33	6045. 81	15. 57
广西壮族自治区	2279. 14	2001. 29	-12. 19	7375. 80	6893. 75	-6. 54
海南省	3507. 76	4530. 87	29. 17	6822. 72	9030. 19	32. 35
重庆市	3188. 11	3995. 18	25. 32	9778. 93	8106. 90	-17. 10
四川省	2948. 12	3543. 05	20. 18	7507. 03	6555. 45	-12. 68
贵州省	3173. 51	5526. 92	74. 16	4754. 65	7598. 55	59. 81
云南省	2471. 40	3782. 99	53. 07	17410. 44	6907. 51	-60. 33
西藏自治区	6319. 65	5756. 16	-8. 92	12999. 21	13019. 87	0. 16
陕西省	3112. 10	3346. 02	7. 52	8883. 51	7739. 15	-12. 88
甘肃省	2145. 08	2405. 27	12. 13	6476. 31	6028. 09	-6. 92
青海省	4423. 78	3709. 71	-16. 14	10711. 45	6064. 91	-43. 38
宁夏回族自治区	2969. 57	4394. 54	47. 99	13078. 81	9114. 14	-30. 31
新疆维吾尔自治区	5582. 81	5350. 56	-4. 16	6651. 82	6164. 47	-7. 33

资料来源：《中国教育报》2014 年 11 月 6 日。

2. 每十万人口各级学校平均在校生数

各级教育每十万人口各级学校平均在校生数。2013 年，全国普通小学、普通初中、普通高中、中等职业学校、普通高等学校生均公共财政预算公用经费支出情况，见表 9－29。

全国普通小学为 6913 人。北京为 3815 人，排序为 30；天津为 3907 人，排序为 29；河北为 7495，排序为 12。

全国普通初中为 3279 人。北京为 1501 人，排序为 30；天津为 1845 人，排序为 29；河北为 2866，排序为 21。

全国高中阶段为 3255 人。北京为 1914 人，排序为 30；天津为 2080 人，排序为 29；河北为 2759，排序为 24。

表 9－29 每十万人口各级学校平均在校生数

单位：人

地区	高中阶段	排序	初中阶段	排序	小学	排序	学前教育	排序
北 京	1914	30	1501	31	3815	30	1685	28
天 津	2080	29	1845	29	3907	29	1651	29
河 北	2759	24	2866	21	7495	12	2922	13
山 西	3882	8	3576	13	6359	21	2635	19
内蒙古	3047	18	2765	22	5263	25	2070	26
辽 宁	2545	26	2409	26	4657	27	1951	27
吉 林	2512	27	2345	28	4952	26	1607	30
黑龙江	2869	19	2433	25	4017	28	1410	31
上 海	1350	31	1835	30	3330	31	2105	25
江 苏	2763	23	2345	27	5497	24	2927	12
浙 江	2864	20	2707	23	6383	20	3412	5
安 徽	3806	9	3335	16	6834	16	2805	17
福 建	3572	13	2957	20	6933	15	3823	2
江 西	3360	15	3895	10	9061	6	3471	4
山 东	3245	17	3283	17	6463	19	2710	18

续表

地区	高中阶段	排序	初中阶段	排序	小学	排序	学前教育	排序
河　南	3579	12	4094	6	9993	2	3689	3
湖　北	2665	25	2567	24	5680	23	2550	22
湖　南	2823	22	3228	18	7046	14	2880	15
广　东	4247	1	3821	11	7626	11	3347	8
广　西	3723	10	4167	3	9104	5	3881	1
海　南	3943	5	3910	9	8345	9	3368	7
重　庆	3933	7	3455	14	6754	17	3033	11
四　川	3490	14	3365	15	6513	18	2866	16
贵　州	3934	6	6036	1	10205	1	3093	10
云　南	2864	21	4023	7	8416	8	2555	21
西　藏	2292	28	4095	5	9571	3	2383	23
陕　西	4161	2	3202	19	6057	22	3387	6
甘　肃	4112	4	4018	8	7243	13	2133	24
青　海	3629	11	3632	12	8283	10	2909	14
宁　夏	4132	3	4401	2	9335	4	2613	20
新　疆	3261	16	4113	4	8484	7	3220	9

注：高等学校包括普通高等学校和成人高等学校；高中阶段合计数据包括普通高中、成人高中、普通中专、职业高中、技工学校和成人中专；初中阶段包括普通初中和职业初中。

资料来源：教育部统计数据，见 http：//www. moe. edu. cn/publicfiles/business/htmlfiles/moe/s8494/index. html。

全国学前教育为 2876 人。北京为 1685 人，排序为 28；天津为 1651 人，排序为 29；河北为 2922，排序为 13。

3. 生师比情况

生师比越低，说明每个学生所能分到的师资越多，从统计情况来看，指标较低的地区为直辖市，以及经济较为发达地区，指标较高的地区为欠发达地区，见表 9－30。

普通小学，排序第一的是黑龙江，为 11. 28∶1。北京为 14. 36∶1，排序为9；天津为14.42∶1，排序为10；河北为17.13∶1，排序为19。

普通初中，排序第一的是黑龙江，为9.6∶1。北京为9.75∶1，排序为3；天津为10.04∶1，排序为4；河北为12.67∶1，排序为18。

高中阶段，排序第一的是北京，为9∶1；天津为11.24∶1，排序为3；河北为13.28∶1，排序为8。

中等职业教育，排序第一的是吉林，为10.36∶1。北京为22.47∶1，排序为15；天津为13.41∶1，排序为2；河北为16.76∶1，排序为6。

学前教育，排序第一的是北京，为6.57∶1；天津为11.36∶1，排序为9；河北为18.13∶1，排序为26。

表9－30　2013年各级学校生师比

地区	幼儿园	排序	小学	排序	初中	排序	普通高中	排序	中等职业学校	排序
北　京	6.57	1	14.36	9	9.75	3	9	1	22.47	15
天　津	11.36	9	14.42	10	10.04	4	11.24	3	13.41	2
河　北	18.13	26	17.13	19	12.67	18	13.28	8	16.76	6
山　西	14.94	17	12.72	4	11	10	14.16	13	17.49	7
内蒙古	11.15	8	11.85	3	11.12	11	14.94	16	15.07	3
辽　宁	10.99	7	14.33	8	10.64	6	14.1	12	15.68	4
吉　林	10.26	4	11.83	2	9.65	2	16.47	23	10.36	1
黑龙江	10.48	5	11.28	1	9.6	1	14.03	11	19.32	12
上　海	9.82	2	15.92	13	12.11	14	9.45	2	18.06	9
江　苏	13.20	14	16.86	17	10.5	5	11.41	4	18.8	11
浙　江	9.83	3	19.05	29	12.58	16	12.92	7	17.71	8
安　徽	20.07	29	17.18	20	12.63	17	17	26	26.49	24
福　建	12.70	12	16.82	16	11.43	12	12.72	5	32.74	29
江　西	15.19	20	19.7	30	14.44	26	17.62	30	22.85	17
山　东	12.97	13	16.16	14	12.08	13	14.33	15	19.98	13
河　南	16.11	21	19.01	28	13.75	24	17.51	27	23.23	19

续表

地区	幼儿园	排序	小学	排序	初中	排序	普通高中	排序	中等职业学校	排序
湖　北	13.35	16	16.7	15	10.94	9	14.17	14	18.72	10
湖　南	13.30	15	19	27	12.68	19	15.44	18	24.62	21
广　东	10.53	6	18.47	26	14.63	27	15.23	17	34.64	30
广　西	19.29	27	19.77	31	16.68	30	17.52	28	37.1	31
海　南	11.77	10	14.67	11	13.73	23	15.65	20	28.35	27
重　庆	14.95	18	17.27	22	13.36	21	17.54	29	25.29	23
四　川	17.43	23	17.21	21	13.41	22	16.85	25	28.34	26
贵　州	19.60	28	18.43	25	18.23	31	18.25	31	31.52	28
云　南	17.78	24	17.03	18	15.38	29	15.6	19	23.9	20
西　藏	26.01	31	15.65	12	13.92	25	13.72	10	26.83	25
陕　西	12.64	11	13.96	7	10.88	8	15.79	22	22.85	16
甘　肃	18.10	25	13.3	5	12.28	15	15.7	21	20.04	14
青　海	20.71	30	17.6	23	13.34	20	13.64	9	23.14	18
宁　夏	15.05	19	17.7	24	14.68	28	16.51	24	25.27	22
新　疆	17.34	22	13.48	6	10.67	7	12.78	6	16.38	5

资料来源：教育部统计数据，见 http：//www.moe.edu.cn/publicfiles/business/htmlfiles/moe/s8494/index.html。

4. 每万人口教育机构数

对于每万人口教育机构数这个指标来说，从传统意义上来看，这个指标越高越好，指标高说明教育机构数量较多，教育资源丰富。但从统计结果来看，指标较低的省份反而是直辖市以及沿海经济教育发达地区，而指标较高的省份多为内陆经济不发达地区。这说明由于各个省份特殊的地形地貌和客观情况使得发达地区的每万人口教育机构数反而偏少，见表9－31。

普通小学，排序第一的是甘肃，为3.73所。北京为0.52所，排序为29；天津为0.57所，排序为28；河北为1.71所，排序为15。

普通初中，排序第一的是贵州，为0.63所。北京为0.16所，排序为

31；天津为0.22所，排序为29；河北为0.32所，排序为21。

普通高中，排序第一的是青海，为0.18所。北京为0.14所，排序为6；天津为0.13所，排序为8；河北为0.08所，排序为29。

中等职业教育，排序第一的是山西，为0.12所。北京为0.05所，排序为29；天津为0.06所，排序为22；河北为0.09所，排序为8。

学前教育，排序第一的是江西，为2.54所。北京为0.65所，排序为29；天津为1.16所，排序为22；河北为1.47所，排序为16。

表9-31 2013年各级学校每万人口教育机构数

地区	幼儿园	排序	小学	排序	初中	排序	普通高中	排序	中等职业学校	排序
北　京	0.65	29	0.52	29	0.16	31	0.14	6	0.05	29
天　津	1.16	22	0.57	28	0.22	29	0.13	8	0.06	22
河　北	1.47	16	1.71	15	0.32	21	0.08	29	0.09	8
山　西	1.62	13	2.46	8	0.55	3	0.14	5	0.12	1
内蒙古	1.10	25	0.92	24	0.30	26	0.11	12	0.11	3
辽　宁	2.11	3	1.05	22	0.36	18	0.09	21	0.07	15
吉　林	1.38	19	1.85	14	0.44	12	0.09	25	0.11	2
黑龙江	1.45	17	0.85	26	0.41	14	0.10	15	0.10	5
上　海	0.60	30	0.31	31	0.21	30	0.10	14	0.05	28
江　苏	0.59	31	0.51	30	0.26	28	0.07	30	0.03	30
浙　江	1.67	12	0.62	27	0.31	24	0.10	13	0.06	20
安　徽	1.01	27	1.91	13	0.48	7	0.12	10	0.08	12
福　建	1.97	4	1.39	19	0.33	20	0.14	4	0.06	21
江　西	2.54	1	2.36	9	0.46	9	0.10	17	0.09	7
山　东	1.90	6	1.15	20	0.30	27	0.06	31	0.05	23
河　南	1.54	14	2.77	5	0.48	6	0.08	28	0.08	13
湖　北	1.04	26	0.99	23	0.35	19	0.10	16	0.05	25
湖　南	1.83	8	1.39	18	0.49	4	0.09	27	0.07	14
广　东	1.30	20	1.11	21	0.31	23	0.10	19	0.05	27

续表

地区	幼儿园	排序	小学	排序	初中	排序	普通高中	排序	中等职业学校	排序
广　西	1.88	7	2.86	3	0.39	15	0.10	18	0.07	17
海　南	1.78	9	1.94	12	0.43	13	0.11	11	0.10	6
重　庆	1.53	15	1.59	16	0.32	22	0.09	26	0.05	26
四　川	1.45	18	0.90	25	0.48	8	0.09	24	0.06	19
贵　州	1.15	23	3.04	2	0.63	1	0.13	9	0.06	18
云　南	1.14	24	2.74	6	0.36	17	0.09	22	0.08	10
西　藏	1.96	5	2.70	7	0.30	25	0.09	23	0.02	31
陕　西	1.69	11	1.95	11	0.46	10	0.14	7	0.08	9
甘　肃	1.22	21	3.73	1	0.60	2	0.17	2	0.10	4
青　海	2.15	2	2.16	10	0.45	11	0.18	1	0.07	16
宁　夏	0.97	28	2.83	4	0.37	16	0.09	20	0.05	24
新　疆	1.71	10	1.56	17	0.49	5	0.16	3	0.08	11

资料来源：教育部统计数据，见 http：//www.moe.edu.cn/publicfiles/business/htmlfiles/moe/s8494/index.html。

二、京津冀公共教育存在的问题及原因

（一）京津冀公共教育存在的问题

基本公共教育服务能力衡量指标很多，涉及 GDP 水平、人口、教育支出、城乡师资水平、教学质量等方面，如公共教育支出总额、受教育人口总数、预期在校时间、15 岁及其以上人口中文盲半文盲人口比例、15—17 岁人口义务教育完成率、公共教育支出占 GDP 比重、财政教育支出占财政支出比重、高等教育与初等教育生均公共教育经费比、受教育人口比重与公共教育支出占 GDP 比重之比。由此可以看出，由于财政投入、财权事权、教育经费、监管等方面的差距，会造成京津冀基本公共教育均等化存

在较大的差距。

1. 财政投入分配方面的问题

在现代社会，教育公平已成为解决社会贫富差距的关键性手段。在我国教育事业发展过程中，教育不公平问题开始成为社会矛盾的焦点。教育不公有社会分配不公的因素，但我国公共财政性教育投入的总量不足则是其最直接的原因。一般来说，公共教育经费占国民生产总值比重的大小，既反映出政府对教育的“努力程度”，也反映着教育在国家发展中的战略地位。自 20 世纪 60 年代以来，世界上许多国家公共教育经费占国民生产总值的比重都在逐年提高，这项指标的全球平均水平已从 20 世纪 90 年代的 4% 增长到现阶段的 4.4%。

（1）公共财政对基础教育的投入总量不足

就世界范围而言，公共教育经费占国民生产总值的比重，世界平均水平为 4.9%，发达国家为 5.1%，欠发达国家为 4.1%。我国曾在 1993 年中共中央、国务院发布的《中国教育改革和发展纲要》中提出，国家财政性教育经费支出占 GDP 比例要达到 4%，但这一目标直至 2012 年才得以实现。

我国公共教育经费占国民生产总值的比例，1992 年为 2.73%，1993 年为 2.52%，1994 年为 2.62%，1995 年为 2.45%，1996 年为 2.47%，1997 年为 2.54%，1998 年为 2.61%，1999 年为 2.79%，2000 年为 2.87%，2001 年为 3.19%。2002 年为 3.28%。政府教育投入占 GDP 的比重在 2002 年出现转折，自 2003 年开始呈现出阶段性走低后逐步回升态势，2003 年之后的教育支出情况见表 9－32。

当美国 1999 年的教育投入达到 7%、印度 2003 年的教育投入达到 5% 时，我国的教育投入量截至 2012 年也仅占 GDP 的 4.08%，仍低于世界平均水平。

2013 年，全国公共财政教育支出为 24488 亿元，GDP 为 568845 亿元，教育支出占 GDP 的比重为 4.30%。同年，北京公共财政教育支出为 699.14 亿元，GDP 为 19501 亿元，全国排名为 13，教育支出占 GDP 的比重为

3.59%，全国排名为15；天津公共财政教育支出为461.51亿元，GDP为14370亿元，全国排名为19，教育支出占GDP的比重为3.21%，全国排名为21；河北省公共财政教育支出为769.33亿元，GDP为28301亿元，全国排名为6，教育支出占GDP的比重为2.72%，全国排名为23。河北省与京津之间存在着明显的差距，更是明显低于全国平均水平，见表9－33。

表9－32　2003—2012年我国教育支出占GDP比重表

年份	教育支出（亿元）	占GDP比重
2003	2937	2.16%
2004	3366	2.11%
2005	3975	2.15%
2006	4780	2.21%
2007	7122	2.68%
2008	9010	2.87%
2009	10438	3.06%
2010	12550	3.13%
2011	16497	3.49%
2012	21165	4.08%
2013	24488	4.30%

注：根据中宏数据库、国研网数据库数据计算所得。

表9－33　2013年GDP及公共财政教育支出情况

地区	GDP（亿元）	排序	公共财政教育支出（亿元）	占GDP比例	排序	人口（万人）	人均GDP（元）	排序	人均教育经费	排序
全国	568845		24488	4.30%		135516.86	41975.96		1807.008	
北京	19501	13	699.14	3.59%	15	2114.8	92210.14	2	3305.939	2
天津	14370	19	461.51	3.21%	21	1472.21	97609.44	1	3134.811	3
河北	28301	6	769.33	2.72%	23	7332.61	38596.63	16	1049.19	30
山西	12602	23	511.37	4.06%	12	3629.8	34718.72	22	1408.81	22
内蒙古	16832	15	438.14	2.60%	25	2497.61	67393.95	6	1754.237	8
辽宁	27078	7	671.01	2.48%	28	4390	61680.41	7	1528.497	15

续表

地区	GDP（亿元）	排序	公共财政教育支出（亿元）	占 GDP 比例	排序	人口（万人）	人均 GDP（元）	排序	人均教育经费	排序
吉林	12981	21	422.25	3.25%	19	2751.28	47183.35	11	1534.74	14
黑龙江	14800	17	485.63	3.28%	17	3835.02	38591.72	17	1266.304	26
上海	21602	12	667.73	3.09%	22	2415.15	89444.22	3	2764.756	4
江苏	59162	2	1368.86	2.31%	31	7939.49	74515.81	4	1724.116	9
浙江	37568	4	918.96	2.45%	29	5498	68331.19	5	1671.444	12
安徽	19039	14	731.51	3.84%	14	6029.8	31574.68	26	1213.158	27
福建	21760	11	566.56	2.60%	24	3774	57656.7	9	1501.219	17
江西	14339	20	652.24	4.55%	8	4522.15	31707.26	25	1442.323	19
山东	54684	3	1397.67	2.56%	27	9733.39	56182.17	10	1435.954	20
河南	32156	5	1102.47	3.43%	16	9413.35	34159.85	23	1171.177	29
湖北	24668	9	591.9	2.40%	30	5799	42539.21	14	1020.693	31
湖南	24502	10	800.72	3.27%	18	6690.6	36621.08	19	1196.784	28
广东	62164	1	1617.48	2.60%	26	10644	58402.83	8	1519.617	16
广西	14378	18	611.85	4.26%	10	4719	30468.32	27	1296.567	24
海南	3146.5	28	154.16	4.90%	7	895.28	35144.98	21	1721.919	10
重庆	12657	22	406.85	3.21%	20	2970	42615.12	13	1369.865	23
四川	26261	8	1031.33	3.93%	13	8107	32392.71	24	1272.148	25
贵州	8006.8	26	553.48	6.91%	2	3502.22	22862.04	31	1580.369	13
云南	11721	24	670.87	5.72%	6	4686.6	25009.41	29	1431.464	21
西藏	802	31	110.37	13.76%	1	312.04	25701.83	28	3537.047	1
陕西	16045	16	680.91	4.24%	11	3764	42628.08	12	1809.006	7
甘肃	6300	27	376.17	5.97%	4	2582.18	24397.99	30	1456.792	18
青海	2101.1	30	123.16	5.86%	5	577.79	36363.56	20	2131.57	6
宁夏	2600	29	111.74	4.30%	9	654.19	39743.81	15	1708.066	11
新疆	8510	25	520.5	6.12%	3	2264.3	37583.36	18	2298.724	5

资料来源：教育部统计数据，见 http://www.moe.edu.cn/publicfiles/business/htmlfiles/moe/s8494/index.html。

从经济发展和教育状况的匹配程度来看，亦体现出河北省公共财政对基础教育的投入量与京津之间的差距。近年来，河北省的 GDP 总量在全国名列第 6 名左右，处于上等水平。然而，各项教育指标却表现落后：每万人口教育机构数，全国排名 17；生师比例，全国排名 16；人均教育经费，全国排名高 29，即倒数第三。这些数据说明，河北省的教育投入程度与经济发展水平不匹配，相对于经济总量，教育投入量过低。

（2）基础教育公共财政区域投入失衡

在我国，中央政府主要负责中央各部门兴办的教育机构，省级政府也把大部分资金花费在非基础教育特别是地方高等教育上。在中央和省级财政向地方转移支付规模很小的情况下，把基础教育的责任层层下放，造成不公平。更为严重的是，基础教育由地方负责，其投入多少完全视地方经济发展水平和财政收入状况而定。在各地及城乡间经济发展水平存在着巨大差异的情况下，不可避免地导致基础教育的普及“放任自流”，使基础教育的发展陷入非均衡状态之中。

京津冀基础教育公共财政投入量呈现明显的失衡状态，表 9－33 可知：北京市的人均教育经费第二，为 3305. 94 元/人；天津的人均教育经费第三，为 3134. 81 元/人；而河北的该项数据倒数第二，仅为 1049. 19 元/人，两地相差超过 3 倍，不仅与京津差距较大，与其他省份相比也存在较大的差距。

河北省省内亦存在教育投入的不均衡问题，根据 2013 年《河北省基本公共服务体系建设研究》课题组对省内的 11 个地市的调查问卷结果，衡水、石家庄、唐山、邯郸、邢台地区的教育投入状况整体好于张家口、沧州地区。例如，张家口 39% 的被调查者认为没有享受到教育，而邯郸和邢台仅为 3%，这从侧面反映出了教育投入在省内地区间的差异。

基础教育影响公众素质，牵涉就业、人民生活质量等社会问题，而公平正义是社会主义社会的根本要求，因而在基础教育环节讲求“社会公平”对消除贫富差距、实现城乡均衡发展具有重要意义。因而河北省应对基础教育公共财政区域投入失衡引起足够重视。

2. 基础教育财权事权不对称问题

我国现行基础教育财政体制始于 20 世纪 80 年代中期，其核心思想是地方负责、分级管理。这种体制有助于强化地方政府办学的责任，但也存在一系列问题，不符合公共品供给的公平和效率要求。在这种体制下，中央和省级的教育投入主要用于高等教育，对基础教育只承担补助贫困地区和少数民族地区的责任；而基础教育投入的职责基本上甩给基层政府，特别是农村基础教育投入主要由县乡政府和农民共同承担。据国务院发展研究中心《县乡财政与农民负担》课题组的调查结果显示，目前我国农村义务教育的投入实际上主要还是由农民们自己负担的，在全部投入中，乡镇一级的负担竟高达 78% 左右，县财政负担约 9%，省地负担约 11%，中央财政只负担了 2%。财政投入的不足所带来的结果是：许多农村学校实验仪器和图书严重匮乏，开不齐国家规定课程，达不到教学的基本要求。在当前我国的财力分配格局中，中央和省级财政集中了主要财力，但只负担一小部分基础教育财政投入；县乡财政财力薄弱，却承担了绝大部分的农村基础教育投入。这突出表现为基础教育事权、财权的不对称，造成“小马拉大车，大马拉小车”的局面，影响了基础教育的供给效率和质量。

河北省同样存在教育财权事权不对称问题。与京津相比，无论是学前教育、义务教育还是高中阶段教育的生均教育经费，河北省明显低于京津，与京津相差了 8 年。省级财政集中了大部分的税收来源，省财政厅对教育的支持力度受省财政分配状况的多重限制，而地市、县的各级财政收入有限，但却直接承担着较多的教育费用支出。县市级教育支出负担重、但财权的主动性不足，“量力而出”也必然导致低行政级别内的教育投入量低于高行政级别地区，而这种差异在乡村与城镇之间表现得尤为明显，农村基础教育投入缺口大。与城镇相比，乡村的学前设施数量少、设施简陋、教学质量差；乡村对特殊学生群体、困难学生的补助和支持力度也明显不足，致使辍学、休学现象多于城镇，受教育程度整体落后。

3. 基础教育经费使用不规范问题

1983 年开始，政府特别是中央政府设立了老、少、穷地区普及基础教育专项补助，用于新建校舍和课桌凳的添置，以扩充入学机会。此外，由社会捐资建立起来的“希望工程”资金部分用于增加基础教育的供给，部分用于救助失学儿童。上述措施在一定程度上增进了教育公平。但这仅是一种辅助性的措施，一是资助的力度不够，量少面窄，对于众多贫困县大量的应该得到资助的失学儿童而言，无疑只是“杯水车薪”；二是资助经费缺乏规范化、制度化的管理和一套科学合理的分配方式，呈现出极大的随意性，导致资助资金“外溢”。据上海智力开发所对全国491个国家级贫困县的教育财政与初等教育成本的分析结果表明：国家每年给贫困县的千万元补贴，在缩小城乡差别上，似乎没有显著成效，即真正特别贫困的农村小学似乎没有得到很大的受益。

近年来，河北省在逐渐加大全省教育财政支出的同时，对于相对落后的市域进行教育倾斜，取得了初步成效。教育落后地区如张家口市近年来的升学率、受教育程度明显提高。然而，我们亦应重视教育经费利用效率问题、关注专项教育经费划拨审批规范性。具体来说，根据边际递减规律及河北省的教育投入现状，实现教育经费利用效率最大化的途径是大力加强对教育薄弱环节的投入，填补农村和偏远地区的支出缺口，利用专项教育经费划拨调节地域间的不平衡。然而，到底投入到哪里、投入多少、投入的收益如何等问题仍然不甚明确，导致在实施环节存在教育经费使用的随意性和不规范性。究其原因，是在政策层面缺乏对教育经费利用的长期规划和制度规范。

（二）区域公共教育指标差距产生的理论原因

如果将一个区域分为发达地区（A）和落后地区（B）两类，与之对应的两个地方政府，第 i 地区的经济水平为 E_i，财政水平为 F_i，公共服务水平为 S_i，$i=A$，B。

由于公共服务水平直接取决于财政水平，同时也会受到财政管理制度、公共支出成本等外生因素的影响，因此公共服务的生产函数可以表示为：

$$S_i = S(F_i, \mu_i) \tag{9-1}$$

从地方财政支出来源看，一是取决于地方经济发展所创造的财政收入；二是在分税制财政体制下，取决于中央对各地方的净转移等。公共服务供给函数可以表示为：

$$S_i = S(F_i(E_i, TR_i, v_i), \mu_i) \tag{9-2}$$

其中，TR_i 表示中央通过税收分享、转移支付等财政体制形成对地方的净转移，v_i 代表除经济水平和财政体制外对地方财政支出影响的其他因素。

对公式（9－2）两边变量进行差异化处理，比如计算极差、极商等，得出地区间公共服务差距影响的因素函数：

$$\tilde{S}_i = S(\tilde{E}_i, \tilde{TR}_i, \tilde{v}_i, \tilde{\mu}_i) \tag{9-3}$$

京津冀区域公共教育服务的差距主要取决于经济发展差距、财政管理体制差距、公共事业发展成本等方面的差距（见图9－3）。其中，财政体制对缩小公共服务差距的作用在国内外研究中已经达成共识，即以中央政府为主体直接调节地区间的可支配财政收入，满足实现公共服务均等

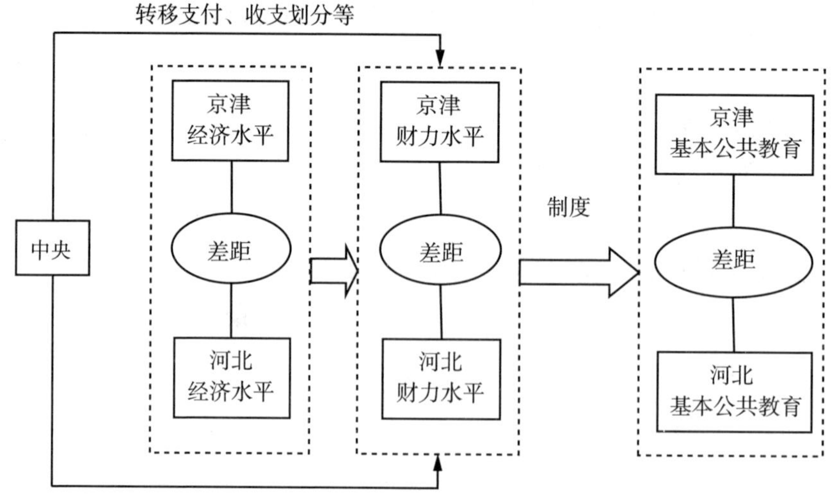

图9－3　京津冀公共教育差距产生的理论路径

化的财政支出需要，属于“外部调节”过程；通过提高各地区经济水平来提升各地财政自给率，进而增强落后地区的公共服务供给能力，则属于地区“自我发展”过程。在我国实施经济非均衡发展战略初期，就形成了区域经济发展的“二元格局”，从而也导致区域公共服务差距。从理论上可以判断，区域间公共服务差距和经济发展差距相伴随，而包括收入分享、转移支付等在内的财政调节仅是短期内控制差距扩大的再分配手段。因此，在区域经济非均衡发展模式的深化阶段，更需要从区域协调发展来缩小公共服务差距，但该结论还需要得到实证检验。

（三）京津冀公共教育差距产生的模型分析

本部分主要是通过构建计量模型，尝试性地寻找影响公共教育差距的主要因素。为更加系统性地衡量多维因素对省域基本公共教育差距的影响，笔者以现有研究成果为基础，并综合内生经济增长理论、收入分配理论等，从经济发展因素、政策偏向因素、金融发展因素、经济干预因素、其他控制性因素等五个方面来综合考虑京津冀间和城乡间收入差距的影响因素。

1. 计量模型设定与变量选取

本章在计量模型设定上主要采用 Panel Data 模型，其优势在于它并不单纯局限于既定的时点和时间段，而是具备研究面板数据的能力，可以对其设定包含个体和时间的固定影响及随机影响在内的多种形式，综合考虑各种作用因素在空间上衍化的特征。具体来说，建立的京津冀间城乡间收入差距全因素计量模型的基本形式如下所示：

$$edu_{it} = c_i + \alpha_i RGDP_{it} + \beta_i RRK_{it} + \gamma_i AGDP_{it} + \varepsilon_{it}$$

式中，下标 i 代表第 i 个省市，共包括京津冀三个省市；下标 t 表示第 t 年，包括 2003，2004，…，2011 年；c，α，β，γ 分别表示相应系数；具体变量说明如下：

（1）因变量

选取教育财政支出占地区 GDP 的比重表示该省市的基本公共教育发展

水平，因为该指标高，直接体现在该地各级生师比、每万人拥有的学校数、各级生均教育经费等指标也是较合理的。

教育财政支出包括预算内财政支出和预算外财政支出。预算内支出很大程度上是一种经常性支出，受到的监管更多。因此，预算内支出反映了地方政府“援助之手”的作用；预算外支出受到的监管较少，一般来说，地方政府往往可以从预算外支出中获得额外的租金。因此，预算外支出反映了地方政府的“攫取之手”。地方政府预算外支出和预算内支出的变化一定程度上反映了地方政府的行为动机，因此，为了刻画政府行为的差异，因变量分别用两个指标来衡量：Edu_1 表示地方政府预算内财政教育支出占该地区 GDP 的百分比，见表 9－34。Edu_2 表示地方政府预算外财政教育支出占该地区 GDP 的百分比，地方政府预算外财政教育支出 = 地方政府财政教育总支出 - 地方政府预算内财政教育支出，见表 9－35。

表 9－34　京津冀地方政府预算内财政教育支出占该地区 GDP 的百分比

	2003 年	2004 年	2005 年	2006 年	2007 年	2008 年	2009 年	2010 年	2011 年
Edu1 - BJ（北京）	5.04%	4.95%	4.82%	5.06%	5.10%	5.64%	5.74%	6.30%	6.83%
Edu1 - TJ（天津）	2.68%	2.51%	2.29%	2.39%	2.43%	2.49%	2.64%	2.79%	3.32%
Edu1 - HB（河北）	2.14%	2.07%	2.12%	2.10%	2.31%	2.64%	2.77%	2.83%	2.83%

注：根据中宏数据库数据计算得到。

表 9－35　京津冀地方政府预算外财政教育支出占该地区 GDP 的百分比

	2003 年	2004 年	2005 年	2006 年	2007 年	2008 年	2009 年	2010 年	2011 年
Edu2 - BJ（北京）	1.74%	1.56%	1.58%	1.62%	1.51%	1.38%	1.40%	1.30%	1.43%
Edu2 - TJ（天津）	1.08%	1.01%	0.95%	0.76%	0.81%	0.77%	0.72%	0.60%	0.64%
Edu2 - HB（河北）	0.95%	0.93%	0.90%	0.90%	0.79%	0.76%	0.74%	0.68%	0.60%

注：根据中宏数据库数据计算得到。

（2）自变量

考虑到影响一个地区基本公共教育发展水平因素中，人均 GDP 是衡量经济实力和社会经济的均衡程度的重要指标，其增加，政府财政收入增加，用于教育的投入就会增加。用 AGDP 表示，见表 9－36。

表 9－36　京津冀人均 GDP

单位：元

	2003 年	2004 年	2005 年	2006 年	2007 年	2008 年	2009 年	2010 年	2011 年
AGDP－BJ（北京）	34892	41099	45993	52054	61274	64491	66940	73856	81658
AGDP－TJ（天津）	25544	30575	37796	42141	47970	58656	62574	72994	85213
AGDP－HB（河北）	10251	12487	14659	16682	19662	22986	24581	28668	33969

注：来源于中宏数据库。

GDP 的增长率是政府考核的重要指标，它的增长直接影响到政府财政收入的增加，用 RGDP 表示，见表 9－37；人口增长率的变化不仅会影响教育的主体，也会影响到各项经济指标的变化，用 RRK 表示，见表 9－38。

表 9－37　京津冀 GDP 增长率

	2003 年	2004 年	2005 年	2006 年	2007 年	2008 年	2009 年	2010 年	2011 年
RGDP－BJ（北京）	16.04%	20.49%	15.52%	16.48%	21.30%	12.88%	9.34%	16.13%	15.15%
RGDP－TJ（天津）	19.87%	20.67%	25.54%	14.26%	17.70%	27.91%	11.95%	22.64%	22.58%
RGDP－HB（河北）	15.00%	22.49%	18.10%	14.54%	18.66%	17.67%	7.64%	18.33%	20.21%

注：根据中宏数据库数据计算得到。

表 9－38　京津冀人口增长率

单位：‰

	2003 年	2004 年	2005 年	2006 年	2007 年	2008 年	2009 年	2010 年	2011 年
RRK－BJ（北京）	－0.1	0.7	1.09	1.29	3.4	3.42	3.5	6.81	4.02
RRK－TJ（天津）	1.1	1.34	1.43	1.6	2.05	2.19	2.6	2.6	2.5
RRK－HB（河北）	5.16	5.79	6.09	6.23	6.55	6.55	6.5	6.81	6.5

注：根据中宏数据库数据计算得到。

2. 数据的统计特性

京津冀各变量的统计特性见表 9－39，可知 3 个地区 9 年变量的标准差比较大，且有一定的偏度，峰度也低于标准正态分布值 3，J - B 检验值比较小，其相伴概率均大于 0.05，表明在给定检验水平 5% 下，接受原假设，所选数据均服从正态分布。

表 9 - 39 京津冀各变量的统计特性

	EDU1	EDU2	AGDP	RGDP	RRK
均值	0.035118	0.010407	43320.93	0.177441	3.619259
最大值	0.068259	0.017375	85213.00	0.279139	6.810000
最小值	0.020699	0.005979	10251.00	0.076412	-0.100000
标准差	0.015040	0.003593	22244.48	0.046133	2.294073
偏度	0.835819	0.549126	0.270070	-0.036195	0.155605
峰度	2.174380	1.853812	1.920266	2.986099	1.527651
观测量	27	27	27	27	27
J - B 检验值	3.910524	2.834892	1.639775	0.006113	2.547746
相应概率	0.141527	0.242332	0.440481	0.996948	0.279746

3. 单位根检验

这里采用了四种方法进行检验，其中，Levin - lin - chu 检验适用检验截面数据序列具有相同的单位根情形下的检验，Im - Pesaran - Skin 检验、Fisher - ADF 检验、Fisher - PP 检验用检验截面数据序列具有不同的单位根情形下的检验。京津冀各变量的单位根检验结果见表 9 - 40，所选 EDU1、EDU2、AGDP、RRK 变量单位根检验的 P 值均大于 0.05，即存在单位根。RGDP 变量单位根检验的 P 值小于 0.05，即不存在单位根。

4. 静态面板数据的估计

（1）地方政府预算内财政教育支出占该地区 GDP 的百分比的模型分析

根据估计及检验结果，同时考虑到 AGDP 与 RRK 之间存在着相关性，因此会产生多重共线性，经过验证，删除 AGDP 变量，最终确定静态面板数据模型为时刻个体固定效应模型。

$$edu_{1t} = 0.034 - 0.0287RGDP_{it} + 0.00169RRK_{it}$$

根据上述估计结果可知，GDP 增长率增加会导致 EDU1 下降，即该变量增加会导致 GDP 增加，即 EDU1 的分母变大，因此 EDU1 变小；RRK 增加会导致 EDU1 增加，其原因是由于人口增长率增加，即总人口增大，需要投入的教育经费就会增加，这与实际是相符的。个体时刻固定效应参数见表 9－41。

表 9－40　京津冀各变量的单位根检验

	Levin－lin－chu 检验		Im－Pesaran－Skin 检验		Fisher－ADF 检验		Fisher－PP 检验	
	统计量	P 值	统计量	P 值	统计量	P 值	统计量	P 值
EDU1	2.10350	0.9823	2.48445	0.9935	0.86817	0.9901	0.19828	0.9998
EDU2	0.12300	0.5489	1.29733	0.9027	1.73220	0.9426	5.77722	0.4486
AGDP	3.57567	0.9998	3.37367	0.9996	0.15451	0.9999	0.07383	1.0000
RGDP	－4.96245	0.0000	－2.20250	0.0138	17.4634	0.0077	26.2982	0.0002
RRK	－2.28644	0.0111	－0.06229	0.4752	7.88058	0.2470	22.1043	0.0012

表 9－41　个体时刻固定效应参数

	北京	天津	河北						
参数	0.0209	－0.0054	－0.0156						
	2003	2004	2005	2006	2007	2008	2009	2010	2011
参数	0.0002	－0.0007	－0.0025	－0.0031	－0.0026	0.0005	－0.0012	0.0019	0.0074

对于每个个体回归函数的斜率相同，截距却因个体不同而变化。可见个体固定效应模型中的截距项中包括了那些随个体变化，但不随时间变化的难以观测的变量的影响。京津冀三地，地域及人口基数是不同的，往往不随时间的变化而变化，或变化不大，因此反映到不同个体的函数的截距是不同的。

对于每个截面，回归函数的斜率相同，截距却因截面（时点）不同而异。可见时点固定效应模型中的截距项包括了那些随不同截面（时点）变化，但不随个体变化的难以观测的变量的影响。京津冀三地，固定资产投资是不同的，而投资随着时间的变化而变化，发挥着不同的作用。

京津冀三地不同的特点，随着时间的变化影响因素也在发生着不同的变化，也就造成了 EDU1 的变化，即地方政府预算内财政教育支出占该地区 GDP 的百分比产生变化，三地基本公共教育发展水平产生差距。

（2）地方政府预算外财政教育支出占该地区 GDP 的百分比的模型分析

根据估计及检验结果，同时考虑到 AGDP 与 RRK 之间存在着相关性，因此会产生多重共线性，经过验证，删除 RRK 变量；同时考虑到变量之间的因果关系，删除不显著的 RGDP 变量。最终确定静态面板数据模型为个体固定效应模型。

$$edu_{2t} = 0.014 - 8.27 \times 10^{-8} AGDP_{it}$$

根据上述估计结果可知，人均 GDP 增加会导致 EDU1 下降，即该变量增加会导致 GDP 增加，即 EDU1 的分母变大，因此 EDU1 变小，这与实际是相符的。个体固定效应参数见表 9－42。

表 9－42 个体固定效应参数

	北京	天津	河北
参数	0.0058	－0.0016	－0.0043

对于每个个体回归函数的斜率相同，截距却因个体不同而变化。可见个体固定效应模型中的截距项中包括了那些随个体变化，但不随时间变化难以观测的变量的影响。京津冀三地的地域及人口基数不同，且往往不随时间的变化而变化，或变化不大，因此反映到不同个体的函数的截距是不同的。

京津冀三地不同的特点，随着时间的变化影响因素也在发生不同的变化，也就造成了 EDU2 的变化，即地方政府预算外财政教育支出占该地区 GDP 的百分比产生变化，三地基本公共教育发展水平产生差距。

三、京津冀公共教育均等化的目标和实现路径

（一）京津冀公共教育均等化的目标和标准

推动京津冀协同发展，是党中央、国务院在新的历史条件下作出的重

大决策部署，对于协调推进“四个全面”战略布局[①]、实现“两个一百年”奋斗目标[②]和中华民族伟大复兴的中国梦，具有重大现实意义和深远历史意义。

基本公共教育是京津冀协同发展公共服务的重要组成部分，按照京津冀协同发展的目标：近期到2017年，公共服务协同发展取得显著成效；中期到2020年，公共服务共建共享取得积极成效，初步形成京津冀协同发展、互利共赢新局面；远期到2030年，公共服务水平趋于均衡，成为具有较强国际竞争力和影响力的重要区域，在引领和支撑全国经济社会发展中发挥更大作用。

1. 公共教育均等化的具体目标是保基本、强基层、建机制

保基本即京津冀基本公共教育保障应以《国家基本公共服务体系“十二五”规划》中公共教育服务标准为基本目标。《教育规划纲要》明确提出，到2020年要形成惠及全民的公平教育，建成覆盖城乡的基本公共教育服务体系，逐步实现基本公共教育服务均等化，缩小区域差距。

强基层即要实现京津冀城乡之间、区域之间的基本公共教育供给基本均等化，让农村和发展落后地区的居民及城镇低收入群体能够享受到国家标准水平的基本教育服务。《国家基本公共服务体系“十二五”规划》明确了“十二五”时期基本公共教育服务的范围，将普惠性学前教育、九年义务教育和高中阶段教育纳入基本公共教育服务范围。明确“十二五”时期，将按照普及普惠的要求，进一步健全基本公共教育服务体系，建立以义务教育为核心、涵盖学前教育和高中阶段教育的基本公共教育服务体系，完善进城务工人员随迁子女、家庭经济困难学生和残疾学生的教育保障政策体系，基本建成服务全民的教育信息与资源共享平台。

---

① “四个全面”战略布局，即“全面建成小康社会、全面深化改革、全面依法治国、全面从严治党”，是以习近平同志为总书记的党中央从坚持和发展中国特色社会主义全局出发提出的战略布局，是党中央治国理政的总方略，是实现“两个一百年”奋斗目标、走向中华民族伟大复兴中国梦的“路线图”。

② “两个一百年”是党的十八大会议中提出的一项奋斗目标，即在中国共产党成立一百年时全面建成小康社会，在新中国成立一百年时建成富强民主文明和谐的社会主义现代化国家。

建机制即逐步建立健全京津冀基本公共教育服务均等化的一套保障机制：一是基本公共教育体系建设应涵盖国标中所有指定项目；二是注重基本公共教育供给、绩效评价和责任追究每一个环节，保证制度的完整性。

2. 公共教育均等化的标准是教育机会公平、教育标准公平

教育机会公平即统筹京津冀区域间、城乡间义务教育发展，加大对农村地区、边远贫困地区、民族地区以及薄弱环节与薄弱学校的倾斜和投入力度；保障弱势群体（农民工子女、进城务工人员随迁子女、农村留守儿童、残疾儿童少年等）接受同等的基本公共教育的权利和便利。

教育标准公平即保障京津冀基本办学条件、师资、管理水平的标准一样，推进义务教育学校标准化建设，见表9－43。

表9－43　基本公共教育公平标准

	服务项目	服务对象	保障标准	支出责任	覆盖水平
九年义务教育	义务教育免费	适龄儿童、少年	免学费、杂费以及农村寄宿生住宿费，免费向农村学生提供教科书；农村中小学年生均公用经费标准，普通小学不低于500元，普通初中不低于700元	中央与地方财政按比例分担	目标人群覆盖率100%，九年义务教育巩固率达到93%
	寄宿生生活补助	农村家庭经济困难寄宿学生	年生均补助小学1000元，初中1250元	地方政府负责，中央财政适当补助	目标人群覆盖率100%
	农村义务教育学生营养改善	贫困地区农村义务教育学生	在寄宿生生活补助基础上，集中连片特殊困难地区每生每天营养膳食补助3元（每年在校时间按200天计）	地方政府负责，国家试点地区中央财政承担，其他地区中央财政适当补助	目标人群覆盖率100%

续表

	服务项目	服务对象	保障标准	支出责任	覆盖水平
高中阶段教育	中等职业教育免费	农村学生、城镇家庭经济困难学生和涉农专业学生	免学费	中央与地方财政按比例分担	目标人群覆盖率100%，使高中阶段教育毛入学率达到87%
	中等职业教育国家助学金	全日制在校农村学生及城市家庭经济困难学生	资助每生每年不低于1500元，资助两年	中央与地方财政按比例分担	目标人群覆盖率100%
	普通高中国家助学金	家庭经济困难学生	平均资助每生每年1500元，地方结合实际在1000—3000元范围内确定	中央与地方财政按比例分担	目标人群覆盖率100%
学前教育	学前教育资助	家庭经济困难儿童、孤儿和残疾儿童	具体资助方式和标准由地方确定	地方政府负责，中央财政适当补助	目标人群覆盖率100%，学前一年毛入园率达到85%

注：摘自国务院印发《国家基本公共服务体系“十二五”规划》。

（二）京津冀公共教育均等化的实现路径

京津冀公共教育均等化的实现路径是：优化公共教育投资结构，提高教育投资的效益；规范政府间教育财政责任；构建合理的财政转移支付制度，规范基础教育经费的管理和监督，加强教育财政法制化建设。

推进公共教育服务均等化是一个动态过程，不能一蹴而就，将是一项长期而艰巨的任务。近年来，我国在推进基本公共教育服务均等化方面进行有益探索，并取得了积极成效。京津冀逐步实现基本公共教育服务均等化，应做到尽力而为，量力而行，遵循“保基本、强基层、建机制”的基本思路逐步向前推进。

1. 优化公共教育投资结构，提高教育投入的整体规模

从公共教育支出占 GDP 比重看，京津冀公共教育支出偏低，尤其是河北省所占比例几乎是全国最低，这是影响京津冀公共教育支出均衡的重要原因。可以说，京津冀教育发展中很多问题与投入不足有关，所以增加公共教育支出是解决京津冀教育问题的基础条件。切实做到《中国教育改革与发展纲要》和《中华人民共和国教育法》中提出和规定的“三个增长”，将是改善公共教育支出不足的重要保证。如能真正将教育放在优先发展的地位，在转变政府职能的同时，各方面挤出一些资金办教育，我国公共教育支出将存在很大提高空间。

公共教育服务的供给包括几种模式：一是完全由政府直接提供的公共教育服务；二是以市场为主导、由各种与教育有关的市场力量运作的基本公共教育服务；三是以政府为主导、由社会非营利组织实施操作的基本公共教育服务；四是多由主体参与供给的基本公共教育服务模式。其中，以市场为主导、由各种与教育有关的市场力量运作的公共教育服务，可以降低教育服务供给的成本和价格，提高服务供给的质量，减少政府运作的人力和设施成本，促进政府教育职能的转变。承担服务供给的社会组织可以对市场环境和客户的要求作出快速反应。社会组织的资金来源与其服务直接挂钩，有助于克服服务提供中的官僚主义。而以政府为主导、由社会非营利组织实施操作的基本公共教育服务模式中，政府可以通过购买服务、委托管理等方式间接提供公共服务。政府要提高公共服务的效率，就应减少对微观事务的干预。微观领域、专业领域的公共服务，因为专业性太强，政府可能会力不从心，完全可以通过社会性的或非营利性的组织机构承接这种服务。比如学前教育，人们普遍反映民办幼儿园收费过高，要求政府采取措施降低收费。政府可以直接举办学前教育机构，即举办更多的公办幼儿园；也可以向民办幼儿园购买服务，前提是民办幼儿园要执行非营利制度。只有这样，政府的财力才可能保证用于公共事业，才能使不合

理的高收费以成本为依据实现回落。

（1）确定公共教育投资的重点方向

为了实现京津冀三地的教育均衡，要加大对河北教育投资的力度。搭建公共教育均衡发展的基础平台，在制度上保证以规划形式引领基本公共教育的均衡发展。坚持以政府投入为主，保障公共财政对基础教育经费的投入，依法落实公共教育的财政责任。统一城乡义务教育学校生均公用经费标准，使义务教育生均预算内教育事业费和生均公用经费达到京津的平均水平。设置教育财政专项，加大对农村教育、学前教育、民族教育的扶持力度，加大省级政府转移支付力度，改进转移支付资金拨付方式，对县（区、市）教育经费投入实施年度督导制，避免层层截留，加强转移支付经费的监察与监管，保证专款专用。同时，建立和逐步完善政府、社会、家庭合理的学前教育、高中教育成本分担机制。逐步加大政府的投入力度，提高河北省政府对农村和贫困地区学前教育和高中教育的经费投入比例。

（2）调节总量配置结构，增加教育基本建设和科研的投资

公共教育投资总量优化配置的关键是对国家财政性预算内经费的如何配置问题。我国教育事业费增速较大且在教育总投资中的构成比例较稳定，但是，教育基建拨款和教育科研经费在教育总投资中的构成比例太少，这严重影响了教育条件的改善和科学技术的创新，阻碍了教育的长期发展。教育基本建设投资属于资本性投资，需要很长一段时间才能产生效益，为改善教学机构办学基础设施环境和教职工居住条件，最大限度地发挥有限的教育基本建设投资的作用，应对教育机构投资建设或购买教学楼、图书馆和宿舍给予政策方面的支持。可以考虑通过财政补贴或减免教育机构基本建设中应缴纳的土地使用税、城建收费和其他费税的支出，提高教育基建投资使用效率。

重点加大河北中小学的科研投资，在中小学阶段就培养学生科学研究的基本常识，从小培养他们从事科学研究和创新兴趣，从小开发学生探索新领域的智力，这是中华民族振兴的最有远见的战略性投资。

（3）进一步提高教育经费的使用效益

公共教育支出绩效应该综合反映公共教育支出在目标、过程和结果等方面的节约、效率和效益三方面绩效，并体现为内部过程绩效和外部结果绩效两部分。教育事业性经费中的个人部分包括基本工资、补助工资、其他工资、职工福利费、社会保障费和奖贷助学金，其中主要的是基本工资。从效率的角度讲，应增加补助工资和其他工资的投资，这是立竿见影的激励投资，特别能激发中青年教师的潜能和工作热情。从教育公平以及为国家选拔和培养优秀的人才角度出发，河北省应提高奖贷助学金的额度，这种教育投资是除了科研投资之外的效率最高的投资，社会收益率和个人收益率都是最高的。教育事业性个人经费的优化配置的关键是建立单位人才结构的自我更新与优化机制。为此，河北省应改变目前对教育的粗放型管理模式，把对教育机构的考核从简单的数量考核转变到质量考核上来，既要考核学校的“在校生数量”等指标，更要考核其“专任教师与教学辅助、行政管理人员比例”“教职工与在校生比”“工资福利性开支、行政管理经费开支占总支出百分比”“单位人员专业结构变化与人员流动结构统计报告”等指标，以便确定与教学直接相关的教职工人数及其基本工资开支，压缩与教学间接相关或关联不大的费用开支，精简非教学人员，提高师资利用率和教学质量，最终提高教育经费使用效益。

（4）公共教育投资在我国三级教育结构间的优化配置

就各级教育的投资回报率来说，义务教育不能使个人获得竞争优势，其收益主要体现为社会收益。义务教育基本上是一种公共产品，主要由政府投资。就目前河北省的经济发展水平来说，政府应确定优先投资义务教育的战略地位，将教育投资的增量主要用于义务教育，提高义务教育的生均财政预算内教育经费的水平。首先，对特别贫困的学生进行生活补贴，这样既重视弱势群体，不让孩子输在起跑线上，从根本上缩小贫富两极分化，又减少了社会救济和社会危害等所带来的社会成本，有助于和谐社会的构建。对不同地方的学生以及公办和民办学校来说，为了解决免费义务教育的公平和效率之间的矛盾问题，提高办学质量和竞争意识、促进教育资源优化配置，不允许办重点学校和重点班。其次，可以采用“教育券”制度，对财政性教育预算经费通过教育券发给受教育者，受教育者把教育券交给自己所选择的就读学校（包括民办学校），政府再根据学校收取的教育券拨给相应的教育经费。

非义务教育要引入市场机制，引导全社会共同参与。职业教育主要表现为个人收益，教育费用主要由个人承担。个人承担教育费用，基本上是一个学校的不同专业学生的学费标准相同。根据成本与收益成正比例原则，对学不同专业的学生根据毕业后的收益率不同收取不同的学费。

（5）合理布局京津冀高等教育

高等教育的非均衡发展，不利于京津冀区域在经济发展过程中对人才的迫切需求。为了实现高等教育的京津冀区域均衡发展，同时考虑京津冀区域协同发展整体定位，在功能调整方面，可规划和布局高等学校的数量：一是将北京的知名高校引到河北办分校；二是考虑加大对河北省高等教育的投入，尤其是博士点的支持力度；三是提高高水平高校对河北高中毕业生的录取比例。

2. 规范政府间教育财政责任

公共财政在对中央政府和地方政府财政责任进行分工时主要遵循的是公共产品受益范围的层次论和财政联邦主义。公共产品受益范围层次论认为，政府责任的区分应当根据公共产品受益覆盖范围来决定，受益范围覆盖全国的由中央政府负责，收益范围覆盖地区或地方的则由地方政府负责；同时根据财政联邦主义，当地方公共产品存在收益外溢性时，地方政府会作出某些无效支出的决定，此时要求上级政府要对这些决定进行纠正；另外，财政联邦主义还规定了基本公共服务的最低供应原则，即任何公民无论居住哪里都应当获得同等的最低水准的基本公共服务，当某些地方政府由于经济不发达而不能保证本地居民在正常条件下获得与其他地区同等的最低的基本公共服务时，上级政府有责任在财政上帮助那些经济不发达地区的政府。

基础教育是一种更具全国性特征的公共产品，或者说是一种正外溢性很强的地方性产品，省级政府和中央政府应当担负更多的财政责任，并建立规范的财政转移支付制度以平衡地区之间的差异。目前，我国基础教育的财政责任主要在地方政府，理由是基础教育是地方性公共产品。实际上这种认识并不准确。表面看起来，基础教育的受益覆盖范围主要在地方区域，然而由于基础教育并不能给地方带来具体的经济收益，基础教育的收益更多表现为公民社会道德水平提高、文化素质改善等方面，有助于增进社会整体利益。因此，它更像是一种全国性的公共产品。同时，即便把基础教育视为地方性公共产品，它也是一种正外溢性很强的地方性公共产品，因为基础教育阶段的学生往往在毕业以后就通过上大学等途径流往其他地区，使得基础教育的收益外溢。在这种情况下，地方政府自然缺乏投资基础教育的积极性。如果基础教育的财政责任主要由地方政府负责，教育投资往往会出现以拖欠、减拨为特征的政府责任转嫁现象，其结果就是政府公共服务提供不到位。另外，由于京津冀政府之间财力悬殊，河北在基础教育提供方面根本达不到基本公共服务的最低供应，使得基础教育的发展远远落后于京津地区。鉴于此，河北省政府应当加大对基础教育的投资责任，为此需要在两方面进行改革：一方面是观念的改革，要强化河北省政府在基础教育方面应尽的责任；另一方面要保证河北省政府基础教育财政责任落实的制度建设方面下工夫，如建立规范的省级政府对下级政府基础教育的转移支付制度等；第三方面是加强京津冀三地基础教育的协同，拉动河北省基础教育。

3. 构建合理的财政转移支付模型，规范基础教育经费的管理和监督

京津冀间在经济及财政能力方面的差异，导致其基础教育财政投入水平有很大的差异。这是关系到京津冀经济持续发展的重要问题。因此，有必要通过实行合理的转移支付，逐步缩小地区差距，实现地区间经济均衡发展。

（1）允许适度地区差距的存在

从前面的分析和比较结果来看，京津冀地区差距和发展的不平衡问题将是京津冀今后相当长一段时期的主旋律，毫无疑问，我们不能听任地区

差距的不断扩大，否则，这将成为京津冀协同发展的瓶颈；急于缩小地区差距的任何措施都是不现实的，并且在实际工作中是有害的。所以，既要承认区位优势的客观性和区域差距的长期性，不能用行政手段人为地拉平地区之间的差距；同时又要运用经济的、政策的和行政的手段，使地区差距不再继续扩大，并且通过实行投资和政策适当向农村和困难地区倾斜的战略，为缩小地区之间的差距创造条件。

要尽可能加大河北的教育财政资源。在重点建设上，投资的重点要倾斜河北，更要注重运用政策效应和市场机制，在改革中增加河北教育投资，在改革中提高投资效益，即通过政府与市场的共同作用，实现公平与效益的动态平衡。在条件成熟后，逐步实行确定不同地区基础教育成本标准、分担基础教育成本的规范化的财政转移支付制度，不断缩小地区差距，不能以追求绝对的平均为目标。

（2）正确处理经济发展差异、财政能力差异与公共服务部门差异的关系

既然京津冀地区差距不可避免，在设计转移支付制度时，首先，河北省目前的转移支付必须以促进经济发展为首要目标，即遵循效率优先原则。只有经济发展，政府才能增加转移支付总量，从而通过增强财政平衡能力来逐步缩小地区经济差距。其次，要保证一定的平衡地区财政能力的一般转移支付，以保证各地区经济的发展速度。最后，专项转移支付要注重解决制约经济发展的部门和领域的资金短缺问题。基础教育是政府提供的公共服务之一，因此，解决河北基础教育财政投入的地区差距问题，必须充分考虑部门分目标和经济发展总目标的关系。

（3）转移支付制度的相对性和动态性

所谓转移支付制度的相对性，即确定转移支付标准时由于经济不断发展和地区自然、文化、人口结构的差异，财政提供的公共服务的成本是不断变化的，不同地区对达到一定基础教育水平的需求不同，供给能力也不同，这种公共投入地区差异的必然性决定了转移支付标准必定是相对于一个或几个相关定量经济指标的一个相对数，而不可能是一个绝对数。因此

在计算转移支付额度时，不能将其绝对化。所谓转移支付制度的动态化，是要求随时根据经济发展和教育发展的特点进行调整转移支付，重点加大对河北省的转移支付力度结构。只有这样，才能有效地调动京津冀三地发展经济、增收节支的积极性。

4. 明确“公平优先，兼顾效率”的教育财政职责

“公平优先，兼顾效率”的含义是指，在教育财政制度中，公平应当成为教育财政的主要职责，在教育财政资源配置中，公平原则应当是首要的原则；同时，为了提高教育财政资源的使用效益，更加有效地促进教育公平，教育财政资源的分配和使用也应当考虑效率原则。在市场机制的运行中，效率无疑是最重要的原则，效率优先是市场的自然选择。然而政府行为的原则与市场不同，财政的公共性决定了在公平与效率之间政府首先应当选择公平。这一点在教育财政中尤为重要。首先，教育的公平是市场所不能为的，教育的公平只有通过政府财政的干预才能有效实现；其次，教育公平是通向社会公平的重要途径，如果作为促进社会公平手段的教育本身就是不公平的，那么社会公平只能是离我们的生活越来越远。

由于中央政府和地方政府具有不同的属性，中央政府和地方政府在公平与效率上往往有着不同的追求。一般来说，地方政府更关注地方利益因而也更关注资源的效率问题，中央政府则可以超越地方利益而关注社会整体的公平问题。所以，通常中央政府和较高层次的地方政府在教育财政活动中应当以公平作为优先原则，而地方政府则以效率作为优先原则。

为了进一步缩小京津冀基本公共教育的差距，实现京津冀协同发展，河北应更注重效率原则，把更多的财政资金投向经济发达地区和学校。而中央政府则应更关注公平原则，加大对河北的支持力度，主要用于扶持经济欠发达地区和学校。

生态篇

生态协同治理是京津冀协同发展的重要突破口和推进器。所谓“生态协同治理”，是指京津冀相关行政区、各种利益相关者之间采取联合行动，共同建设生态文明、实现生态与经济社会良性互动的过程与结果。它涵盖了“生态合作治理”“生态环境共建共享”“生态建设一体化”“环境联防联控”等提法，同时又包含了公私部门之间多元合作的行为路径。

第十章　京津冀生态协同治理的历史、现状与问题

近年来，京津冀在水资源保护、防护林建设、大气污染联防联治等方面开展了一系列合作，取得了一些经验，环京津地区生态环境有了明显好转。然而，尚未形成区域统一的生态环境空间格局、共保共育的生态安全体系，也未建立起有效的治理体制，水资源短缺和灰霾这两大生态危机仍未缓解。

一、京津冀生态协同治理的历程

（一）水资源保护与生态协同建设

环京津上游地区是京津冀平原地区的生态屏障、城市供水水源地、风沙源重点治理区。生态环境建设、水资源供应一直是京津冀合作的重点所在。从治理主体和机制看，主要包括纵向府际合作、横向和斜向府际合作、市场和社会机制三种形式。

1. 国家组织实施的生态建设工程

从20世纪70年代起，国家逐步加大该地区生态环境治理力度。1972年春天官厅水库水质受到污染，调查表明乃是水库上游张家口地区工业废水严重污染所致。为此，国家成立“官厅水库水源保护领导小组”，1973年开始对官厅水库上游的污染企业制定治理方案。国家和有关部委拨出专

款近3000万元投入官厅治理，到20世纪70年代末水质有所好转。[①] 1977年秋在内罗毕召开的防治沙漠化国际会议首次将北京列为“世界沙漠边缘城市”名单，[②] 北京及其周边地区的生态环境状况引起国家和北京市的高度重视。1978年，以京津周边生态环境整治为重点之一的“三北”防护林工程启动。1983年，张家口永定河流域被列为全国水土流失重点治理区。1983—1997年，张家口市范围内永定河流域水土流失治理共投资40100.38万元，其中国家投资8680.3万元，占总投资的21.6%；地方匹配资金3207.36万元，占8.0%；群众自筹（款物、投工折款）28212.72万元，占70.4%。[③] 1986年启动“河北省京津周围绿化重点工程”，并作为“三北”防护林体系建设重点工程，与“三北”二期、三期工程同步实施。2000年起启动京津风沙源治理工程。2001年5月，国务院批准实施《21世纪初期（2001—2005）首都水资源可持续利用规划》，在北京上游水源地进行水土保持、节水、防治污染、建设生态农业经济区等项目建设。此外，还有退耕还林、湿地保护和造林、森林抚育补贴试点等等。

2. 地方政府合作的几个阶段

北京与上游水源地承德、张家口的府际生态合作关系，从最初的困难重重，到随后的曙光初现，直至现在的合作共赢，大致经历了以下几个阶段：

1984—1994年，问题凸显阶段。承德的水资源扶持问题凸显于1984年，当时为了保证潮河水质，国家环保总局下令关闭沿河两岸的化工、矿石开采、造纸等高消耗企业。上述企业关闭后，承德市随即出现大批人员下岗、地区经济无法发展等问题。为此，承德市政府领导多次前往北京进行汇报沟通，希望得到帮助，但北京市没有作出回应，一再表示应该由中央部委来决策。[④] 直至1994年，北京终于同意成立“京承水资源环境治理合作协调小组”。这一阶段，张承地区的生态建设主要是行政压力下为完

① 《张家口市环保局走近官厅》，2005年7月4日，见 http：//book. sina. eom. en。

② 陈廷一：《聚焦北京——首都周边沙侵及防治写真》，《国土资源》2002年第3期。

③ 张利生：《张家口水土保持工作概述》，《河北水利科技》1999年第2期。

④ 崔木扬等：《京张承共谋水资源20年历经两次转变达共赢》，《新京报》2006年8月21日。

成“必须服从和服务于北京”的政治任务的需要。北京市“居高临下”的态度，阻碍着在互利基础上的生态合作。

1995—2004 年，初期合作阶段。1995 年成立了京承经济技术合作协调小组及水资源保护合作小组等七个专业性小组，建立对口支援关系。1995 年，北京市政府以捐赠的形式，首次拨给丰宁、滦平两县各 100 万元的资金用于小流域治理。至此，京承生态合作的大门打开了一条缝。1995 年和 1997 年，北京市两次向张家口市及赤城县捐助 200 万元，用于官厅水库上游的水土保持和水环境治理，后来这笔款项的数额提高到每年 1800 万元。这一阶段，北京市给予河北省相关市县的生态治理支持主要是道义上的援助，是非正式的、不固定不完全的，缺乏国家政策的指导。

2005 年之后，战略性合作阶段。以 2005 年为转折点，或许是为保证奥运会用水，北京开始重视与上游的水环境治理工作，合作上升到制度层面。2005 年，在北京的提议下，北京市与张承两市分别组建水资源环境治理合作协调小组，时任副市长担任组长，双方决定建立长久的扶持机制，发展战略性合作。制定了《北京市与周边地区水资源环境治理合作资金管理办法》，办法实施期限为 5 年，确定 2005—2009 年，北京市每年从水利基金中安排 2000 万元支持两库上游张家口和承德的水资源环境治理。

2006 年 10 月，北京市与河北省举行经济与社会发展合作座谈会，签署了《加强经济与社会发展合作备忘录》，内容包括水资源和生态环境保护、能源开发等九个方面，决定实施“稻改旱”项目，开辟了省际间流域生态补偿的途径。2008 年 12 月，京冀两地高层领导就进一步深化合作进行会谈，签署了《关于进一步深化经济社会发展合作的会谈纪要》，决定实施生态水源保护林工程建设、森林保护合作等项目。在完成 2005—2008 年水资源环境治理合作项目的基础上，北京市每年继续安排水资源环境治理合作资金 2000 万元至 2011 年，支持张承两市治理水环境污染，发展节水产业，开展两库上游矿山生态恢复工作和开展区域空气质量管理等六个方面。

北京对上游水源地的生态补偿，在领域上涵盖了小流域治理、水资源节约和水环境治理、水源保护林工程建设、跨水库调水、联合实施人工增雨作业等方面。京冀水源区生态补偿的做法总结在表 10－1 中。

表 10－1 京冀水源区生态补偿的做法

环境服务类型	行动措施	解决的环境服务问题	服务提供者	服务受益者	补偿方式
调节水质和水量，提供优质水产品	实施“稻改旱”项目	减少上游农业用水量，减少化肥和农药流入水系，保持潮白河水质和水量	上游农户、密云水库周边居民	下游北京市民及其政府和中央政府	现金直接补偿，2008 年起增加到每亩 550 元
提供水资源产品，净化废弃物	组建协调小组，支持资金 2000 万元/年；库区生活服务及畜牧垃圾收集和无害化处理、清洁能源项目等	节水灌溉，生活、工业垃圾处理，减少上游水资源利用和水污染	上游农户	上游和下游共同受益	项目补偿。第一批 7 个项目（2200 万元）完成，第二批（5800 万元）已开始
水土保持、水源涵养	水源保护林工程建设、生态公益林、退耕还林还草、禁牧等	增加森林覆盖度、减少水土流失	上游农户和林地拥有者	下游北京市和中央政府	项目补偿。生态公益林、退耕还林、京津风沙源治理、水源林保护工程
提供优美景观、文化和休闲娱乐功能	流域水质净化、河道治理、库区管理等	防止污染、保持河流优美景观	全流域、密云水库周边居民	全流域	小流域治理项目、上述所有项目
生物多样性保护	上述所有行动	保持全流域生物多样性	全流域	全国、全球	上述所有项目

其中最成功的是“稻改旱”项目。承德市潮河流域，张家口赤城县黑河、白河、红河流域是密云水库上游，水稻曾是当地主要农作物。水稻生育期大量耗水，城乡争水矛盾尖锐。但如果单独从经济角度考虑作物的种植，水稻种植经济效益最好。要使农户退稻还田，就需给其充分的经济补偿。按照2006年“京冀合作备忘录”，2006年在赤城县黑河流域进行“稻改旱”试点1.74万亩，稻田改种玉米等耐旱农作物，北京按每年每亩450元标准给予农户收益损失补偿。2007年开始在赤城的白河流域、丰宁和滦平的潮河流域全面实施“稻改旱”工程，2008年增加补偿标准到每亩550元，2009年、2010年项目续签。目前，河北省在密云水库上游共计实施“稻改旱”10.3万亩，其中承德市7.1万亩水稻（滦平县35045.6亩、丰宁满族自治县35954.4亩）、赤城县3.2万亩。根据水源保护退稻还田项目协议书，水库上游禁止种植水稻、禁止施用化肥、禁止使用农药，张承两市对水质进行全面监测分析。根据试点地区测算，改种玉米后，一亩地可少用600多立方米河水，节水达70%，[①] 从而有效增加密云水库入库水量。改种旱田后，承德每年可节水3550万立方米，张家口市赤城县每年可节水2000多万立方米，总节水量相当于5个多西湖。[②] 按每亩减少化肥施用量150千克，减少除草剂使用量1千克，减少农药0.25千克计算，年分别减少化肥施用量1.1万吨，减少除草剂施用量71吨，减少农药18吨，为保护水源地，维持二类水质发挥了重要作用。[③] 对密云水库上游的农户生计调查结果表明，“稻改旱”项目显著改变了当地农户的生计资本、生计行为和生计后果。参加“稻改旱”项目的农户拥有较多的生产性物质资本和社会资本，减少了种植业和养殖业种类，减少了碳酸氢铵使用量；增加了工资性劳动供给，“稻改旱”项目对农户的总体收入水平有着显著的正向

① 尉迟国利：《张家口承德继续“稻改旱”10万亩　缓解北京缺水》，《燕赵都市报》2009年5月21日。

② 《“稻改旱”一年省出5个西湖》，《人民日报》2014年8月11日。

③ 承德市水务局：《关于加快建立京津与承德滦、潮河水资源和生态补偿机制问题的汇报》，2009年11月18日。

作用。[①] 调查显示，近 90% 的农户支持继续实施此项政策，如果政策补贴取消，近 90% 的农户希望复耕。

天津与河北的生态合作起步较晚，但已有实质性合作。2009 年，天津市在承德境内实施引滦水源保护工程项目。天津用于潘家口水库上游水资源保护专项资金每年投入 2000 万元，共实施 4 年，对滦河流域污水处理、取缔吃食性鱼类网箱养殖、生活垃圾填埋、环境保护能力和尾矿干排充填采空区等六个项目支持专项资金。

京津冀协同发展战略实施以来，生态合作加速。2014 年 6 月《京津冀协同发展林业生态建设三年行动方案（2015—2017）》出台，未来三年北京、天津、河北三地的林木绿化率将分别达到 60%、25%、32%。河北将与北京共同推进延庆、怀来联合建设延怀盆地国家级生态湿地保护区；与北京持续推进规划 100 万亩京冀生态水源保护林建设合作项目，2014—2017 年将完成造林 40 万亩；2015 年，河北和天津也要在滦河、潮河流域承德、唐山、蓟县等地区，合作实施津冀生态水源保护林建设。在协同治水方面，《京津冀协同发展水利专项规划》初稿已完成，三地在水利基础设施建设、水资源调控、水环境监管等方面的标准将逐渐趋同。按照该规划，京津冀将逐渐构建水资源统一调配管理平台，实行水量联合调度。

3. 以市场机制、社会互助为基础的生态合作

在清洁能源领域，京津冀开展了以市场机制为基础的合作。2011 年冬季，京冀首个能源合作项目——三河热电厂发电余热引入北京通州，这是全国首个跨省市供热项目。三河热电厂供热满足了通州 760 万平方米供暖面积（相当于通州 1/3 的供热面积）近 9 万户居民的供暖需要，取代了通州原有的上百座燃煤锅炉房，一个采暖季可减少煤炭用量 15.5 万吨，实现减排二氧化硫 1120 吨，减排氮氧化物 380 吨。未来，临近北京南部的廊坊热电厂也有望为亦庄地区供热。在京津冀协同发展战略实施以来，河北作

① 梁义成等:《区域生态合作机制下的可持续农户生计研究——以“稻改旱”项目为例》，《生态学报》2013 年第 3 期。

为区域清洁能源基地的作用日益突出。承德全力打造3个千万千瓦级清洁能源基地（风电、水电、太阳能发电），力争为京津输送更多优质能源。目前承德风电装机累计达到189万千瓦，成为全国风电装机最多的地区之一，500千伏御道口变电站输变电工程竣工投入使用，保证了承德围场坝上地区的风电可以顺利送出。唐山湾地区正在建设海洋风电项目，最快2017年北京就可以用上来自唐山湾的海洋风电。

节能综合服务领域也有不少合作项目。例如，天壕节能公司承接了廊坊金彪玻璃等5个余热发电项目，动力源公司承担了河北钢铁龙海余热回收发电等工程。在电厂脱硫脱硝领域，大唐科工、国电龙源等承接了河北衡丰电厂脱硫脱硝等工程。[①] 在清洁能源利用领域，奥科瑞丰公司在廊坊、邯郸、邢台、石家庄等地区建设了近100条生物质成型燃料生产线，产能达50万吨；国能生物公司在河北威县、成安等地建设了生物发电站；国电联合动力投资建设保定风电设备制造基地，承接了张北海子洼49.5兆瓦风电场工程。

京冀农业和生态技术合作历史悠久。例如，2007年11月，承德市政府与北京林业大学签署了全方位战略性合作协议书，内容涉及高层人才培养、城市发展规划、科学技术攻关、提供技术支持等方面。2009年，为确保向北京市场提供更充裕的无公害蔬菜，京张合作推进膜下滴灌示范项目，北京市农委支持项目工程面积20000亩，投资1000万元，在尚义县、康保、沽源县分别实施5000亩，张北县实施1000亩，赤城县实施4000亩。

承德市充分利用北京重要水源“密云水库”上游水环境的保护与治理，吸引北京社会各界合作造林。截至2011年10月，“中国青年志愿者绿色行动营”在丰宁开营四年以来，北京青基会、锦江集团、民建中央、民建北京市委、北京市委宣传部等30余个单位，已有一万多人次到承德植树

---

① 《京津冀协同发展　能源产业融合先行》，《中国能源报》2014年12月3日。

造林，绿化面积达到 1.5 万亩。[①] 2002 年以来，围绕长城绿化，滦平县林业局、县林场管理处先后与北京的奔驰（中国）公司、广州宝洁有限公司、芬欧汇川集团公司、广州新穗巴士有限公司等单位合作造林 600 多亩，植树 5.2 万多株。[②]

（二）大气污染联防联控

我国现行的环境管理模式的主要特征是属地管理，即各地方政府的环境主管行政部门负责本辖区环境保护工作的监督管理，这也是世界各国最早普遍采用的政府环境管理模式。《中华人民共和国环境保护法》第十六条规定，“地方各级人民政府应当对本辖区的环境质量负责，采取措施改善环境质量”。属地管理模式固然有一定的优势，但却与环境问题的区域性特征相悖。1998 年国务院提出酸雨控制区和二氧化硫污染控制区（简称“两控区”）综合防治规划，标志着我国开始探索区域大气质量联防联控机制。然而，该政策实施的区域范围界定不合理，划分依据并未充分考虑二氧化硫由于大气流动而产生的漂移现象，出现排放地和影响地不一致的情况，影响了政策的实施效果（马中，2009）。

京津冀是全国大气污染最严重区域，除了本地污染源之外，区域传输成为污染重要因素。为保障 2008 年北京奥运会期间的空气质量，在经过科学分析的基础上，确立了涵盖京津冀晋蒙鲁等六省（区、市）在内的奥运空气质量保障区，环境保护部和京津冀晋蒙鲁等六省（区、市）以及各协同城市建立了联防联控机制，成立了奥运空气质量保障工作协调小组，实行统一规划、联合监测、统一治理、统一监管，启动了京津冀区域联动应急预案，北京市关闭了城内和城郊诸多工厂，周边省份也积极配合禁止生物质燃烧，确保了奥运会期间空气质量全面达标并且明显优于 2007 年同期水平。北京奥运会大气污染区域防控的成功经验，为 2010 年上海世博会期

---

① 张涛等:《京承合作：从“发展性补偿”走向“战略共赢”》,《经济参考报》2011 年 10 月 26 日。

② 滦平县林业局:《关于“全面深化京冀合作”调研座谈会工作汇报》，2009 年 11 月 18 日。

间长三角地区空气环境质量的改善提供了范本。

2010 年 5 月 11 日，国务院办公厅转发了环境保护部、国家发展改革委、科技部、工业和信息化部、财政部、住房城乡建设部、交通运输部、商务部、能源局等九部委联合制定的《关于推进大气污染联防联控工作改善区域空气质量的指导意见》，这是国务院出台的第一个专门针对大气污染防治的综合性政策文件。提出“坚持属地管理与区域联动相结合”，“到 2015 年，建立大气污染联防联控机制”，要求京津冀、长三角和珠三角等重点区域率先在联防联控上取得突破。2012 年 9 月环保部 的《重点区域大气污染防治“十二五”规划》，是我国第一部综合性大气污染防治规划。规划范围包括京津冀、长三角、珠三角等 13 个重点区域，提出“联防联控与属地管理相结合”的原则，进一步明确了建立区域大气污染联防联控机制的具体要求。

2013 年 8 月国务院《大气污染防治行动计划》（简称“大气国十条”）出台，提出“区域协作与属地管理相协调，形成政府统领、企业施治、市场驱动、公众参与的大气污染防治新机制”。“大气国十条”提出了一系列史上最严的大气污染防治措施。譬如，京津冀等区域力争实现煤炭消费总量负增长，执行大气污染物特别排放限值，建立健全区域、省、市联动的重污染天气应急响应体系。对考核和问责也做了明确规定。“国务院与各省（区、市）人民政府签订大气污染防治目标责任书，将目标任务分解落实到地方人民政府和企业。……对未通过年度考核的，由环保部门会同组织部门、监察机关等部门约谈省级人民政府及其相关部门有关负责人，提出整改意见，予以督促。”首次提出组织部门参与考核，这是一个重大突破，将对地方政府产生非常强的约束力。

2013 年 9 月，环保部联合工信部、住建部联合印发了《京津冀及周边地区落实大气污染防治行动计划实施细则》，作为贯彻落实“大气国十条”的指导方案，这意味着京津冀大气污染防治顶层设计已经开启。以此为依据，北京、天津、河北、山西、内蒙古、山东六省区市以及环保部等中央有关部委，共同建立了京津冀及周边地区大气污染防治协作机制，内容包括如下几个方面：①机构协同。京津冀及周边地区大气污染防治协作小组于2013年成立，已召开两次全体会议，制订了小组的工作规则以及六省市联防联控的工作计划和治理重点。②科技协同。京津冀及周边区域大气污染防治专家委员会科学技术委员会于2014年9月成立，致力于指导区域内污染成因研究，提高区域治理大气污染技术的针对性。北京发挥自身科技优势，研究出了水泥等各重点行业污染物排放标准、治理技术、经济政策等，将把这些标准、政策及其背景材料基数、环境效益等重要信息无条件地向其他各省市公开，供它们在制订本地排放标准、政策时作为最直接的参考依据。③规划协同。2014年7月，《京津冀及周边地区重点行业大气污染限期治理方案》出台。北京市环保局正在牵头编制“京津冀区域空气质量达标规划”。该规划将以“大气国十条”为基础，提出分阶段推进的区域空气质量改善目标和措施，最终实现区域空气质量全面达标。④建立区域信息共享网络。2013年10月，我国首个区域性气象中心——京津冀环境气象预报预警中心在北京市气象局成立，为京津冀地区居民发布重污染天气、雾霾预警信息及市民健康指数等预报服务。2014年，京津冀及周边地区建立了区域内的大气污染治理信息共享平台，并以工作网站的形式呈现出来，包括各方对区域污染来源的认知研究分析、治理资料经验，各省市的治污信息，重点企业的污染情况等都会在平台上共享，让各省市充分掌握区域内其他城市的大气污染“家底”，共同根据这些信息协商区域的治理方案等。⑤产业协同。2013年年底，六省市主管部门联合发起成立京津冀及周边地区节能低碳环保产业联盟，多家环保企业加入。2014年6月，第八届中国北京国际节能环保展览会设立了“京津冀及周边地区节能低碳环保产业联盟专区”，全方位展示京津冀及周边地区节能减排协同行动与成果。展览会还举办京津冀及周边地区生态城市环境系统解决方案论坛，六省市主管节能环保产业政府部门和知名企业家探讨跨区域生态城市一体化系统解决方案。

二、京津冀生态协同治理的成就与经验

京津冀生态协同治理在某些方面已取得明显成效。据第四次全国沙化和荒漠化监测结果显示，河北省沙化和荒漠化土地分别减少417.3万亩和270.3万亩，减少面积分别位居全国第一位和第二位，沙区植被得到恢复和重建。据气象部门23个观测站点监测，张家口、承德两市成为我国华北地区空气质量最好的地区，已经由沙尘暴加强区变为阻滞区。①

（一）生态协同治理的制度建设加快形成

京津冀生态合作大多通过签订合作框架文件、合作协议、备忘录等方式激励约束各方。河北与北京、天津分别签署的合作备忘录，是生态协同治理的重要文件。京津冀协同发展战略确立以来，生态协同治理出现了先建制后实践的可喜趋势。2014年8月，北京与天津、河北分别签署了《关于进一步加强环境保护合作的协议》和《加强生态环境建设合作框架协议》。

京津冀在区域生态环境方面已有不少专项规划或相关规划。在大气环境治理方面，有《京津冀及周边地区大气污染防治行动计划实施细则》专项规划；在水环境方面，针对地表水有涵盖海河流域的《重点流域水污染防治“十二五”规划》，针对地下水有《华北平原地下水污染防治工作方案》专项规划，同时环保部联合其他部委正在编制《水污染防治行动计划》也会涉及京津冀地区的水环境治理。水利部组织编制的《京津冀协同发展水利专项规划》提出，京津冀地区的发展以水资源水环境承载力为“刚性约束”，突出水资源保护和水生态修复。《京津冀林业生态建设规划》也即将编制。《京津冀地区生态环境保护整体方案》于2014年6月通过专家论证，按照新环保法的要求对区域生态红线划定、环境质量检测管理等

① 李燕等：《河北治沙　走出一条不平凡之路》，《中国绿色时报》2014年11月21日。

多个方面作出了规定。

（二）多层次、多形式的生态补偿

为弥补上游因保护水源而导致的发展损失，京冀两地逐渐探索出一条资金补偿与项目补偿相结合的生态补偿道路。项目补偿从 2001 年开始实施，包括密云水库上游退稻还林还草项目、水库上游工业污染源治理、水库上游生态农业经济区等项目。天津市对河北水资源的补偿起步较晚，但力度较大，属于对生态区失去发展机会的补偿。2014 年 2 月，财政部、环境保护部、津冀两省市联合调研，拟参照新安江流域生态补偿机制，设立两地水环境补偿基金，额度为 5 亿元。其中，中央财政 3 亿元，天津、河北分别出 1 亿元。双方还商定，河北合理控制库区人口，严格控制库区网箱养鱼，到 2018 年年底彻底取消潘家口、大黑汀水库投饵养殖。

（三）市场机制的引入

黄羊滩治沙是多元化机制进行京冀生态治理的一个成功案例。“企业 + 基金会 + 政府”三位一体的治沙模式，把大企业的资金与林业正规军的技术实力、丰富经验结合起来，并通过经济合同详细进行规范，具有极大的推广价值。

宣化黄羊滩面积 14.6 万亩，居张家口五大沙滩之首，距离北京市直线距离仅 138 千米，曾是影响北京环境质量和官厅水库的重要沙源之一。自 20 世纪 70 年代黄羊滩开始治沙，但年年植树不见树。2001 年 2 月，中国国际信托投资集团公司、宣化县政府、北京绿化基金会启动了“中信黄羊滩治沙绿色工程”，协议规定：中信集团提供资金 500 万元，地方政府配套建设基础设施，北京绿化基金会负责技术支持，计划用 3 年时间通过造林植树种草，使万亩黄羊滩全部得到治理。项目启动后，黄羊滩内留守的 30 多名林场工人、周边村民、宣化县全县机关干部都投入到植树行列，政府资金向这里倾斜，配套打机井、铺设管道、修公路，德国德累斯顿大学等 28 家科研单位和企业带来了一系列先进的治沙产品和技术。截至 2008

年4月，中信集团投入1300万元，宣化县投入300多万元，分两期完成了黄羊滩治沙造林2万亩的任务。加之当地驻军多年的努力，以及京津风沙源治理工程所造的林地，黄羊滩已有7万多亩土地披上绿装。到2010年，黄羊滩95%沙化面积实现了林草覆盖。[①] 在此基础上，中信集团开始变输血为造血，以维护林地的长久管护。由宣化县政府和中信集团共同成立的中信黄羊滩生态科技有限责任公司于2008年挂牌，致力于发展特种养殖，打造集生态环保、科普教育、沙产业研究示范、生态休闲观光为一体的"京西第一滩"旅游景区，公司运营所得利润将继续用于黄羊滩林地的管护工作和后续产业发展。

三、京津冀生态协同治理中存在的问题

我国目前环境管理体制存在很大缺陷，生态协同治理缺乏法律基础和组织保障。就京津冀地区而言，生态合作仍从属于分立式发展模式而不是一体化发展模式，尚未建立起平等互利的合作机制和利益平衡关系，还未实现真正意义上的有效区域环境管理。

（一）以应急合作为主，缺乏规范化、制度化的长效机制

"危机—应对"和政府主导构成我国"政府应对型环境政策"的核心特点。[②] 首先，污染防控机制偏重于被动性的末端治理、事后性的事故处置、短期性的运动式治理行动，府际环境合作行动缺乏主动性、预防性、前瞻性及内生性，合作项目具有"头痛医头，脚痛医脚"的特点。例如，每次重大地方活动期间，国家环境保护部都会出面协调相关地方形成联动，确保活动期间区域环境质量达标，但这种联动是非常态下的行政强制措施，只能解一时之急，各地空气质量在会后迅速反弹，2014年冬季的

① 《黄羊滩期待永别万顷黄沙》，《河北日报》2008年9月1日。

② 荀丽丽等：《政府动员型环境政策及地方实践——关于内蒙古S旗生态移民的社会学分析》，《中国社会科学》2007年第5期。

“APEC 蓝”、2015 年秋季的“阅兵蓝”，成为坊间形容某一事物转瞬即逝的戏谑语。

环境合作组织松散，缺乏权威性和刚性。除每年一次的论坛、联席会议等合作方式之外，政府部门之间缺乏日常的沟通渠道，只是在碰到具体问题时才临时沟通。比如，海河流域水协作机制主要为联席会议制度，每年召开 1—2 次，成员单位为流域内八省、自治区、直辖市水利厅（局）和海河水利委员会及其直属管理局。环境治理中政府协调很少以法规或规章的形式来确定，基本停留在对话、会议的层面上。生态合作的许多共识是靠领导人作出的承诺来保证，缺乏法律效力和稳定性连续性。一旦地方领导变动，容易造成合作机制架空的现象。松散的会议协商机制因缺乏强有力的组织机构，缺乏必要的执行力和约束力，常常导致决而不议，议而不行。大多数环境协议没有违约责任的规定，对所协调事件的目标能否达到或协调到何种程度并没有刚性规定，相关责任无法追究。以上问题大大增加了府际合作成本。

缺乏高级别的常设协调机构。“分级的行政系统从本质上就和平行合作不相适应。地方政府对上级政府负责，而非听从于同级行政部门，频繁的平行政府间的矛盾通常得由上级政府解决。”① 换言之，在中央集权的体制格局下，中国的地方政府在合作中产生的各种利益冲突与利益纠纷，很难在同级政府间化解，必须求助于中央政府的高端协调和仲裁。京津冀经济和环境合作缺乏高级别的常设机构，无法保证跨行政区的合作协议的有效实施，“五统一”的要求落不到实处。

以项目为主的生态补偿有待法制化、长效化。我国《环境保护法》确立了“谁污染谁治理”原则，却缺乏“谁受益谁补偿”原则的规定，导致现实中受益区不愿意也不能有效承担生态补偿责任。单行法律法规如《水法》《草原法》《森林法》《矿产资源法》等对生态补偿制度有规定，但是对于跨区域的流域生态补偿、受益区域对于生态建设区域生态补偿却没有涉

① ［美］劳伦·勃兰特等：《伟大的中国经济转型》，上海人民出版社 2009 年版，第 668 页。

及。《自然保护区条例》规定对于国家级自然保护区域给予资金补偿，但是补偿的时间、标准、方式、资金用途并没有实施细则，并且，该条例主要是对自然保护区的经济效益进行补偿，没有涉及区域丧失发展机会的弥补。因此，京冀生态补偿仅限于政策层面，备忘录并没有实质性的约束作用，没有相应的法律或者具有法律效力的文件予以保障。就操作层面而言，生态补偿不属于我国财政转移支付的十个最重要的因素（如经济发展程度、都市化程度等）之列，地方财政部门对于生态补偿也没有单列转移支付科目，作为生态补偿的各种财政转移支付隐含并分散在财政体制分成和各种专项之中。以政策为依托的补偿资金随意性较强，容易伴随政府的更迭而变化。例如，“京津风沙源治理”工程和“21 世纪初期首水规划”项目近几年资金到位率不足一半，致使张承地区河道治理、污水处理等项目难以正常进行。

现行补偿标准没有按照市场化的运作方式进行科学计算，也没有形成制度固定下来，来自工程受益区和实施区的估算数额相差悬殊。以“稻改旱”补偿为例，樊杰在《京津冀都市圈区域综合规划研究》一书中计算，正常年份承德、张家口两市将水稻田改种其他作物后，可以节省 300 立方米左右的水资源。节省的水量按 50% 损失率（传输过程中的蒸发、下渗等）计算，北京应补偿的费用为扣除当地的水资源管理费用后的真正水资源价格乘以水资源量。按 0. 74 元/立方米的水资源费用计算，可以得出北京每亩补偿费用至少在 96 元和 110 元，可据此作为水资源价值补偿的基础。而承德市有关部门反映，“稻改旱”工程补助标准按每亩 550 元给予补偿，农民每亩至少减收 600 元。张家口市有关部门认为，根据“稻改旱”后经济效益分析，每亩稻田应补偿农民 1000 元左右，每年共计需补偿款 1. 64 亿元。“稻改旱”后正常年景为北京增加供水量 11282 万立方米，可按 1. 63 元/立方米的价格向北京方面收费，用于补贴农户的经济损失。[①] “稻改旱”项目实施过程中，价格波动引发了补偿金额调整争议，加之区域协调机构缺失拉长了协调周期，严重影响了农民实施“稻改旱”项目的信心和投入力度。[②]

（二）跨界污染防治和救济缺乏制度保障

按照目前的环境管理体制，地方人民政府和环保部门只对辖区范围内的环境质量负责。出于地区经济利益的考虑，当地政府习惯将污染严重的工业区或者工业项目设在地区与地区之间的交界处，各行政区边界常常成为环境执法最弱、污染企业最集中的区域。调研发现，京津冀地区广泛存在固体废物的跨区转移，主要是由北京、天津向与之毗邻的河北廊坊、保定以及唐山等地区转移，且以城市垃圾为主。在以河北省文安县为中心包括任丘、大城等邻近县市的地区，已形成了一个完整的塑料回收、处理产业链，而废弃塑料制品绝大多数来自京津。据粗略调查，每天由北京、天津转移至该地区的废弃塑料制品达数百吨。在废弃塑料制品的回收、处理中，需要耗费大量的水、电，还会产生废气。同样的情况存在于废旧金属、废纸等固体废物的跨区转移和回收处理上。其后果之一就是在减轻北京、天津生态压力的同时，给河北的生态环境造成了负面影响。

对于防治跨界污染，环境单行法确立了流域规划制度和大气污染物排放总量控制区制度，然而，流域规划和大气污染物排放总量控制的实施则由污染源所在地的地方政府负责。地方政府基于地方利益的考量而殆于履行职责，是极其自然的。尽管在我国的司法体系中，污染接收方法院有权受理跨界污染的诉讼，司法判决的执行可以由跨界污染接收方的地方法院向排放方法院申请异地执行，但不管是审理过程中的取证还是判决异地执行，常常由于污染方的不配合而无法正常进行。

---

① 张家口市人民政府：《关于建立生态补偿机制专题调研有关情况的汇报》，2008 年 9 月 26 日。

② 张可云等：《北京与周边地区基于环境保护的区域合作机制研究》，《北京社会科学》2009 年第 1 期。

跨界污染救济缺乏制度保障。排污费的征收纳入中央和地方政府的预算，只有纳入中央预算的部分才有可能用于跨界污染的治理。而受到跨界污染损害的地区能否获得这一部分资金，则需要向中央财政申请，即使能够获得，也不能保证数额的充分性，既无法确保所受损害能获得相应补偿，也未必能够预防跨界污染的再次发生。如果不能建立有效的跨界污染预防机制，并在污染源所在地区和受害地区之间建立正式的损害赔偿制度，跨界污染问题就不能得到制度上的解决。①

（三）监督约束机制不健全

"有效的监督和约束是建立在共同认可共同授权的权威基础之上的，可以是上级政府，或上一级主管部门的监督约束，也可以是特邀的其他地方政府，或委托专门的监督机构，也可以是广泛的社会公众监督。这种形式的主要功能是尽量减少地方政府在合作治理关系中的机会主义行为。"②而我国的环保部门存在赋权不够、环保系统垂直管理能力差、地方环保局严重受制于地方政府等问题，强制执行力不足。2008 年国家环保总局成立的华北区域环境督查中心，原本承担着跨区域独立核查的职能。然而，执法身份、权限范围、运作经费、信息来源、职业危险等等问题一直困扰着环保督查机构。与此类似，流域管理机构主要负责"水量"的综合管理，对涉及"水质"的跨界污染、水资源综合规划等行政问题无权过问，还存在行政级别低、不具执法权、职能单一、权责不明等诸多问题，不能有效地发挥调配流域水资源的作用。2003 年 9 月，北京市擅自进行"引拒济京工程"的招标，既没有和海委打招呼，也没有预先与河北协调，引起河北省的强烈反应。

与欧盟相比，我国的大气污染区域联防联控立法体系存在以下缺陷：一是立法的协同性差，很多由国家环境保护部门制定的区域大气环境保护

① 谷德近：《区域环境利益平衡：环境保护法修订面临的迫切问题》，《法商研究》2005 年第 4 期。

② 杨龙：《地方政府合作的动力、过程机制》，《中国行政管理》2008 年第 7 期。

规章，难以得到其他部门的立法响应。二是现行立法没有把大气污染区域联防联控上升到保证大气环境安全的高度，使得空气环境合作治理的制度建设缺乏系统性和全局性。《环境保护法》第十五条规定："跨行政区的环境污染和环境破坏的防治工作，由有关地方人民政府协商解决，或者由上级人民政府协调解决，作出决定。"然而，由于缺乏程序性立法，涉及具体问题时往往因为没有可行的操作和实施程序导致目标无法实现。《重点区域大气污染防治"十二五"规划》虽然提出了"五统一"机制，但仅限于工作层面，在法律层面上体现不明显，而且标准化、规范化尚存欠缺。

（四）三地生态治理进程严重不平衡

京津冀在地质、地貌、气候、土壤及生物群落等方面是一个完整的地域系统，三地的生态建设相互依存，密不可分。然而，目前京津冀区域生态建设发展极不平衡。相对而言，京津生态建设起步早、起点高、发展快，"绿"的问题已基本解决，正在向"美"的方向提升，而河北省的生态建设强度与水平都存在明显差距，是区域生态建设中的"短板"。河北省森林覆盖率在全国仅列第20位，比北京低13.45个百分点，人均有林地面积不足全国平均水平的1/2。北京国土面积为1.64万平方千米，有20个自然保护区；河北面积是北京面积的10倍，但自然保护区只有29个。

由于河北省财力紧张，多年来省级财政每年用于林业的投资仅1亿元左右，仅为北京的1/23、天津的1/2.5。北京公益林补助标准为每年每亩40元，河北省仅为5—10元。[①] 北京造林绿化每亩投资最高2万元，最低2000元，是河北省的10—100倍；天津造林绿化每亩投资也达到了2000元以上，是河北省的10倍以上。"京津风沙源治理工程"要求采取大范围的封山育林、舍饲禁牧措施，客观上造成了区域畜牧业生产成本的提高。北京远郊山区通过由政府出资进行技术扶植、增加护林员、对养殖户进行

① 《京津冀一体化过程中的绿色生态保障综合分析研究及对策建议》，2010年5月10日，见http：//www. hebly. gov. cn/showarticle. php？ id =18649。

补贴等方式，有效地解决了农民增收与保护还林还草成果的现实问题。而张承地方财政捉襟见肘，无力为封禁区受损失农民进行补偿，由于当地放养的羊不吃混合饲料，又缺乏其他资金渠道来帮助农民更换畜牧品种，使禁牧后羊存栏量压缩了 100 万只，农民年减少收入 2 亿元。2012 年年底，河北省水土流失面积达 47095. 88 平方千米，不仅导致耕地生产力降低，而且对密云、官厅、潘家口水库和南水北调等水利设施造成威胁。按目前每年治理 2000 平方千米计算，还需近 30 年才能治理完。而水土流失重点治理区大部分是经济欠发达的贫困县，地方财力拮据，很难安排资金用于水土保持。

（五）经济发展不平衡与统一排放标准的矛盾

京津冀三地经济发展极不平衡，产业结构、资源禀赋、政府部门执政能力都有很大差异。在此背景下，三地同步治理环境污染存在困难。如何在统一布局的同时协调好各地之间的利益关系，是制约京津冀生态协同治理能否有效落实的难点。

目前，京津冀三地的环境质量监测执行国家统一标准，但具体的地方污染物排放标准、监测体系运行情况还存在不平衡，出现“我保护环境你污染”的局面。比如北京已基本形成国内最严的地方环境标准体系，其实施的部分工业企业大气污染物排放标准基本实现了与欧美等发达国家接轨，而河北基本按国标执行。虽然国家已出台针对京津冀等重点区域实施的大气污染物特别排放限值标准，但河北省内仅有石家庄、保定、唐山和廊坊这四个经济相对发达的城市被纳入了实施范围，而空气质量相对较差的衡水、邢台仍执行较低标准。只有标准统一，才能有利于开展联合执法、交叉执法。再者，河北、天津等地已开始布局承接北京过剩产能的方案，如果环保标准不统一，将只是污染搬家，河北落后地区有沦为“污染避难所”之虞。对此，京津冀地区大气污染防治协作小组提出，力争 2015 年京津冀所有城市都要执行特别排放限值，到 2016 年、2017 年，力争让山东济南、山西太原、内蒙古的重点城市也开始逐步实施特别排放限值。[①] 统一标准后，更加有利于监管。然而，由于京津周边地区重工业、传统能源消费占比极高，新的严格标准势必给河北等地区带来沉重的经济负担。例如，河北省对民用散煤、蜂窝煤的标准从硫含量低于0.6%改为北京标准0.4%，就要求政府补贴很多钱[②]。

在车用燃油品质标准方面，北京已于2013年正式实施国五排放标准，而在天津、河北等地机动车排放标准尚处于国四标准。国务院常务会议决定，自2016年1月起，国V（五）标准的燃油将从原定的京津冀、长三角、珠三角等区域内重点城市扩大到整个东部地区11个省市全境。然而，区域内使用统一高标准燃油，势必给低收入地区的居民带来经济负担。

（六）治理主体和手段单一

当前的生态治理主要是政府行为，片面强调自上而下的决策和执行，弱化乃至忽视企业主体和社会公众的作用。20世纪80年代以来，京津冀都市圈进行的大规模生态治理，大多是以国家出资并组织生态建设工程的形式进行的。这些工程为净化京津水源、改善生态环境发挥了积极效应，显示出中央政府在提供区域公共产品方面的组织优势。然而，生态建设的行政色彩过浓，也导致一些内在的问题。

以公共支付体系为主导的生态补偿机制，导致投融资渠道单一，加之管护费用落实不到位，难以保障生态建设的长期持续投入。①现行的生态补偿数额远远不能弥补生态服务区所蒙受的损失。“三北”防护林工程造林补助为每亩100元，而实际发生的造林费用每亩大约为300—400元。在相当一段时间里，负债搞“三北”防护林成了各级政府和林业部门的一大难题。国家公益林补偿标准是国有林每亩5元，集体林每亩10元，这一标准只够勉强维持基本护林人员工资，现有林抚育和更新改造难以实施。

---

① 蒋梦惟：《京津冀一体化环保率先破局》，《北京商报》2014年4月29日。

② 《京津冀突围环境污染：统一标准联动响应》，2014年9月23日，见http://finance.sina.com.cn/china/dfjj/20140923/102920388598.shtml。

“稻改旱”虽然将资金直接补偿给了农户，但大约一半的农户感觉补助标准偏低。②大部分生态补偿仅用于环境治理的直接投资，对于生态功能区丧失的发展机会等机会成本极少涉及。正如承德市环保局的官员所言：“（北京）这些支持杯水车薪都够不着，关停一家企业年损失都过千万元。而且，感觉上用钱也是言不顺、理不正。”国家没有对环首都上游山区生态涵养、水源保护的特殊职能给予确认，导致扶贫与生态建设的尖锐矛盾。③国家投资的生态建设工程普遍存在补种不补护、管前不管后问题，导致治理速度慢，治理跟不上破坏的现象长期得不到解决。2009 年，国家启动实施中央财政森林抚育补贴试点项目，但总体规模小，标准低，区域间不平衡，加上“三北”地区成过熟林抚育更新改造历史欠账多，抚育更新改造投入大，收益小，各地积极性不高。据统计，坝上地区现有杨树防护林 152.9 万亩，其中 141.8 万亩已达到过熟期，衰死和濒临衰死的有 50.7 万亩。[①] 衰死杨树基本没有木材采伐收入，无法实现以收抵支。④中央政府过多地承担了区域生态补偿责任，生态效益受益者却未分担相应的负担。从推动退耕还林、退牧还草到“三北”防护林建设等工程，几乎都是中央财政支出。由水利部和北京市政府联合研究制定的《21 世纪初期首都水资源可持续利用规划项目》，也没有要求北京投入。⑤受益方与受损方的补偿支付机制没有完全确立，补偿的各个环节并未形成系统性和一致性，项目资金的使用效果和有效性较差。经济补偿兑现不及时，退牧还草的补贴款发放常常存在拖欠现象，甚至有违规套取补偿款、贪污补偿款的情况。

总之，公共支付作为政府主导型生态补偿的一种形式，存在代理成本高、资金使用效率低下、目的性不强、受益者与补偿给付主体脱节、利益受损者与补偿接受主体脱节等缺陷。

生态补偿还存在形式单一问题。根据环保总局的解释，生态补偿主要有三种形式：一是财政转移支付，二是项目支持，三是征收生态环境补偿

---

① 《张家口坝上 50 万亩防护林老化　风沙或将威胁京津》，《京华时报》2013 年 9 月 23 日。

税（费）。[①] 目前中央政府对环京津地区的生态补偿以财政转移支付为主，北京对水源地的生态补偿以项目为主导，生态补偿税（费）缺位。官厅水库和密云水库为京冀共建，建成之初，原定每年分给河北水量 9.6 亿立方米（其中官厅水库 3 亿立方米、密云水库 6 亿立方米）。从 20 世纪 80 年代开始，随着京津冀水资源供需矛盾加剧，取消了对河北的供水，但没有建立起长效的水资源补偿机制。按照有关规定，对已发挥效益的大中型水利、水电工程，要每年从收取的水费、电费中提取部分资金，用于本库区及其上游的水土保持。[②] 遗憾的是，该规定没有得到执行。官厅水库以 1.2 元/立方米的价格向外卖水，其卖水所得收入从未补偿过上游。

① 吴晓青：《加快建立生态补偿机制促进区域协调发展》，《求是》2007 年第 19 期。

② 《国务院关于加强水土保持工作的通知》（国发［1993］5 号）第三条，1993 年。

第十一章　生态协同治理的国内外经验

一、欧美污染防控体系

污染的跨界性质决定了有效环境管理不能采取分而治之的策略。欧盟作为多国合作组织，在环境质量联防联控方面采取了一系列创新性举措，其制度和机制为各国广泛参考和借鉴。发达国家的生态协同治理历程是一个从纠纷走向共识的过程，也是一个不断完善调整并日趋合理的过程。可资借鉴的经验如下：

（一）以“空气流域”为基础的区域环境管理模式

美国根据空气流动特征，将全国划分为若干个大气品质区进行管理。其中成效最卓著的是南加州大气区。1976 年，在美国议会和州长的授权下，加州成立了南海岸大气质量管理区（the South Coast Air Quality Management District，简称 SCAQMD）。它是一个政府实体机构，有权进行立法、执法、监督、处罚，并通过计划、规章、强制执行手段、监控、技术改进、宣传教育等综合手段协调开展工作。南海岸大气质量管理区主体由加州构成，其管理范围涉及洛杉矶以及其他三个大县和几十个城市。区域管理机构有效地协调了污染受区和污染重区（Orange 县与洛杉矶）之间由来已久的矛盾，根据污染治理成本和效益的差异制定整合的规划和目标，从而使南海岸大气质量管理区大区下治理效益达到最优水平。《清洁空气法案》1990 年修正案中划分了臭氧传输区域（Ozone Transport Region，简称

OTR)，并在臭氧污染严重的东北部建立了管理机构——臭氧传输委员会(the Ozone Transport Commission，简称 OTC)。臭氧传输委员会由各州代表以及环保署成员组成，讨论制定区域挥发性有机化合物和氮氧化物减排目标并督促实施。其后又组建了臭氧传输评估组织（OTAG)，并在 2003 年开始执行氮氧化物的州实施计划（NOx State Implementation Plan，简称 SIP Call)。

欧盟则创立了独特的区、块管理与监督制度。2008/50/EC 指令要求各成员国在其领域建立区、块两个基本管理区域，空气质量评价和空气质量管理应在所有区和块内实行。① 欧盟委员会负责监督区和块内环境质量管理的情况，成员国须向委员会报告有关区和块的重要情况，如区、块定界的改变，水平高于目标值或临界水平的区和块列表等。

（二）依靠区域性（含国际）环境条约促进府际合作

横向的区域协作，一般以环境条约的制订与执行为保障，通过协约方之间的相互信任与承诺意愿来开展。

基于日内瓦公约的欧洲区域环境保护合作，是一个典范。早在 20 世纪 50 年代初，欧洲国家就意识到酸雨可能是跨界空气污染导致的。然而，由于缺乏一个统一的“中央政府”协调，跨界污染的谈判与执行过程非常漫长。1979 年，在联合国欧洲经济委员会（United Nations Economic Commission for Europe，简称 UNECE）主持下，签署了《大气污染远程跨界公约》(Convention on Long – Range Trans – boundary Air Pollution，简称 CLRTAP)，也称为《日内瓦公约》。这是国际社会第一部以控制大气跨界污染为目的的区域性多边公约，有 25 个欧洲国家、欧洲经济共同体和美国参加。迄今共签订了 8 项议定书，分别对硫、颗粒物、氮氧化物、挥发性有机物等进行

① 其中的“区”指为了空气质量评价与管理，由成员国对其领域划分的部分；“块”指人口超过 25 万居民的组合城市区域，以及虽不到 25 万居民但人口密度达到成员国确定的每平方千米人口密度的区域。“区”和“块”遍及成员国领土范围，既是环境空气质量评价和管理的基本区域，又是成员国采取环境空气计划的基本区域。

排放控制或削减。条约的推行起初并不顺利，后来随着几个大国对待酸雨立场的转变，才使集体参与解决酸雨问题的阵营逐渐强大起来。在《日内瓦公约》控制目标指导下，建立了区域空气质量管理委员会，制定控制目标决策、总量分配和执行计划审核。1980—1996 年，欧洲二氧化硫排放量减少了一半。

在水污染协同治理方面，有 1992 年《跨界水道和国际湖泊保护和利用公约》、1992 年《工业事故跨界影响公约》、联合国欧洲经济委员会《关于跨界内陆水意外污染的行为守则》、2000 年 12 月《欧盟水框架指令》（Water Framework Directives，简称 WFD）等。莱茵河流经 9 个欧洲国家，在工业化时期曾因严重污染而成为生物学意义上的“死亡之河”。沿岸各成员国在充分协商的基础上订立了一系列环保协议，如 1963 年的合作公约、1987 年的“莱茵河行动计划”、1999 年的莱茵河保护国际公约、2001 年的《莱茵河可持续发展 2020 规划》。通过跨界治理，莱茵河流域的生态系统得到恢复重建，成为世界上跨境治理污染最成功的一条河流。州际河流协议是美国控制水污染最传统和最主要的合作治理途径，20 世纪 80 年代前几乎是合作治理的唯一途径。水权分配是协定的主要内容，后来增加了河流污染防治的使命。州际协定具有契约和州法的双重性质，兼具合意性和强制性。同时，最高法院对于各州因为州际协议而产生的行政分歧有管辖权。

美国大都市区治理中，地方政府自主平等互惠地开展多样化的契约合作，比如，以签订合约的方式解决垃圾清运、土地使用等跨区域问题。垃圾掩埋场是共同设施协定中最常见的合作项目，污水处理厂、机场和医院也经常以此种方式建设和管理。合约方式把市场法则引入政府行政管理领域，不仅有效整合了区域内的公共资源，提高了资源使用效率，而且增强了政府公共服务能力，为实现大都市区“善治”奠定了基础。

（三）有效的保障、监督和核查机制

区际协议的执行，要求赋予区域或流域协调机构以明确的调控权限，

使其能有效地行使跨区协调职能。基于协定成立的莱茵河流域保护国际委员会（ICPR），由全会、秘书处以及技术机构组成。莱茵河流域保护国际委员会的最高决策机构为各国部长参加的全体会议，每年召开一次，可以产生有政治约束力的决议。莱茵河上多个分委员会监管和执行讨论的会议一年要开七十多次，各种非正式的讨论和交流则基本上每天都在进行。决策会议少，执行会议多，使得执行效率相当高。莱茵河流域保护国际委员会没有制定法律的权力，也没有惩罚机制。但各成员国之间基于政治互信和环保羞耻感，一般都会忠实地履行莱茵河流域保护国际委员会作出的建议。定期的会晤、协调，也增加了认同和合作的机会。欧洲的多瑙河、易北河及奥德河等也相继成立了国际流域管理委员会。按照制度设计，莱茵河流域保护国际委员会主席由各成员国的部长轮流担任，但秘书长总是荷兰人。因为荷兰是莱茵河最下游的国家，最能够站在公正客观的立场上说话，而且对于治理莱茵河的决心和责任心最强烈。①

实践证明，一个有效的合作治理模式应包含一个有效的规制体系，而命令—控制正是规制体系的核心要素。美国南加州区域管理制度在成立之初，洛杉矶地区对于能否实现环境质量改进持悲观怀疑态度，一些严苛的环保技术难以推进。詹姆斯·兰茨（James Lents）于1986年上任南海岸大气质量管理区执行官后，不仅要求制订实施空气质量管理的控制准则和实施细则，还要求工作人员进行周期性检查来监督实施；同时在4县区内安装了34个连续监测设备并向公众通报达标情况，有力地保障了管理政策的推进。

再如，2001年欧洲议会和欧盟理事会制定颁布了国家排放上限指令（National Emission Ceilings Directive），提出了各成员国四种大气污染物排放总量上限控制指标，违反区域控制措施将承担法律责任。2010年英国的43个区块中有40个区块未达标。为此，欧盟委员会于2014年年初将英国告上欧洲法院，英国成为第一个因空气质量不达标而被欧盟诉诸法律的成

① 吴睿鹎：《跨流域污染治理当学莱茵河模式》，《经济参考报》2012年2月2日。

员国。一旦被裁定违反了欧盟空气质量标准，每年可能面临高达3亿欧元的巨额罚款。[①]"北美环境合作协定"允许成员国的公民或团体向环境合作委员会（Commission for Environmental Cooperation，简称CEC）秘书处提出申诉，控告某一国未能有效地执行其环境法规。

（四）实行区域环境合作研究、信息共享与发布制度

欧盟《成员国内环境监测网络和站点之间空气污染测量信息和数据交换指令》建立了区域空气质量监测与评价制度。区域大气污染科学中心组建了覆盖所有区域的监测网络，可以下载每个小时的空气质量监测数据。目前，欧盟内部的大气环境信息已实现即时共享。在欧洲委员会的统一协调下，欧洲环保局、联合研究中心及各成员国在流域综合管理措施、水生态评价方法、数据上报及传输格式、社会经济评价等方面开展联合研究，并制定有关规范及标准。这样就避免了重复工作，共享了昂贵仪器，统一了方法格式，也避免了跨界流域在管理目标上的差异及对策措施上的矛盾。[②]"国际警报方案"是莱茵河沿河各国的警报与信息互通平台，借助设立于瑞士、法国、德国和荷兰的7个警报中心，相互沟通关于莱茵河水质的最新信息，并参与紧急污染事件的处理。[③]在州际污染消除方面，美国要求所有计划新建（或更改的）污染源，在所在州许可的动工期之前至少60天，向所有邻近的州提供一份书面通告，对可能会被该污染源影响的空气污染级别进行通报。

（五）多层次、网络状的治理结构

美国虽是一个联邦制国家，以充分尊重地方自治为前提，但在污染防控中也努力克服"碎片化"现象，发挥联邦在环境管理中的主导地位。联

① 常纪文：《欧盟如何一盘棋治大气》，《中国环境报》2014年6月26日。

② 王海燕等：《欧盟跨界流域管理对我国水环境管理的借鉴意义》，《长江流域资源与环境》2008年第6期。

③ 吴陈等：《多国合力治污染　守卫莱茵河》，《经济参考报》2013年4月12日。

邦环境保护局（EPA）依据地理和社会经济水平，打破州的界限，将全国划分成10个大的地理区域，设立10个区域管理办公室，建立统一规划、监测、监管、评估和协调机制。《清洁空气法》第1条对州际合作与联邦合作机制做了细致的规定。

美国州际河流污染的合作治理，经历了失灵期（1900—1965年）、休眠期（1965—1980年）、复兴期（1980年至今）三个阶段。[①] 20世纪70年代前，在分割治理的体系下，州际跨界河流因受地方保护主义和“利益寻租”的影响而处于悲剧之中。州际合作的失败，迫使美国走向集权命令——控制的治理模式。20世纪80年代后，随着命令—控制模式弊端的出现和保守环保势力的推动，多元合作治理开始复苏。目前，美国环保走向“一元体系下的多中心合作治理”的时代。在一元体系即联邦管制下，州际河流污染治理引入市场机制，开展以政府、非政府组织、企业和公民个人为中心的合作治理。

欧盟既非联邦也非邦联，而是一个“特殊政体”。纵向上，欧盟形成了超国家、国家、跨境区域、地方等多个等级层次的区域协调体系，实现了各个层次的权利平衡和利益表达机制的畅通。横向上，欧盟的区域协调组织名目繁多，区域间组织、政党、利益团体、政策联盟、公共舆论等发挥着重要的作用，彰显出公共部门、私营机构与第三部门的“合力”作用。

充分发挥公众参与的作用。莱茵河流域现有通报检测站点数十个，设立的注册通报员上百人。莱茵河保护委员会中的观察员机构把自来水、矿泉水公司和食品制造企业等“用水敏感企业”都组织进来，使之成为水质污染的报警员。发现水质稍不符合规格，就会立即报告相关监测部门，及时采取处置措施。又如，加州空气污染治理过程中举办了几十个地方研讨会和演说会、10次公众听证会以及10个月的公众反馈期，超过50个城市

① 田丰：《论美国州际河流污染的合作治理模式》，《武汉科技大学学报（社会科学版）》2013年第4期。

和各种环保社团、社会团体参与了方案的制订和出台。①

（六）临时应急和长效机制相结合的空气质量管理模式

当出现紧急状况时，德国采取与我国类似的紧急措施，包括关停城市内的建筑工地，车辆禁行或限行，限制或关停大型锅炉和工业排污设备等。长效机制包括设定符合欧盟统一标准的机动车排放标准，补贴安装过滤器的车主，严格设立大型锅炉、小型锅炉等供暖设备和工业设施的排放标准等。

（七）针对各国环境保护的差异性进行协调

欧盟东扩过程中，对新申请加入的候选国在经济、政治和社会等方面设定了一些标准，即所谓的“哥本哈根标准”，申请国在满足了这些条件后才被接纳。对保加利亚、匈牙利等东欧国家而言，其环境保护水平普遍落后于欧共体国家，加入欧盟的愿望成了它们不断提高环境质量的巨大动力。② 20世纪末和21世纪初，部分北欧国家如丹麦和芬兰等加入了欧盟，出现了新成员国的环境标准和要求高于欧盟水平的情况。这些国家希望继续保持其现有的水平。对此，《欧盟条约》第95条第（3）款规定“委员会……在其涉及健康、安全、环境保护和消费者保护的提案中将以较高水平的保护为基础”。欧盟环境政策的原则是“兼顾不同区域差异的高水平保护”③，而非针对最高水平的保护。这样的共同环境政策易于实现，也减少了因环境标准不统一引起的争议。

再如，20世纪90年代，北美三国开始自由贸易谈判之时就将环境纳入议程，与“北美自由贸易协定”同时签署的附属协定——“北美环境合作协定”（the North American Agreement on Environmental Cooperation，简称

---

① Jackson, G. A., “Sludge Disposal in Southern California Basins”, *Environment Science Technology*, 1982, pp. 746－753.

② 联合国环境规划署：《全球环境展望》，中国环境科学出版1997年版。

③ 张英：《欧共体环境政策的法律基础、目标和原则探析》，《法学评论》1998年第4期。

NAAEC；或 the Environmental Side Agreement，简称 ESA），重点之一就是提高墨西哥的环境保护水平以及处理好贸易—环境关系，主要是通过数据资料共享、培训和经验交流来提高墨西哥的污染预防、环境监控和法律实施各方面的能力，并体现在项目之中。1996 年创立了北美环境合作基金（the North American Fund for Environmental Cooperation，简称 NAFEC），支持美墨间跨国水资源圆桌会议、墨加之间的地区鸟类保护等工作。

二、国外生态补偿的成功案例

国际上一般把生态补偿称为生态服务付费（Payment for Ecological Services，缩写为 PES），其含义是以生态系统的服务功能为基础，用市场手段替代环境保护管制手段。生态环境服务付费机制多种多样，有基金形式、一对一交易、政府机构运作、交易所形式等。资金来源也是多样化的，来自政府、私人、企业、捐赠等。

美国生态补偿的典型案例是纽约市与上游卡茨基尔（Catskills）流域（位于特拉华州）之间的清洁供水交易。纽约市 900 万名市民的饮用水约 90% 来自于上游 Catskills 和特拉华河。纽约水源地包括 19 个水库和 3 个湖泊，每天的供水能力达到 13 亿加仑，是全球最大的供水系统，水源基本来自雨雪，90% 不需加工过滤就可饮用。然而，自 20 世纪 80 年代末开始，微生物污染引起越来越多的关注。1989 年美国环保局要求，所有来自于地表水的城市供水都要建立过滤净化设施，除非水质能达到相应要求。在这一背景下，纽约市的水资源规划者考虑了两种方案：一是建设水净化处理厂，需投资 50 亿美元左右，加上年运转费用 2.5 亿美元，则总费用至少要 63 亿美元。二是实施流域生态环境服务付费项目，改善流域内的土地利用和生产方式，保持高质量的水源。该方案 10 年内花费约 15 亿美元，不到修建水处理厂方案成本的 20%。经过比较权衡，他们选择了第二个方案。

经过多年谈判，纽约市、纽约州、郡、美国环保署、环境组织、饮用水源地和地方市政当局于 1997 年签署协议备忘录。备忘录规定纽约市将在自愿基础上获取土地以保护饮用水源，以公平的市场价格购买水源地水文敏感区域内未开发的土地和保育地役权，并为所获得的土地及开发权支付税款。土地征用的经费由纽约市投资 1300 万美元，纽约州投资 750 万美元。同时，备忘录还规定成立饮用水源地保护与合作委员会以及饮用水源地有限公司，由纽约市负责提供保障水源地将来发展的 6000 万美元基金和水源地农业发展的 3500 万美元，这在一定程度上减少了不发达饮用水源地区参与土地维护的成本。[①] 在该项目中，纽约市向上游的农场主提供补贴，以激励他们采取环境友好型生产方式，补偿资金通过向水用户征收附加税、发行纽约市公债以及信托基金等方式筹集。农场主通过其联合组织"流域农业理事会"与纽约市进行协商谈判和交易。[②] 经过 5 年的项目实施，目标流域中 93% 的农场主自愿加入到项目中。按照原项目设计，只要 85% 的农场加入，流域水质就能达标。在实施该生态服务付费项目之前 10 年，纽约市自来水的价格平均每年上涨 14%。但该项目实施之后，纽约市自来水价格的上涨不超过通货膨胀率（4% 左右），[③] 证明生态补偿政策卓有成效。

日本水源区综合利益补偿机制源于 1972 年《琵琶湖综合开发特别措施法》[④]。以该法为基础，政府规划了琵琶湖水源区一系列的综合开发整治项目，并提高相应的经费负担比例，同时要求下游受益地区也负担部分项目经费。1973 年，日本制定了《水源地区对策特别措施法》，把受益区对水源区的生态补偿做法变为普遍制度并确立其法律地位。作为配套制度，又制定了《水源地区对策基金法》。基金主要来源于流域上下游地方政府，以财团法人形式进行管理，其用途包括库区移民的安置、地区振兴对策（建

① 车越等：《纽约对城市饮用水源保护的实践及其借鉴》，《中国给水排水》2006 年第 20 期。

② 高彤等：《国际生态补偿政策对中国的借鉴意义》，《环境保护》2006 年第 19 期。

③ Gouyon A.，"Rewarding the Upland Poor for Environmental Services: A Review of Initiatives from Developed Countries"，Bogor，Indonesia: South - east Asia Regional Office，World Agro Forestry Centre (ICRAF)，2003.

④ 张伟等：《水环境与社会经济发展阶段关系——太湖流域与日本比较研究》，《水资源保护》2004 年第 2 期。

设道路和生产性基础设施等）、开展上下游交流活动，等等。

德国生态补偿机制的最大特点是横向转移支付。横向转移支付的基金主要由两种资金组成：一是扣除了划归各州的销售税的25%后，余下的75%按居民人数直接分配给各州；二是财政较富裕的州按照统一标准拨给穷州的补助金。

厄瓜多尔（中美洲）流域水保基金。① 厄瓜多尔于1998年在基多市成立了流域水保持基金。基金的资金收自于用水费，具体有以下来源：灌区、流域下游农户、水电公司、温泉、基多市政水务公司（交纳水销售额的1%）以及国家和国际补充资金。流域水保基金用于保护上游40万公顷的水土以及一个生态保护区。具体活动包括购买生态敏感区土地、为上游居民提供替代的生计方式、农业最佳模式示范、教育和培训。该水保基金交由一个专门机构运作，理事会成员来自地方社区、水电公司、保护区管理局、地方NGO以及政府部门。流域水保基金独立于政府，但和政府的生态环境保护项目相配合。

20世纪80年代，因环境污染导致水源地的水质下降，世界最大的天然矿物质水制造商——法国皮埃尔·维特（Perrier Vittel S. A）矿泉水公司意识到保护水源比建立过滤厂或不断迁移到新的水源地更为经济合理，遂投资900万美元（高于当地市场价格）购买了水源区1500公顷农业土地，并将土地使用权无偿返还给那些愿意按合同改进土地经营措施的农户。同时，与居住在瑞梅纽（Rhin Meuse）流域腹地的奶牛场签订18—30年的合同，向农场主支付资金并提供免费的技术支持，以改善奶牛场的牧养方式，改良牲畜粪便的处理方式，放弃种植谷物和使用农用化学品。② 该项目的实施成功地减少了非点源污染，增强了水源区水资源的净化能力，③

① 靳乐山等：《生态环境服务付费的国际经验及其对中国的启示》，《生态经济》2007年第12期。

② 国家十五科技攻关课题之“生态补偿机制研究”专题报告：《生态补偿机制与政策方案研究》，2005年12月，第13—14页。

③ 贾清慧：《调水工程生态补偿研究与实践进展》，《华北水利水电学院学报（社科版）》2008年第5期。

也为企业节省了大量成本。这是典型的私人协议形式。

哥斯达黎加的生态补偿实践。全球能源公司（Energia Global，简称EG）是一家位于萨拉皮库瑞（Sarapiqui）流域、为4万多人提供电力服务的私营水电公司，其水源区是面积为5800公顷的两个支流域。由于水源不足使公司无法正常生产，为保证水量供应同时减少水库的泥沙沉积，全球能源公司按照每公顷土地18美元的标准向国家林业基金提交资金，国家政府基金则在此基础上按每公顷土地另外添加30美元，以现金的形式支付给上游的私有土地主，同时要求这些私有土地主必须同意将土地用于造林、从事可持续林业生产或保护有林地。另外两家哥斯达黎加公共水电公司和一家私营公司也通过国家林业基金向保护流域水体的个人进行补偿。①

生态环境服务付费的国际经验与启示是：①贯彻“谁受益谁补偿”原则，公平的生态补偿机制要求考虑上游保护生态环境的机会成本。②综合运用公共财政手段和市场手段，鼓励地方创新形式多样的补偿形式。③通过协商确定上下游水资源与水环境保护的责任与补偿标准。

三、国内区域生态合作治理的探索

我国在一定范围内进行了区域环境管理与合作的尝试。

就纵向管理体制而言，2006年国家环保总局成立了华东、华北等六个区域环保督查中心，在推动区域监测、促进信息收集与共享等方面取得了初步成效。流域管理方面，我国2002年8月通过的《水法》正式确立了流域管理机构的法律地位，赋予其统一管理和调度水资源的职权。近年来，在“流域管理与行政区域管理相结合”这一大方向指引下，珠江、辽河、长江三大流域分别以“平等协商”“统一集中”和“有选择性集中”方式进行体制改革。通过因地制宜设立流域管理体制、完善配套法制、提升流

① 赵玉等：《国外流域生态补偿的实践模式及对中国的借鉴意义》，《世界农业》2008年第4期。

域管理机构的作用与地位、搭建多方参与的平台机制，为全国其他流域管理体制改革提供了一定的参考和示范。①

横向协作更为广泛。譬如，云南、四川两省环境保护协调委员会，浙江省在杭州都市经济圈合作发展协调会下建立环保专业委员会。广东出台了《跨行政区域河流交接断面水质保护管理条例》。2008 年，江苏、浙江、上海环保部门签订了《长江三角洲地区环境保护合作协议》，2009 年 8 月签署了《粤港环保合作协议》。

下面，仅择其要者加以摘录。

（一）泛珠三角环境区域管理合作

泛珠三角地区（“9 +2”，广东、云南、四川、贵州、广西、湖南、江西、福建、海南 9 个省区加上香港、澳门两个特别行政区）是我国经济发展较快的区域，随之而来的环境压力与公众环境保护诉求使得政府部门对于环保的积极性也较高。2004 年 7 月，泛珠三角区域各省区政府审定通过了《泛珠三角区域环境保护合作协议》，明确了自愿参与、平等开放、优势互补、互利共赢的原则。之后又通过了《泛珠三角区域环境保护合作专项规划》，重点在水环境保护、大气污染防治、环境监测、环境信息和宣教、环保科技和产业等方面开展合作。2007 年，在泛珠三角环境保护合作联席会议第四次会议上，《泛珠三角区域跨界环境污染纠纷行政处理办法》出台，首次就跨界污染问题达成共识。泛珠环境合作“以水为媒”，带动了环境保护基础设施、环境标准、环境保护监测、污染事故纠察、环境宣传教育、环境保护科技与产业等领域全方位地拓展。②

（二）市场合作机制的引入

在生态协同治理中，水权交易、排污权交易、企业主导的生态产业链

① 张菊梅：《中国江河流域管理体制的改革模式及其比较》，《重庆大学学报（社会科学版）》2014 年第 1 期。

② 钟卫红：《泛珠三角区域环境合作：现状、挑战及建议》，《太平洋学报》2006 年第 9 期。

等市场合作机制初露端倪。

20 世纪 90 年代，黄河断流问题愈演愈烈。1999 年年初，水利部、黄河水利委员会采取措施，对沿岸省份实行强制性的分水定额，禁止各地随意截取，保留生态用水。黄河从 2000 年至今保持了未断流的纪录。2003 年开始，黄委与宁夏、内蒙两自治区共同开展水权转换试点工作，这是我国历史上首次在大江大河上开展的水权市场实践。水权转换在不增加黄河分水指标的前提下，通过企业投资农业节水灌溉工程，促进农业节约用水，为新建工业项目提供水源。水权转换既保护了农民合法用水权益，减少输水损失，节约水费支出，为农民赢得了实惠，又缓解了水资源供需矛盾，提高了水资源利用效率和效益。根据澳大利亚发展援助署资助的一项研究成果，黄河流域仅农业部门内部进行跨省区的水资源再分配，每年就可以产生 15 亿元的净效益。跨区域的工农业水权转换的潜在收益将更为巨大。[①] 2005 年 1 月，水利部出台了《关于水权转让的若干意见》，就水权转让的基本原则、限制范围、水权转让的费用、年限及监督管理做了明确的规定，对推进水权制度建设、规范水权转让行为奠定了良好的法制基础。

2002 年，江苏省发布了全国首部排污权交易办法。2003 年，江苏省太仓市太仓港环保发电有限公司与南京市下关发电厂签订协议，以每年 170 万元的价格，跨市向下关发电厂购买 1700 吨的二氧化硫排污权。这是中国首例异地二氧化硫排污交易，为长三角环境平台的区域内二氧化硫排污交易提供了良好的合作基础。

2003 年，北京能源投资（集团）有限公司（简称京能集团）在内蒙古地区建设岱海电厂。作为“西电东送”的重要工程，其电力对于提高华北电网的稳定性意义非凡。在建设电力能源基地的同时，京能集团与地方政府共同出资设立“内蒙古岱海保护建设发展有限公司”，实施岱海区域生态保护与旅游资源有序开发。这一体制创新将政府利益、各投资人利益统一到“岱海建发”这一利益共同体上，有效规避了因企业、政府的换届

① 王亚华：《黄河水权转换实践的意义和前景》，《黄河报》2009 年 1 月 8 日。

所造成的前后政策无法衔接问题。目前，岱海电厂与附近四星级宾馆、温泉浴疗城、滑雪场、文化苑等一起构成岱海综合旅游服务区，电厂所在的岱海周边400多平方千米的环境得到了有效保护，所在的凉城县政府财政收入由5年前的4000多万元提升到2007年的5.8亿元，由国家级贫困县一跃成为西部百强县。[①] 这种资源综合开发有效利用，保护区域环境，拉动地方经济的发展方式被媒体称为“岱海模式”。

（三）区域生态补偿模式

国内流域生态补偿机制的主要模式有以下几种：[②]

一是上下游政府间协商交易的模式，多采用水权交易、异地开发等手段。东阳和义乌的水权交易。义乌以2亿元的价格买断东阳境内横锦水库5000万立方米水源的永久使用权，并以0.1元/立方米的价格每年向东阳支付综合管理费，东阳要保证水库水质达到国家I类饮用水标准。

金磐模式是我国以异地开发方式进行生态补偿的原始范本。磐安县属于金华市行政辖区范围内，是浙江省最重要的水源地之一。1996年，经浙江省委省政府批准，为解决磐安县因保护水源地生态环境而引发的经济贫困问题，在金华市工业园区建立了一块属于磐安县的飞地——金磐扶贫经济技术开发区。开发区所得税收全部返还磐安县，作为下游对水源地发展权益受限的补偿，同时要求磐安县将上游水质保持在国家III类饮用水水质标准以上。2002年磐安近1/4的财政收入来自该开发区。“异地开发生态补偿试验区”是一种机会补偿办法，促进了“生态富县”战略的实施，也为金华的经济社会发展作出贡献。[③] 这一模式的成功关键在于，受益地区（金华市市区）与受损地区（磐安县）同属于一个行政辖区范围内，这样

---

① 北京能源投资（集团）有限公司董事长李凤玲：《从企业“走出去”发展的成功实践到区域协调可持续发展的几点思考》，在京津冀晋蒙政协首届区域经济发展论坛上的主题发言，2008年11月。

② 王军锋：《中国流域生态补偿机制实施框架与补偿模式研究——基于补偿资金来源的视角》，《中国人口·资源与环境》2013年第2期。

③ 郑海霞等：《金华江流域生态服务补偿机制及其政策建议》，《资源科学》2006年第9期。

在利税的返还、双方之间的协调与管理方面政府的主导作用容易发挥。

二是水费补偿模式。汤浦水库位于浙江省绍兴县和上虞市交界的山区，是虞绍平原唯一的自来水饮用水源。2004 年 1 月，绍兴市出台了《汤浦水库水资源环境保护专项资金管理暂行办法》，规定从该年 7 月 1 日起，在供水水费中按 0.015 元/吨的标准提取水库环境保护专项资金，由市水务集团在每年的 12 月底前一次性把资金划入专项资金账户，专项用于水源保护区内的水或垃圾处理、生活污水处理、农村农业面源污染综合治理、自然生态恢复、环境保护科研等项目的补助。[①]

三是政府间财政转移支付模式。例如，粤赣两省关于东江流域的生态补偿机制。东江是粤港等地的主要饮用水水源。然而，东江流域的社会经济发展极不平衡。除中央、江西省对源区三县提供纵向财政资金供其开展生态基础建设并对源区居民进行补偿之外，广东省主要通过水电厂利润分成和税收返还、水库移民补偿资金、水库水土保持资金、生态公益林补偿和纵向财政转移支付方式对上游和河源市进行补偿。此外，广东省每年从东深供水工程的收益资金中提取 1.5 亿元对江西省东江源区进行跨省补偿。

---

① 郑海霞等:《中国流域生态服务补偿机制与政策研究——以 4 个典型流域为例》，中国农业科学院农业经济与发展研究所博士后研究工作报告，2006 年。

第十二章　京津冀生态协同治理的构想与建议

一、目标模式：生态多元化治理机制

良好的区域生态产品和生态服务是政府、企业和公众三种主体及其“合力”作用的结果。政府是规划、调控和规范层面上的合作主体，府际合作主要表现在产业发展规划、环境功能区划、环境保护法规和环境监测等领域；企业是区域环保操作层面的合作主体，企业合作集中在环境保护设施共享、污染治理技术的开发和推广、在更大空间内形成生态产业链和环境保护链方面；而公众合作主要在环境宣传教育、舆论监督方面。生态协同治理的目标是构建环境与经济发展综合决策机制，建立以政府为主导、市场（企业）积极引领、社会公众全面参与的长效、稳定的区域生态合作机制。

（一）多元共治

区域环境管理涉及多地区、多机构、多企业，不同的利益相关者之间存在着利益分化和冲突。首先，府际间的利益分化。一是中央与地方的利益分化。即中央政府的生态文明整体利益诉求与地方政府的局部经济利益诉求存在着利益博弈。二是地方政府间的利益分化。出于对经济利益的追求和政绩攀比心态，地方政府往往会加大对生态资源的开发，但不会主动承担生态环境的治理成本，而是千方百计将它转嫁给其他行政区域。其次，政企之间的利益分化。为了实现生态环境保护，政府在必要时会采取强制性手段禁止违规企业的违规行为，而这必然影响到企业的利益最大化追求。再次，政府和公众之间的利益冲突。政府采取的生态移民、退耕还林等生态保护措施，可能会影响当地群众的生活、就业和经济收入，从而引发公众对地方政府的治理行为不满。最后，企业和公众之间也常常因环境污染而发生纠纷与冲突。可见，能否协调好各方利益并将机制长效化，是区域生态协同治理面临的首要挑战。

2014年修订的《环境保护法》提出“推进多元共治”。这里的“多元”包括国家，政府，环保部门，有关部门，其他国家机关，企业事业单位，公民个人，社会组织，环境服务机构，行业、专业机构等十大类治理主体。其中，政府、企业、公众和社会组织共同构成“三位一体”的生态治理体系，见图12－1。

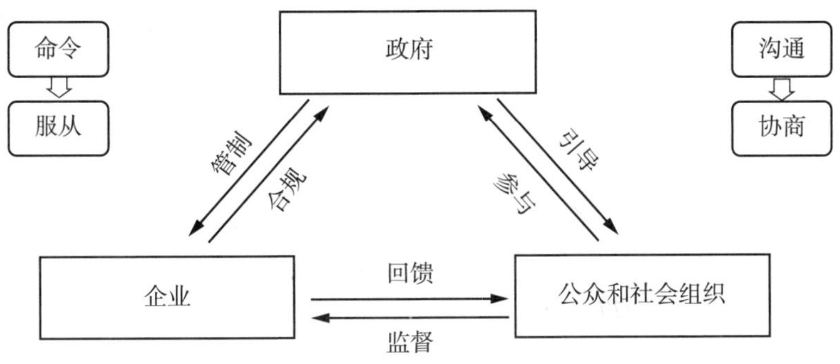

图12－1　“三位一体”的生态治理体系

基于传统行政区划基础上的“行政区行政”与“科层制”结构相结合，其封闭性和机械性与作为整体单元的生态环境治理具有内在的逻辑冲突。其一，生态风险的潜在性和跨界性使得精准的政府部门分工和责任配置几乎不可能，分工漏洞或者责任空隙极易形成治理上的“盲区”，最终出现德国社会学家乌里希·贝克提出的“有组织的不负责任”。其二，政府官员同样拥有最大化自身利益的动机。实践中我们观察到，即使充分平衡各合作方的利益，但如不能保证各合作主体中官员个体的利益最大化，也可能导致不合作。[1] 这一问题在当今西方发达国家仍是一个难题。[2] 其三，与私人拥有者相比，政府官员往往不需承担管理决策不良的成本。这削弱了其履行环境责任的动机。其四，广泛而分散的面源污染难以进行低成本测量和监控，依靠自上而下的行政强制力量无法有效解决。鉴于此，除行政解决方案之外，跨界污染治理要求打破以政府为唯一权威中心的权力向度，借助于科层制、合作协调机制、环境保护市场运行机制、企业自愿环境协议机制、公众参与和自组织治理等机制，共同实施对公共事务的联合治理。正如学者俞可平所言，“治理的实质在于建立在市场原则、公共利益和认同之上的合作”。[3] 生态协同治理，就是要在多元主体的相互信任、彼此合作和利他行为等社会资本基础之上实现生态公共利益最大化的目标。

（二）探索环境府际治理新模式

作为世界上最早普遍采纳的环境管理模式，属地管理具有一定的优点，表现在：地方政府对区域居民的公共产品偏好具有信息优势，对于本地区的环境问题比较了解，能够有针对性地制定和实施相关政策，更有利于经济效率的提升和地方基础设施供求状况的优化，促进地方环境投资增长（Oates，1972，1977；Adams，1997；Tiebout，1956）。

然而，在面对区域性环境事务时，属地管理模式暴露出一系列局限性，外部性造成的非效率和不公平影响到区域利益最大化。①地区间横向竞争使每个地方政府都有漠视和破坏区域公共环境的动机，导致公共地悲剧，某些情况下存在地方政府放松环境规制以吸引企业投资的“环境竞次”效应。②囿于行政边界约束的行政区行政模式，难以有效地遏制和处理跨界污染。有时虽然部分地方政府完成了自身的环保工作，但由于受到污染的跨境传输而影响到自身的环境质量。由于污染接收方无法获得对排

① 奥尔森：《集体行动的逻辑》，上海三联书店1995年版，第58页。

② 高轩：《西方发达国家政府部门间关系的几种模式及启示》，《理论视野》2014年第3期。

③ 俞可平：《治理和善治引论》，《马克思主义与现实》2009年第5期。

放方境内的污染源进行管制或政策执行的权限，使得无法对排放方的排放行为进行约束。③从污染控制的费用有效性角度。属地管理模式不利于区域整体污染控制成本的降低。[①] 由于各地经济发展水平、产业结构和资源禀赋特征、环境管理水平的不同，各地大气污染控制成本也可能不同。而帕累托最优的减排方案应当满足边际成本相等原则，即 $MC_1 = MC_2 = \cdots = MC_n$，此时区域内总体控制成本实现最小化。只要区域内各地区污染减排边际成本存在差异，就会存在区域合作实现帕累托改进的空间。然而在传统控制策略下，污染物减排量是政策目标，以行政区划为单位进行分配、管理和考核。由于属地管理特征，区域各省市无法通过协商合作或某些灵活性的市场手段来减少区域整体的控制成本。

为了克服属地管理的碎片化危机，预防脱域生态危机，区域环境管理或者说生态协同治理是基本的改革方向。狭义的区域环境管理是指以专门划定的环境区域如流域、空气流域等为单元，在区域尺度上建立起统一的管理机构对区域内环境问题进行管理的正式的制度安排；广义的区域环境管理还包括区域间的环境合作和跨区协调[②]。这里是广义的概念。府际协商合作是协同治理的方式之一，但不是唯一的方式。区域协同治理相对于属地管理来说，有助于从区域整体角度确定目标、制定规划、确定行动方案并从整体上协调，是实现污染控制费用有效性的可能途径之一，也有助于解决跨界污染引发的利益冲突。

属地管理如何与区域环境管理相结合？根据奥茨（Oates，2002）的理论，可根据区域公共品的规模和性质来确定究竟应由哪一级政府提供环境质量：①当环境质量是纯公共产品时，例如温室气体和臭氧层减少，本地的环境质量取决于所有地区排放污染物的总量。对于这类环境质量，应该由中央政府统一提供。②当环境质量是地方性公共产品时，如汽车尾气、本地湖泊污染和固体污染物，本地区环境质量仅仅是本地区污染物排放的

① 万薇等：《中国区域环境管理机制探讨》，《北京大学学报（自然科学版）》2010 年第 3 期。

② 万薇等：《中国区域环境管理机制探讨》，《北京大学学报（自然科学版）》2010 年第 3 期。

函数。对于标准的地方公共产品，应由本地政府独立提供，这也意味着具有本地公共产品性质的环境质量会随地区而有所差异。③当环境质量具有地区溢出效应时，例如二氧化硫，本地区的环境质量取决于其他地区的污染排放水平。此时如果让地方政府各自提供，会导致供给过剩或不足等失衡问题。这种跨界公共物品的供给要求地方政府间以合作的方式联合提供，或者中央政府统一出台环境保护政策。

我国环境管理模式设计，应根据以上原则，尽可能做到中央政府与地方政府之间的权责制衡。

党的十八届三中全会提出“改革生态环境保护管理体制”的要求。笔者认为，区域环境的行政管理新模式应实现三个结合——属地管理、协商管理与中央政府管辖相结合。一方面，应确立强制性的政府生态责任，进一步加强环境保护属地化管理；另一方面，生态协同治理有赖于各地政府的合作与联动。同时，来自中央政府的干预也不可少。

1. 严格落实属地环境管理责任

中国宪法和环境资源保护类法律明确规定，地方人民政府负有发展经济和保护环境的双重责任，这是政府作为公共利益的代表者和公共管理者必须履行的法定职责。笔者认为，我国环境管理的体制问题不能全部归咎于属地管理。恰恰相反，我国环境监管失灵的重要原因在于地方政府未能履行好对辖区环境管理的责任。事实上，区域污染是逐步累积扩散的，不可能一下子就形成大区域的重度污染。只有当局域生态环境问题未能得到精准治理条件下，才会通过“涟漪反应”或“连锁反应”逐渐演化成超出行政区政府的治理意愿和能力的脱域生态危机。跨界污染的直接原因是企业超标排放和生态破坏行为，但根本原因是跨界区域相关行政单元未履行对辖区的环保职责，表现为对跨界污染事件防范不到位，事件出现后协调机制不完善。如果片面强调跨区协同治理，有可能进一步为地方政府推卸环境责任提供借口。并且，如果全盘改为中央集权式管理模式，由于国家宏观环境政策体现的是普遍性和一致性，往往难以反映区域间的差异性，会导致在识别和解决区域环境问题时效率不高。因此，要继续强化和完善属地管理这一生态治理的基本模式，通过政治体制和分税制改革，实现地方政府在环境管理中责任、义务、能力和激励四者的统一，激发地方政府进行生态治理的内生动力。

2014年12月，国务院办公厅印发了《关于加强环境监管执法的通知》，明确要求实施生态环境损害责任终身追究，建立倒查机制。该通知还提出，地方政府要进行网格化环境监管。“网格化环境监管主要是指按照属地管理原则，根据辖区环境监管工作任务和环境监管力量等因素，按照一定的标准，结合行政区划，划分若干网格状单元，将监管力量下沉至各单元，将日常监管基本工作任务和职责落实到具体单位和具体人员，使网格内各重点排污单位、主要环境问题得到有效监管，实现定区域、定任务、定责任。”2014年，北京市探索河湖环境卫生属地管理、源头管理机制，将河湖环境卫生日常管理逐步移交乡镇、街道，表明了强化地方政府环境责任的趋势。

2. *府际联动*

环境评价一体化协作机制。要从源头上促进京津冀环境保护一体化，必须建立环境评价一体化协作机制，包含战略、规划和项目三个层次。[①] 一是建立科学的战略环评机制，为京津冀一体化发展战略提供决策支持，避免或降低由产业梯度转移、工业结构调整、城镇体系重构等重大决策失误给环境带来的消极影响。二是通过规划环境影响评价，从规划和产业布局的源头实现整体最优配置。科学评价并充分考虑京津冀资源环境承载力，用经济和环保双赢的眼光，分析一体化规划及其替代方案的环境效益。三是通过项目环境影响评价对一体化进程中的建设项目可能造成的环境影响进行分析和预测，提出应对措施，尤其是对从京津转移出的“三高”产业和新上项目的选址、生产工艺、生产管理、污染治理、施工期的环境保护等方面提出具体建议。

重大环保项目统一规划建设机制。京津冀一体化必须首先考虑环保问

① 郭倩倩等：《以一体化破解京津冀环境问题》，《中国环境报》2014年6月17日。

题，发挥规划的引领和指导作用，最终实现“多规合一”的目标。作为京津冀区域协同发展总体规划下面的一个专项规划，《京津冀区域协同发展生态环境保护规划》正在编制中。该规划主要由发改委和环保部牵头，国土部、水利部、工信部、国家能源局和国家林业局等多个部门参与。这将是我国首个跨区域的综合性环保专项规划，编制思路主要是划定生态红线、资源底线、排放上线和质量基线，以此为核心，为京津冀各城市发展提供先导性、引导性和控制性的基础框架。合理确定开发边界，科学设置开发强度，建立生态缓冲区，形成有利于大气污染物扩散的城市和区域空间格局。未来区域内部的产业分工与协作格局，必须服务和服从于区域的生态职能及其主体功能分工。例如，由于偏南风容易导致京津冀地区的高污染，建议高能耗的第二产业（工业电厂等）转移到沿海地区或京津冀以北和以西的高海拔地区，以利于一次污染物的扩散和沉降。这里的难点在于巨大的沉没成本。京津冀地区不同于西部一些欠发达地区类似于一张白纸，产业强制搬迁于法无据。借鉴历史经验，可以通过规定高不可攀的环境污染特别排放限值来迫使企业搬迁。

环境信息共享机制。打破行政边界，合理布局监测点位，组建区域环境信息平台，实现数据共享。健全环境动态监测与通报制度，生态圈内各地区必须就计划、实施中的资源环境重要活动进行及时准确地通报，在重要的水利设施、污水处理设施、垃圾填埋场等设施选址方面进行通报、协调，防止和纠正危害其他地区资源环境权利的事件、行为。

顺畅的谈判和协商机制。协商管理要求各行政主体在互利互信基础上，对环境污染承担“共同但有区别”的责任，实现权责对等，保证议价结果的公平性和效率性。其前提是相关各方应都能自由平等地表达自己的利益和意志，实现联合磋商决策。多年来的论坛、互访、沟通、协商、备忘录等，既是消解理念差异、达成公共意志的过程，也是公共利益的发现过程。除了继续推进上述对话机制之外，还应有常设性的机构或常设性的制度来开展大量的日常交流，确保合作事项的落实和衔接。为此，建议建立高层次的京津冀大生态建设组织协调机构，并实行例会制度，定期召开对洽谈会议，统筹协调大气污染联防联控和流域污染综合治理的相关事宜。

为了以较少的交易成本得到满意的合作结果，应努力降低地方议价的交易成本。譬如，可以通过听证会、委托专业的调查公司等途径，收集辖区内居民偏好信息，由水利部门收集污染控制成本信息，以降低信息搜寻成本。加快河流断面自动监测设施等地区技术性要素的建设，以降低协议检测费用。考虑从地方政府环境管理部门中分流一部分工作人员，专职负责地区间补偿谈判，以提高谈判效率，降低谈判与实施成本。

要借鉴欧盟一体化发展的经验，进一步完善《京津冀区域合作框架协议》，并争取得到合作成员各自地方人大的确认，以此作为合作的“基本法”，使合作具有法律约束力。谁违背了这个协议关系，谁就会受到经济上、声誉上甚至行政责任上的惩罚，这样双方均有动力去维护和发展合作契约。除机构安排与立法赋权之外，管理人员构成也是各方利益和权利制衡的关键点。研究表明，区域环境管理的利益协调（体现为资金、技术等资源配置）一定程度上取决于人员安排及其与中央政府的制衡能力，这也终将影响到环境治理效果与政策执行效率。[①] 通过吸收来自不同利益团体的各界人士，包括中央或地方官员、学者、NGO 等，可以打破窠臼实现制衡，体现真正的环境民主。

互助机制。国际上，低碳城市联盟正成为环境治理的重要平台。它在区域合作中比国家层面的合作更富有弹性，其行动也更具有针对性。建议由京津冀三地政府牵头，协商组建低碳城市联盟。联盟的宗旨和主要行动，一是加强技术的合作引进与创新扩散。据不完全统计，目前全国节能服务公司有五百余家，北京就有二百多家，占全国的 1/3 以上，且整体实力较强，科技含量较高。由政府搭建平台，促进河北省企业与北京的节能公司合作，对节能减排具有积极作用。二是共同推动区域低碳宣传和教育

① Cline L.，“Negotiating the Superfund: Are Environmental Protection Agency Regional Officials Willing to Bargain with States?”，*The Social Science Journal*，2010，47（1），pp. 106 - 120.

活动。三是提高区域协同治理的国际影响力。帮助石家庄、邯郸等重污染城市加入跨国城市气候网络，比如成为气候领导城市团体 C40 的附属成员，加入亚洲城市清洁空气行动项目，以便同其他国际城市分享治理经验，促进低碳技术合作，获得优惠的能源产品和服务以及必要的金融支持。

利益分享及补偿机制。各地经济发展水平和环境容量不同、经济产业结构各异，其所处污染接收与输出的地位不一样，合作意愿差异显著。如果没有相对公平有效的利益调节机制的存在，各主体就不会有合作的意愿和动因。理论研究表明，当区域经济社会发展存在巨大的不平衡时，如果建立统一的排放标准，就必须有配套措施，比如，以其他方式平衡落后地区的财力。目前，京津冀及周边地区灰霾严重的一个重要根源在于河北的产业结构不合理、层次低，高耗能行业消耗了大量化石能源。而淘汰落后产能、腾出环境空间的过程，必然在短期内对经济社会发展带来冲击。建议借鉴欧盟结构基金的经验，建立京津冀区域污染防治共同基金，由先富起来的京津地区按比例提供一定资金，对河北因提高环境标准导致的经济损失予以支持，加速河北的产业转型升级，帮助其如期完成节能减排的目标任务。同时，按照区域间生态共建、资源共享、公平发展的原则，把上游的生态保护治理和下流受益方提供补偿提升到法律层面，形成完善的生态补偿体系和长效补偿机制。

3. 优化垂直监管与分级监管体系

环境政策是否有公信力，能否有效实施，很大程度上取决于监察和相应的违规惩罚是否有力。新修订的《中华人民共和国环境保护法》设置了专门条款规范流域水污染和区域大气污染的防治问题，实现了由点源控制向区域协调和联动防治转型。对于只重经济增长而忽视环境保护的地方政府规定了区域限批制度，对于区域规划未进行环评就开始建设的，也做了措施规定。然而，对环境保护的监管体制并未作出调整，环境保护监管体制不顺的局面仍然没有厘清。笔者认为，在属地管理的制度框架下，应进一步优化中央垂直的监管体系和中央与地方有效分工协同的分级监管机制。

一方面，应进一步加强中央环境管理机关的权限。譬如，跨界水污染和大气污染由中央环境管理机关或其派出机构直接管理，取消地方政府环境管理机关的相应职权。为了防止地方排污监测数据造假，应该由环保部牵头来监督监测运行情况。借助已有的区域管理或合作的基础机构（如区域督察中心），强化赋权，深化管理，将其变为实体机构或具有实质政策执行力的部门。周成虎等（2008）运用区域地理学、经济地理学的研究成果，提出我国区域性环保机构的设置方案。该方案分为两级：第一级为国家直属局，拟在环渤海（京津冀）、长三角、珠三角等五个重点区域设置国家环保部直属的区域环保机构，统一协调环境保护、污染治理。其中，渤海直属局分管环渤海地区的污染治理与环境、生态保护，统一协调陆源污染与近海海洋污染，监控点源污染与面源污染排放，全面改善京津唐与渤海环境质量，行政区域涉及北京市、天津市、河北省的唐山市和廊坊市。第二级为地区性分局，受省、直辖市环保局直接管辖，根据地区发展规划、经济发展现状等因素设置。①

另一方面，建立健全资源环境交叉考核监督体系。针对现实中经常出现的“天津打击重污染企业，企业就跑向河北，河北打击就回天津”的现象，必须加强京津冀的环境联合执法。鉴于普遍存在的地区间资源环境不信任感，应进行相互间的交叉监督、考核。可参照国家土地监察、环境监察等模式，以及部分矿区实行的厂矿间安全互查做法，各地区、各单位互派资源环境监督专员，对资源环境及工作目标完成情况进行互相检查、相互学习，增强区域联动效应。

（三）市场交易机制

私人所有者的激励结构更适于资源环境管理，而且市场价格能够促使所有者采取长远的眼光。② 长期以来，我国生态环境治理都是由国家主导

① 周成虎等：《中国环境污染的区域联防方案》，《地球信息科学》2008 年第 4 期。

② Richard L. Stroup, Sandra L. Goodman, “Property Rights, Environmental Resources and the Future”, *Harvard Journal of Law and Public Policy*, 1992, (15), pp. 427 – 454.

并按照行政区分项目实施的，生态区和行政区的不一致性与生态效益的外部性发生了冲突，成为生态协同治理的制度障碍。如果能引入市场交易，就可以跨越行政区界，实现生态资源在不同地区的优化配置。例如，博弈分析表明，一条河流的上中下游地区，在没有上级政府约束之前，各地区任意取水和任意排污是最优战略；考虑别人的利益，对取水量和排污量作自我约束是严格劣战略。结果是彼此不合作，下游来水量越来越少，水质不断下降。假定存在水权交易和排污权交易，各地区的实际取水量和排污量将充分考虑到水权价格和排污权价格等因素，使流域内不同地区选择其最优用水量、有效供水量和排污量，得到各地区的最优战略，实现合作均衡。因此，建立水权市场和排污权市场，通过水市场的作用来达到上下游共同投入、保证水质的目的，是实现区域一体化的有效途径。

（四）社会自治机制

政府、市场和社会组织构成了现代社会的三大领域。现有的治理模式基本上是以国家治理为主，市场治理开始出现，社会治理在我国长期被忽视。

对公共品的自愿贡献机制（Voluntary Contribution Mechanism，简称VCM）表明，如果能利用人们对声誉、利他主义、公平的追求，创造条件，就能促成不同地区、不同利益群体之间对生态产品的供给。在公众参与基础上的自组织治理，不但能对政府治理起到制衡作用，而且具有运行零成本、能够自我激励的优点，应成为生态协同治理的目标模式。由于流域区在更广泛的意义上可以视作一个社群，横向并存的流域各地区或政府是社群的基本成员，作为平等的用水户，它们之间有可能寻求类似于埃莉诺·奥斯特罗姆所揭示的自主治理的方式来解决流域水污染治理问题。比如，用水户应加强横向联系，建立利益共同体——用水户联盟，与政府、水管理部门的代表一起构成流域管理委员会，参与流域管理决策，维护自己的权益，见图12－2。

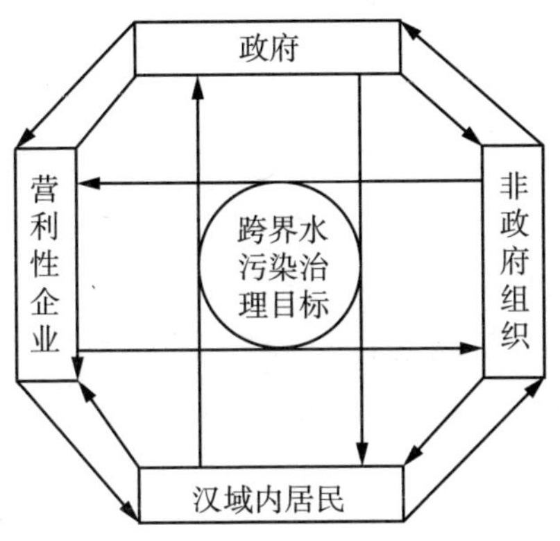

图 12－2　跨界水污染的网络治理模型

二、大气污染联防联控机制

我国以臭氧、细颗粒和酸雨为特征的区域性复合型大气污染十分突出，由于各地方的法规、排放标准和管理措施不一致，现行的环境属地管理模式难以形成区域性治污合力，这是目前酸雨、灰霾和光化学烟雾污染严重的重要原因。因此，我国大气污染联防联控政策中提出“统一规划、统一监测、统一监管、统一评估、统一协调”。这和 2014 年修订的环保法中“国家建立跨行政区域的重点区域、流域环境污染和生态破坏联合防治协调机制，实行统一规划、统一标准、统一监测、统一的防治措施”规定相一致。须指出的是，“统一”不是“同一”，而是要根据区域内不同城市的大气环境问题特征和未来发展需求，提出各自的环境目标和管理要求；根据其对区域大气环境污染的影响贡献，考虑经济发展水平和污染治理能力，制定差异性任务要求与政策措施。当区域经济社会发展存在巨大的不平衡时，强制性地实施统一管理必然损害效率和公平，因此要与区域协商合作结合起来，同时必须建立配套的补偿机制。

大气环境容量具有区域“共用品”的共同特点，即消费上的非排他性、达到“拥挤点”之后的竞争性。要提高大气环境容量这种区域公共品的效能和效率，有三种可供选择的路径：一是完善府际契约式合作，即把区域排放总量控制指标分解给各个地区，由各地政府自行协商；二是产权私有化，比如，实施排污许可证制度，通过排放权交易的方式提高其配置效率；三是合并决策权和监管权，由上级政府集中控制管理。“在国家既是资源的所有者，又是决策代理人的情况下，其经济活动不可能形成对其他团体的外部成本”①。从理论上，三种方法都是有效的，具体采用哪种办法，取决于哪种制度安排成本最低而总产值最大。

对国内外相关模式的比较分析表明，区域大气污染联防联控的管理模式分为两大类：第一，以“空气流域”② 概念为基础，设立跨行政区的管理机构，实施空气质量的流域化管理。这一模式有利于区域空气质量管理机制和环保工作的长效化、制度化，但是短期内难以建立。第二，横向机构的协作模式，即自发行动签订减排协议，通过利益协商实现区域合作。现阶段，区域环境协商能够以最小制度成本取得最优治理效果，是适用于我国区域空气质量管理的最佳模式。③

联防联控的目标，首要的是统筹区域环境容量资源，优化经济结构与布局。鉴于区域复合型污染成因的复杂性，区域空气质量管理需要实行“科学—决策”一体化模式。可由跨部门的专家组成专家咨询委员会，对即将出台的各类法规、规划及行动方案进行独立评估，并提出咨询修改意见。根据城市间污染传输关系、不同城市大气环境质量现状、环境承载力等因素，划分出对区域空气质量有重大影响的核心控制区，并以核心控制区作为关键约束，严格落实分类管理政策。对不同控制区实行不同的污染物排放总量控制和环境标准，明确不同控制区煤炭最大允许消费量，引导

① ［美］赫尔曼·E. 戴利等：《珍惜地球》，商务印书馆2001年版，第315页。

② 空气和水一样是流体。科学家发现，某地污染源一般只污染局部地区的大气，很少逃逸到邻近的区域，仿佛空气中存在无形的“分水岭（shed）”，将大气分割为多个彼此相对孤立的气团，这些气团笼罩下的地理区域，被称为“空气流域（Airshed 或 Air Basin）”。空气流域是由于地形、气象和气候原因而共享同一空气环境的地区。

③ 宁淼等：《国内外区域大气污染联防联控管理模式分析》，《环境与可持续发展》2012年第5期。

社会经济活动空间上合理布局，从而达到改善区域整体环境空气质量的目的。①

目前，由环保部牵头、相关省级政府参加的大气污染联防联控工作领导小组已经成立，成为利益相关者沟通与协调的平台，这在联防联控机制建立之初是必要的。但要推动联防联控长效机制的建立，还应设立跨区域大气环境监管的常设机构，比如，国务院成立区域大气污染防治管理委员会，委员由国家发改委、环境保护部、工信部等国家部委和相关省市人民政府组成，成为履行全区域大气环境保护职能的主导机构。另外，建立京津冀地方政府之间各种形式的协作机制，发挥地方政府在联防联控中的核心作用。建议将京津冀大气污染联防联控联席会议制度常态化，学习国外经验，制订联席会议的组织结构、议事程序与决策机制等，同时邀请上级政府相关部门加入，以保证联席会议的权威性和有效性。

加强跨界大气环境监管立法。即将出台的《大气污染防治法》（修订草案）设立了重点区域大气污染联合防治专章，规定了由国家建立重点区域大气污染联防联控机制，对大气污染防治工作实施统一规划、统一标准，明确协同控制目标。建议借鉴欧盟的国家排放上限制度，建立和完善京津冀省际报告制度、省际合作制度、省际污染补偿等制度。对违反区域控制措施的，应当承担法律责任。在执行层面，建议仿照土地监察模式，提升环保督查中心的行政规格，明晰监察对象，赋予其现场处置权，解决其机构性质、人员编制和信息渠道问题。赋予华北区域环境督查中心更大的独立性及职权，使其从区域的高度参与、指导跨区域大气环境合作框架的构建、实施、监督与协调，发挥其在跨行政区大气环境监管中的主导地位。

三、区域生态补偿机制

利益是地方协作的原动力，利益补偿在环境治理中直接体现为区域生

① 杨金田：《区域大气污染联防联控重点何在》，《中国环境报》2011 年 5 月 25 日。

态补偿机制。狭义的生态补偿是“经济补生态”，在区域内部实施工业化、城市化对生态环境的补偿，在区域之间实施“工业化—城市化区域”对生态化区域（进行生态环境治理、建设，开发生态经济）的补偿，解决“经济不生态”问题。广义的生态补偿包括对生态经济技术开发、科技进步的鼓励，解决“生态不经济”问题。[①] 这里的生态补偿是就狭义而言。

从区域支付意愿不平衡的角度分析，内生性（自己主动选择）的生态建设行为不须补偿，而外生性（由外部提出要求）的生态建设须由国家和受益者进行补偿。如果国家和受益地区希望生态功能区环境建设的目标高于其自身能力所能达到的水平，中央和受益地区就必须提供额外的资金。生态需求是谁提出的，就由谁支付补偿资金；如果是共同提出的，则采取分担方式，至于各自承担多大责任，是讨价还价的结果。根据经验研究（彭水军、包群，2006），北京大致处于环境库兹涅茨曲线（EKC）的右半部分，而其周边地区则处于库兹涅茨曲线的左半部分。对张承地区居民来说，脱贫和生存是第一需要，其生态建设并不完全是自身可持续发展的需要，而是出于京津生态安全的需要。张承地方政府所承担的生态供给及相关的行政管理职能，也属于首都生态圈共享的公共服务，由此造成的收支缺口，中央、上级政府及受益区政府应通过转移支付等方式给予充分补偿。京津两大城市作为工业化的先行者，其资源、能源消耗量占生态圈的绝大部分，并享受了环境自净能力的优惠，本着“受益者分摊”的原则，理应补偿一部分环境保护中的价值损失。并且，京津消费者的收入水平较高，具有较高的环境支付意愿和支付能力，无论是由用水户直接向水源地进行补偿，还是由财政预算支出，都不会损害其既有的福利水平。因此，首都生态圈内的生态补偿，可以达到普遍意义上的帕累托改进。

由于环境服务的质量波动，其正负外部性有可能相互转化，因此，生态补偿需要首先明确“谁补给谁”的问题。上下游关系是一种单向传输关系。客观上，上游为下游提供了生态服务，但也可能因上游污染排放而对

① 项雅娟等:《生态服务功能与自然资本的研究进展》,《软科学》2004 年第 6 期。

下游造成损害；若上游不保护，则下游政府不仅需要为水的净化支付成本，而且会损失由合作带来的额外收益。因此，下游政府应主动与上游政府商议补偿事宜，分配比例趋向上游政府越多，上游政府越有动机保护流域，实现双方良好的合作关系。一些学者提出了双向补偿机制。依据《地表水环境质量标准》，如果上游地区供给下游地区的水质达到Ⅲ类标准，则上下游都不进行补偿；如果水质优于Ⅲ类标准，下游地区对上游进行补偿；如果水质劣于Ⅲ类标准，上游地区对下游进行补偿。① 梁亦欣等基于流域责任目标考核断面目标值，划分了流域生态补偿与赔偿的三种类型。跨界饮用水水源地达到水环境功能区划目标时，上下游均不补偿；如果上游水质好于水环境功能区划目标时，则下游应对上游补偿，补偿标准应按照水质不同采用阶梯式标准，上游水质维持越好，下游补偿越多；若上游水质不满足水环境功能区划目标时，则上游应向下游补偿，超标越严重，补偿越多。②

应采用何种方式补偿？一方面，在政府行政组织资源发达的现行体制下，应强化和规范财政转移支付在生态补偿中的主导地位；另一方面，以财政转移支付为主的“输血型”生态补偿机制，无法解决生态保护和建设投入上自我积累、自我发展的问题。鉴于此，应积极培育和引进市场机制，改“输血式”生态补偿为“造血式”补偿。

（一）财政转移支付

财政补贴是生态补偿最直接的手段，包括保护补偿层面的纵向转移支付、发展补偿层面的横向转移支付。从长期看，应逐步减少国家拨款比率，加大跨区域补偿比重，以减轻中央财政负担，最终形成以跨区域补偿为主的格局。

---

① 黄德春等：《长三角地区跨界水污染生态补偿机制构建研究》，《科技进步与对策》2010 年第 18 期。

② 梁亦欣等：《基于流域跨界责任目标考核断面的生态补偿与污染赔偿类型划分研究》，《生态经济》2012 年第 4 期。

建议将现行的对口帮扶政策以及生态补偿项目制度化、法制化，通过横向转移支付方式，由京津两市（也是生态受益区）对贫困区（也是生态建设区）提供直接的资金支付。操作办法有如下两种：一是通过调整现行支出结构，在财政转移支付项目中增加生态补偿科目，增设生态功能区定向专项，用于省级自然保护区、生态功能区的恢复补偿和建设补偿等。财政转移支付应推广直补办法，对上游服务提供者建立独立账户，对其直接支付和补偿，提高资金使用效率和精准性。在确定补偿标准时，应探索引入招标、拍卖、挂牌等方式，通过市场竞争来确立生态服务的价值。基于我国生态发展的长远要求和经济周期波动的现实，借鉴美国等发达国家的经验，可考虑将此类补偿标准与通胀率挂钩，建立起自动调整机制。生态补偿的时间尺度应该与自然环境条件和生态特性相匹配，并考虑退耕农户是否恢复原有经济收入这一因素。二是建立京津冀生态环保基金，开辟新的财政转移支付资金渠道。根据“谁受益谁补偿”的原则，从生态建设中获利的部门，如大型水电站、水库等，都应成为基金的筹集渠道。我国汤浦水库的水费补偿模式弥补了生态受益主体与生态补偿主体相脱节的缺陷，可供借鉴。北京市城镇居民生活用水价格为3.7元/立方米，洗浴业、洗车业等高耗水产业的水费分别收取61.5元/立方米和41.5元/立方米，完全可以从用水户（包括公民和企业）所缴纳的水费中提取一定比例作为生态补偿基金，用于水源区生态保护。也可以从土地收益和某些国有公共设施运作的收益中提取部分资金作为补偿基金。生态基金的运作可由相关地区政府联合招标选择、委托公司进行生态产业化经营，共同选聘经营者，共同决定重大的生态产业投资事项，确保基金的保值、增值。

生态补偿的领域仍需拓宽，实现全覆盖，包括水资源使用权损失补偿、生态林业用地使用权损失补偿、高耗水农业发展权益损失补偿、提高地表水环境质量标准地方经济损失补偿、提高生态功能区域标准地方经济损失补偿、生态工程管护费用补偿，等等。例如，为解决退牧、舍饲、退耕后农民经济生活遇到的实际问题，应完善封山禁牧后的一系列配套措施，像购买新的畜牧品种、垒羊圈、防疫成本等，都要有专项资金安排，并制定后续产业培育的有关政策，以形成长效生态建设和巩固机制。再如，设立坝上高原保护性耕作生态补偿项目，改目前的秋耕为春耕或采取少免耕措施；对采用抗旱品种、节水灌溉技术等农业节水行为给予补偿；继续推动“稻改旱”工程的实施，使其长期发挥效益。

在组织和程序方面，应推动区域生态补偿地方立法。我国环境法学工作者常纪文（2002）提议，设立区域生态补偿委员会，由双方推荐且认可的专家学者、社会公正人士以及各自的代表组成，负责区域生态补偿的监督工作。该委员会的职权还可以扩及环境污染与生态破坏的鉴定、纠纷的仲裁、违约金的计算方法等事项。

（二）水权交易

“以水联利”的正式提法，最早见诸时任承德市市长景春华 2004 年所做的《政府工作报告》，“加强与京津的协作，由‘以水联谊’向‘以水联利’战略转变，继续推进首都水资源可持续利用规划”。“以水联利”的核心内容是围绕密云、潘家口水库“两盆水”，以市场机制为手段，立足为京津多送水送好水，做好“以资源换支持”的大文章。实际上，“以水联利”不仅是京承合作的重要原则，而且应成为整个首都生态圈的区域合作原则。应尽快对水资源实施统一管理，变指令性“无偿调水”为“有偿用水”，探索建立生态受益区向生态服务区合理付费的长效机制。

1999 年以来，京津的重要水源地——张家口、承德地区连续干旱，使入库水量明显减少，加之当地人口增长和经济社会的快速发展，无论农业还是城市、工业及生态用水都比较紧张，上下游用水矛盾日益突出。从建立长效机制的角度，行政指令性分水计划必须让位于水资源市场化管理，建立以初始水权为基础，以出入境水量和水质为依据的水资源使用权转让机制和补偿机制。京冀合作备忘录并未确定水资源补偿的实质性内容，但规定“有关调水和补偿方案将在国家有关部门的领导和协调下，由双方主管部门共同商定”。随着京津冀协同发展上升为重大国家战略，在南水北调沿线建设世界最大的水权交易市场，走“国家宏观调控、准市场运作、企业化经营、用水户参与”的道路，已成为水利部等领导层及专家学者的广泛共识。

首先，应借南水北调之机，进行跨区域水权的初次分配，明确同一河流上下游区域的权利、责任与义务，有效减少争议。鉴于冀北二市生态环境的严峻形势和为京津用水作出的牺牲和贡献，应赋予其取水优先权，使其能在二级市场上通过转让水权获得发展资金，而京津发达地市可以通过在市场上购买水权满足对水资源的需求。

其次，建立水权交易制度，促进水资源向利用效率高的地区和产业转移。为确保流域间、地区间的水权有效流转，有学者建议借鉴美国加州的“水银行”模式，在南水北调受水区按工程投资比例进行初始水量分配后，由政府发起、设立南水北调“水银行”。“水银行”是一个比喻，是与调水有关的一种水的购买和分配机制，包括水权分配、水量调度和支出、收取等一系列软硬件措施。调水工程管理部门起到与金融银行类似的作用，水权节余者存储剩余的水权并从中获取收益，需水者支付一定的资金购买水权。“水银行”是一种准市场化运行机制。通过“水银行”与用水户间的协商以及政府对“水银行”的调控和监管，可以降低水权交易成本，促进水资源的合理流通，保障调水工程的社会经济效益和生态环境效益。①

在完全的水权交易制度建立之前，可以考虑签订具有法律约束力的“流域水质水量协议”，协议双方分别为北京市政府、河北省政府。河北省政府享有受偿权，前提条件是水质水量必须达到国家规定的标准或者双方约定的标准；北京市政府应当履行给付补偿的义务，其义务可以通过多种形式履行，如给付一定数额的金钱、建设水源生态环保工程项目或者划定异地开发生态补偿试验区等。同时，应当明确规定如果水质水量达不到国家规定的标准或者协议约定的标准时，河北省政府需要承担的法律责任以

① 张郁等：《中外“水银行”模式比较及对南水北调工程的启示》，《经济地理》2007年第6期。

及如果北京市政府不履行补偿给付义务时法律责任的追究。

（三）产业补偿

单纯地依靠政府主导的财政转移支付进行生态补偿，容易造成被补偿区对生态补偿的“路径依赖”。为实现长久的区域协调发展，应更加重视项目合作和产业对接，以生态工程共建、技术帮扶、产业对接等形式进行生态补偿，替代纯粹的资金补偿。这是一种正和博弈，双方都可以得到生态利益和经济利益。张家口市、承德市联合北京市提出组建京津冀绿色联合投资公司方案，一期拟投资10亿元，吸引社会资本投入。倘能顺利组建和运行，当是一项突破。该区域可投资的领域众多。例如，北京在上游河北省地区投资建设设施节水农业，河北省则为北京市提供清洁水资源和有机食品。推广京承农业合作经验，制订京津冀区域农业一体化规划，推进周边地区农副产品生产与京津两大市场的对接，打造大区域现代农业产业链。

当前环首都地区亟须加强农田水利、防汛抗旱和减灾体系建设。鉴于此，应探索以生态工程共建、技术帮扶等形式进行生态补偿，如帮助河北建设水窖、中水循环利用系统、城市污水处理、地下水补给系统等项目，合作建设具有10年以上调蓄能力的大型水库，帮助进行现有水库的清淤、病库修缮等，以加强环首都地区防洪和抗旱能力，提高农业用水效率。此外，针对环首都经济圈“五难”（行路难、饮水难、通讯难、上学难、就医难）问题，要把提供基础设施作为生态补偿方式之一，努力改善生产和生活条件，这也是环首都贫困带摆脱贫困的硬件保证。

在区域利益共享方面，异地开发是一种有效且实用的政策补偿方式。地处下游的北京、天津地域空间受限，环境容量饱和，由此决定了京津冀在建立异地开发生态补偿制度上不能照搬“浙江金磐模式”。可行的变通之策，就是在河北唐山、秦皇岛以及沧州等沿海、交通便利地区建立联合开发区，北京、天津出资金，唐山、秦皇岛等地提供土地，河北北部生态保护地区参与经营，联合搞异地开发，三方合理分享收益。[①] 如此，有利于调动生态保护重点地区发展经济的积极性，实现经济和环境的双赢，也有利于加快区域一体化步伐，促进试验区所在地的产业集聚和发展。

（四）京冀共建生态文明先行示范区

京津冀地区西北部承担着生态涵养区的基本职能，包括北京市山区、天津市山区、河北张承地区以及其他山区。纲要提出“探索开展生态文明建设先行试点，推动北京市密云、延庆和河北省张承共建生态文明先行示范区”。密云、延庆、张家口和承德作为2013年入选的我国首批生态文明先行示范区，在增林扩绿、联防联动、打造农业景观等方面已经开始了一些大胆探索。为了适应生态经济一体化的需要，有必要进一步深化合作，将行之有效的做法推广复制到全国，共建生态文明先行示范区。

京冀生态文明先行示范区构想，其萌芽早已有之。早在2002年，承德市委研究室的工作人员就提出在“大北京”框架下建设首都生态特区的构想。[②] 2005年亚洲开发银行的《河北省经济发展战略研究》报告，基于对环首都贫困带的解决途径，提出“建立京津冀北生态经济特殊示范区”方案。方案思路是由国家发改委牵头，建立跨区域的综合性生态与经济政策试点示范区。在示范区内，由京津对张承两市实行特殊管理和扶持，并实行特殊的考核办法，以激励两地区追求资源环境目标。这些建议当时虽未能付诸实施，但触及了通过特殊区域政策来协调生态与经济发展这一本质问题。2006年，中国科学院的张百平、陆大道等学者正式提出了“国家生态特区”的概念及其科学基础，并建议将金沙江下游地区30个县作为第一个国家生态特区。[③]

在京津冀上升为重大国家战略的背景下，生态文明先行示范区的建立

---

① 刘广明：《京津冀区际生态补偿促进区域间协调》，《环境经济》2007年第12期。

② 孔令春：《在“大北京”框架下努力建设“首都生态特区”——关于承德经济功能定位及生产力布局战略性调整的构想》，《经济工作导刊》2002年第16期。

③ 张百平等：《国家生态特区构想及其科学基础》，《地理科学进展》2006年第2期。

符合首都圈生态安全战略、能源安全战略及扶贫攻坚战略，具有了比较完备的政策基础。京冀生态文明先行示范区是以生态为主的综合性试验示范区，其核心任务在于构建环首都生态环境防护安全网，加强水资源战略储备库的保护。为此，需要树立“生态优先、生态至上”的意识和观念，将生态目标作为区域发展的第一目标，实行更严格的产业政策和资源开发利用政策，推动示范区经济和社会功能体系的生态化。

为探索发展生态经济的长效机制，笔者认为，生态先行示范区的政策框架应包括如下几个方面：

一是完善生态文明政绩考核和责任追究制度。为激发地方官员的生态治理意愿，防止区域环保合作中的机会主义行为，要从构建和提升地方政府信用机制入手，包括从“权力行政”到“责任行政”全面转变，建立科学的环保考核体系，适当延长地方政府官员的任期，实行生态一票否决制。根据地方政府环境治理绩效决定上级政府财政支持力度，并与个人的经济利益和政治提升相结合，强化生态环保问责制。上级政府不再以指标的形式下达各地的污染防治任务，而是创造条件促成地方政府间的合作谈判。

二是启动自然资源资产产权制度建设和资产负债表编制工作。承德市成立了自然资源资产管理委员会，开展三轮基础数据实地调研，基本完成了自然资源资产负债表框架体系编制。在此基础上，可以尝试将生态经济指标、生态安全指标、生态社会指标、生态政府指标和生态合作指标明晰化，以生态质量作为政府绩效考核的主要标准。

三是建立常态化、规范化的生态补偿机制。借鉴国际上官方发展援助（Official Development Assistance，简称 ODA）的运作思路，对京冀生态文明先行示范区制定系统的生态经济援助计划。确定京津发达城市一定 GDP 比例作为援助额度，如按照 0.7% 的政府开发援助标准，为示范区筹集发展援助资金，或从京津冀三省市财政收入中提取 0.5% 以建立水土保持基金，以补助在城市上游建设风沙源防护区、水资源涵养区等生态屏障建设和维护工作经费支出。国家生态工程建设配套费用、自然保护区管护费用、服务功能区灾害救助基金、水资源使用权损失补偿费用等，均应在京津冀之间明确分摊数额和方式。资金补偿还可采取减免税收、赠款、信用担保贷款、贴息等灵活多样的手段。

四是完善资源有偿使用和环境治理的市场化机制。生态环境建设具有投资大、成本高、周期长、风险多、社会公益性强和需要跨区域作业等特点，必须调动企业和社会主体全方位参与，发展生态产业，为当地居民脱贫致富奠定基础。示范区内应重点发展“三低”（低污染、低用水、低耗能）产业，控制结构性和布局性工业污染，广泛使用清洁生产技术，建立生态产业链。水资源保护、水土保持、节水、风电开发、生态建设等重大项目，对于改善环京津贫困带的生态性贫困状况、实现可持续发展具有长远的意义，国家和省有关部门在项目报批、审核和备案上要给予优先安排。承德市完成了全国第一笔跨区域碳汇交易项目，丰宁县千松坝林场已累计交易碳汇6万多吨，交易额200多万元。要开展对示范区森林、草地和湿地等碳汇资源的摸底排查，在此基础上积极制定区域碳汇发展规划，适时启动碳汇市场。同时，可探索排污权交易、生态建设配额交易等其他类型的市场机制。

五是授权示范区制定并实行特殊的环境资源法规，包括各类自然资源在合理开发利用、保护、转让、价格、权益保护等环节的地方法律和行政规章。例如，对重要的生态要素比如自然保护区、国家生态公益林等，应实施国家购买。放宽国家级公益林中抚育采伐政策限制，允许根据林木生长实际，因地制宜地进行必要的抚育和更新改造。进一步提高森林抚育补贴标准，提高生态公益林补助标准，以提高林权主自觉抚育和更新改造的自觉性。

参考文献

1. 安树伟:《中国大都市区管治研究》，中国经济出版社 2007 年版。

2. 陈涵波:《我国省际市场分割特征及影响机理分析》,《商业经济研究》2016 年第 1 期。

3. 陈继祥:《产业集群与复杂性》，上海财经大学出版社 2005 年版。

4. 崔亚飞等:《中国省级税收竞争与环境污染——基于 1998—2006 年面板数据的分析》,《财经研究》2010 年第 4 期。

5. 樊杰:《京津冀都市圈区域综合规划研究》，科学出版社 2008 年版。

6. 何鹏程:《教育公共服务体系构建研究》，博士学位论文，华东师范大学，2012 年 5 月。

7. 洪涛:《中部地区流通业发展现状、问题与对策——兼对 2010 年中国零售百强分析》,《中国流通经济》2012 年第 1 期。

8. 黄萍等:《公共行政支出绩效管理》,《红旗文稿》2003 年第 22 期。

9. 霍丽娟:《关于京津冀物流一体化的思考》,《中国市场》2015 年第 5 期。

10. 江苏商业经济学会执笔:《长三角现代商贸流通业一体化发展战略研究——将长三角打造成为中国商贸流通业现代化“三区”》,《商业经济研究》2015 年第 1 期。

11. 焦文旗:《京津冀区域物流一体化障碍因素分析》,《商业时代》2008 年第 12 期。

12. 荆林波等:《2013 商业经济理论观点综述理论观点之三——流通产业公共支撑体系研究观点综述》,《商业时代》2014 年第 2 期。

13. 李鼎等:《财政分权与公共教育投入的研究》,《经济社会体制比较》2013 年第 4 期。

14. 李国平:《京津冀区域发展报告 2014》，科学出版社 2014 年版。

15. 李平等:《政策导向转化、要素市场扭曲与 FDI 技术溢出》,《南开经济研究》2014 年第 6 期。

16. 李松志:《鄱阳湖生态经济区产业空间布局政策研究》，中国社会科学出版社 2014 年版。

17. 李珍:《社会保障理论》，中国劳动社会保障出版社 2001 年版。

18. 梁雨:《政府在公共教育均等化中的角色与功能》，硕士学位论文，山西大学，2012 年 3 月。

19. 林挺进等:《中国城市公共教育服务满意度的影响因素研究——基于 HLM 模型的定量分析》,《复旦教育论坛》2011 年第 4 期。

20. 林治芬 ：《中央与地方社会保障事责划分与财力匹配》,《财政研究》2014 年第 3 期。

21. 刘东英:《系统协同视角下农产品供应链整合的瓶颈》,《商业经济研究》2015 年第 21 期。

22. 刘红梅:《中国各地区教育发展水平差异的实证分析》,《数理统计与管理》2013 年第 4 期。

23. 刘佳杰:《基本公共教育均等化的路径选择——基于辽宁省基本公共教育均等化的研究》,《经济研究导刊》2014 年第 7 期。

24. 刘学敏等:《首都区——实现区域可持续发展的战略构想》，科学出版社 2010 年版。

25. 马国强:《我国公共教育财政投入规模、结构和效益研究》，硕士学位论文，山西财经大学，2011 年 3 月。

26. 马龙龙:《京津冀一体化，流通产业先行》,《国际商报》2014 年 6 月 23 日。

27. 缪小林等:《非均衡发展模式下的省域公共服务差距及解释——以义务教育为例》,《财经科学》2013 年第 2 期。

28. 母爱英等:《基于循环经济视角的首都圈生态产业链构建》,《城市发展研究》2012 年第 12 期。

29. 母爱英等:《京津冀:理念、模式与机制》,中国社会科学出版社 2010 年版。

30. 彭星等:《文化非正式制度有利于经济低碳转型吗?——地方政府竞争视角下的门限回归分析》,《财经研究》2013 年第 7 期。

31. 沈百福:《公共教育投入的地区差异及变化》,《教育理论与实践》2014 年第 19 期。

32. 沈一岚:《日本基本公共教育服务均等化研究》,硕士学位论文,上海师范大学,2012 年 3 月。

33. 孙久文:《区域经济学教程》,中国人民大学出版社 2010 年版。

34. 陶勇:《社会保障供给中政府间责权配置研究》,《中央财经大学学报》2007 年第 10 期。

35. 王军:《理解污染避难所假说》,《世界经济研究》2008 年第 1 期。

36. 王晓洁:《中国公共卫生支出地区间均等化的实证分析》,《财贸经济》2009 年第 2 期。

37. 王晓洁:《中国公共卫生支出理论与实证分析》,中国社会科学出版社 2010 年版。

38. 王晓洁:《中国公共卫生支出政府间财政责任问题研究》,《河北学刊》2007 年第 5 期。

39. 魏后凯:《大都市区新型产业分工与冲突管理——基于产业链分工的视角》,《中国工业经济》2007 年第 2 期。

40. 吴殿廷:《京津冀一体化中的环境问题》,《领导之友》2004 年第 4 期。

41. 吴良镛等:《京津冀地区城乡空间发展规划研究三期报告》,清华大学出版社 2013 年版。

42. 吴强:《公共教育财政投入对居民教育支出的影响分析——以湖北省城镇居民为例》,《教育研究》2011 年第 1 期。

43. 武小龙等:《中国城乡收入差距影响因素研究——基于 2002—2011 年省级 Panel Data 的分析》,《当代经济科学》2014 年第 1 期。

44. 谢涤湘等:《广州大都市批发市场空间分布研究》,《热带地理》2008 年第 1 期。

45. 谢蓉:《基本公共教育资源均衡配置定量研究》,《教育科学》2012 年第 6 期。

46. 邢华:《推进京津冀协同发展的理论思考》,《前线》2014 年第 3 期。

47. 薛钢等:《财政分权对中国环境污染影响程度的实证分析》,《中国人口·资源与环境》2012 年第 1 期。

48. 闫文娟:《财政分权、政府竞争与环境治理投资》,《财贸研究》2012 年第 5 期。

49. 杨矗:《以政府行为转变推动要素市场改革的路径机制》,《决策探索》(下半月)2014 年第 12 期。

50. 杨红燕:《中央与地方政府间社会救助支出责任划分——理论基础、国际经验与改革思路》,《中国软科学》2011 年第 1 期。

51. 杨瑞龙等:《财政分权、公众偏好和环境污染》,中国人民大学出版社 2008 年版。

52. 姚静:《我国公共教育支出研究》,硕士学位论文,东北师范大学,2008 年 5 月。

53. 殷继国:《我国社会教育权的新现代性解读》,《高等教育研究》2013 年第 5 期。

54. 于刃刚等:《京津冀区域经济协作与发展》,中国市场出版社 2006 年版。

55. 余靖雯等:《公共教育、经济增长和不平等》,《世界经济文汇》2013 年第 3 期。

56. 昝廷全:《系统经济学探索》,科学出版社 2004 年版。

57. 张可云等:《京津冀协同发展历程、制约因素及未来方向》,《河北学刊》2014 年第 11 期。

58. 张克中:《财政分权与环境污染：碳排放的视角》,《中国工业经济》2011 年第 10 期。

59. 张丽君:《毗邻中外边境城市功能互动研究》，中国经济出版社 2006 年版。

60. 张良:《我国东部地区基本公共服务省际差异研究》，硕士学位论文，河北经贸大学，2012 年 3 月。

61. 张欣怡:《财政分权与环境污染的文献综述》,《经济社会体制比较》2013 年第 6 期。

62. 张耀辉:《产业创新的理论探索：高新技术产业发展规律研究》，中国计划出版社 2002 年版。

63. 张远:《关于城市中心区批发市场布局调整的思考——以北京城市中心区小商品批发市场调控为例》,《中国流通经济》2013 年第 9 期。

64. 赵建中等:《京津冀市场一体化进程加速》,《中国经济时报》2014 年 10 月 17 日。

65. 周桂荣等:《基于区域整合理论创新视角的区域产业升级研究》，厦门大学出版社 2014 年版。

66. 周起业等:《区域经济学》，中国人民大学出版社 2002 年版。

67. 周一星:《城市地理学》，商务印书馆 1995 年版。

68. 周长林等:《京津滨产业带空间布局及发展对策研究》，中国建筑工业出版社 2010 年版。

69. 朱志刚:《财政支出绩效评价研究》，中国财政经济出版社 2003 年版。

70. Magee, S. P. , "Factor Market Distortions, Production, Distribution, and the Pure Theory of International Trade", *The Quarterly Journal of Economics*, 1971, 85 (4) .